Peter Sawtschenko / Andreas Herden
Rasierte Stachelbeeren

Peter Sawtschenko
Andreas Herden

Rasierte Stachelbeeren

So werden Sie die Nr. 1
im Kopf Ihrer Zielgruppe

Branding – Erfolgreiche Marken-Positionierung
für kleine und mittelständische Unternehmen

Mit einem Geleitwort von Lothar J. Seiwert

3. Auflage

Bibliografische Information Der Deutschen Bibliothek
Die Deutsche Bibliothek verzeichnet diese Publikation in der Deutschen Nationalbibliographie; detaillierte bibliographische Daten sind im Internet über http://dnb.ddb.de abrufbar.

ISBN 978-3-89749-80-2

Lektorat und Bearbeitung: Dr. Sonja Klug, Bad Honnef
Umschlaggestaltung: +malsy, Kommunikation und
    Gestaltung, Bremen
Herstellung: Das Herstellungsbüro, Hamburg
Druck und Bindung: Bretschneider GmbH, Braunschweig

www.gabal-verlag.de
www.gabal-verlag-shop.de

Inhalt

Geleitwort

von Prof. Dr. Lothar J. Seiwert

In Zukunft werden vor allem diejenigen Unternehmen überleben und bestehen, die es am besten verstehen, sich auf die
Bedürfnisse, Probleme und Wünsche ihrer Zielgruppen zu konzentrieren und die Beziehungen zu ihren Kunden optimal zu
pflegen. Das tradierte Produkt- und Dienstleistungsmarketing
wird vom *Customer Relationship Marketing (CRM)* abgelöst. Wem es
gelingt, sich in den Köpfen und Herzen seiner Zielgruppe dauerhaft zu verankern und sich ebenso schnell an veränderte Markt-
und Umweltbedingungen wie neue Konsumententrends anzupassen, sichert das unternehmerische Überleben und zukünftige
Wachstum.

Zielgruppen sichern das Überleben

Wie kleine und mittelständische Unternehmen das auch schaffen
und dabei von den internationalen Marketingstrategien der großen profitieren können, zeigen Ihnen Peter Sawtschenko und
Andreas F. Herden in ihrer Step-by-step-Anleitung zu Ihrer
erfolgreichen Marken-Positionierung. Schon der Titel dieses
praktischen Positionierungs-Ratgebers *Rasierte Stachelbeeren* zeigt,
dass Sie bereit sein müssen, unkonventionelle Wege zu gehen,
um die erhöhte Aufmerksamkeit und den Zugang zu Ihrer Zielgruppe zu erreichen. Nur das Ungewohnte lässt uns heute noch
aufmerken.

Ich wünsche Ihnen bei Lektüre und Studium dieses inspirieren-
den Branding-Strategiebuches viele Aha-Effekte: Stellen Sie alles
Bisherige vorbehaltlos in Frage. Erfinden Sie Ihre Produkte, Ihr

Die Positionierung neu überdenken

Unternehmen, Ihr Business völlig neu! »Was würden Sie *nicht* mehr tun, wenn Sie mit Ihrem Geschäft jetzt noch einmal *neu* begännen?«, fragte bereits der amerikanische Management-Guru Peter F. Drucker. Überdenken Sie Ihre gegenwärtige und vor allem Ihre zukünftige *Positionierung*. Besetzen Sie eine *Marktnische*, bauen Sie Ihre *Marke* auf und lassen Sie diese rechtlich schützen.

Branding-Prozess selbst durchlebt Ich arbeite mit Peter Sawtschenko seit vielen Jahren erfolgreich und freundschaftlich zusammen, und wir haben diesen Branding-Prozess gerade für die *Seiwert-Institut GmbH* durchlebt. Ergebnis: Das »neue Zeitmanagement« heißt jetzt »Life-Leadership®«, und diese erweiterte Positionierung habe ich beim Europäischen Patentamt natürlich als Marke eintragen lassen.

Branding ist das Marketing der Zukunft. Ich freue mich, wenn es auch Ihnen mit diesem Praxis-Handbuch gelingt, sich im Bewußtsein Ihrer Zielgruppe unverwechselbar zu machen und Ihrem Business möglichst uneinholbare Wettbewerbsvorteile zu verschaffen.

Ihr *Lothar J. Seiwert*   Heidelberg, Sommer 2000

Seiwert-Institut GmbH
Time-Management und Life-Leadership®
www.seiwert.de

Einführung

Als ich mit meiner Familie, meinen Bekannten und Freunden über die Idee redete, das Buch *Rasierte Stachelbeeren* zu nennen, waren alle von dem ungewöhnlichen Titel begeistert. Nach kurzer Überlegung kam jedoch immer die Frage: Was hat der Titel mit dem Inhalt des Buches zu tun? Daraufhin erzählte ich ihnen die Geschichte von meinem Jugendfreund Charly.

Als Charly eines Tages zu spät zu einer Verabredung eintraf, überraschte er mich mit der Entschuldigung, er sei die ganze Nacht im Polizeigefängnis festgehalten worden. Auf die Frage, warum, antwortete er:»Ich habe in einer Einbahnstraße einem Polizisten rasierte Stachelbeeren als Kirschen verkauft. Als er es später bemerkte, hat er mich gesucht und verhaftet.« Diese Geschichte habe ich nie vergessen.

Rasierte Stachelbeeren steht als Synonym dafür, dass man nicht immer das Produkt, sondern nur die Wahrnehmung ändern muss.

Die Wahrnehmung ändern, nicht das Produkt

> **Rasierte Stachelbeeren sind dadurch gekennzeichnet, dass sie sich von anderen unterscheiden, einzigartig sind oder als neues Produkt wahrgenommen werden. Genau das ist das Konzept von Branding!**

Branding schafft in den Köpfen der Verbraucher die Wahrnehmung, dass Ihr Produkt, Ihre Dienstleistung oder Ihr Unternehmen unverwechselbar ist. Ein weiterer wichtiger Faktor ist die

Strategie, d. h. die Art und Weise, wie Sie die wesentlichen Voraussetzungen schaffen und Ihre Kräfte und Mittel gezielt einsetzen.

Werden Sie die Nummer eins im Kopf Ihrer Zielgruppe

Überflieger unter den Unternehmen

Immer wieder hört man von Unternehmen, die regional uneingeschränkte Platzhirsche sind, die wie Raketen in den nationalen oder internationalen Erfolgshimmel schießen oder die in den Medien den Erfolg feiern, während die Börse gespannt auf die Zeichnung wartet. Überflieger – denen die Kunden und Investoren nur so zulaufen. Ist es Glück oder Zufall oder steckt dahinter eine durchdachte Vorgehensweise?

Bildmotiv: Imagebroschüre Arcadis Trischler & Partner

Die Großen fressen die Kleinen! Wirklich?

Besonders für kleine und mittelständische Unternehmen wird es scheinbar immer schwieriger, mit den großen Konkurrenten und ihrem Marketing-Know-how und Media-Budget mitzuhalten. Die Frage, die viele Unternehmen beschäftigt, ist:

Gibt es Möglichkeiten, mit denen ich mich mit bezahlbarem Aufwand erfolgreich vom Wettbewerb absetzen und als Marke meine Wertschöpfung steigern kann?

Die Antwort lautet: Ja.

In die Zukunft statt in die Vergangenheit schauen

Wer heute konkurrenzfähig bleiben will und dabei die wichtigen Grundregeln der Positionierung und die Chancen der Nischenstrategien beachtet, kann sein Produkt, seine Dienstleistung oder sein Unternehmen nicht nur erfolgreich als eigenständige Marke etablieren, sondern auch die Nummer eins im Kopf seiner Zielgruppe werden. Ziel ist es nicht, die Vergangenheit zu verteidigen, sondern die Zukunft zu erschaffen.

Alle erfolgreichen Unternehmen haben einmal klein und meist in einer Nische angefangen. Kleine Firmen haben einen Vorteil: Sie sind in ihrem Denken dem Markt näher als große. Sie sind innovativer, flexibler und treffen schneller Entscheidungen, was auch der Grund dafür ist, dass sie schneller wachsen. In den vergangenen sechs Jahren gingen die Arbeitsplätze bei Firmen mit 1000 oder mehr Beschäftigten zurück, während im gleichen Zeitraum die Beschäftigten bei Firmen mit unter 100 Arbeitnehmern stiegen.

Flexible kleine und mittelständische Unternehmen haben für Veränderungen zu jeder Zeit immer bessere Startpositionen als große schwerfällige.

Für wen ist dieses Buch?

Es ist immer einfach, ein Unternehmen zu positionieren und als Marke aufzubauen, sofern das Produkt und die Strategie stimmen, eine steigende Nachfrage zur Expansion zwingt, die Vertriebsstrategie den Erfolg sicherstellt, Zielgruppen klar definiert und Werbegelder im Überfluss vorhanden sind. Doch das ist nicht die Realität!

Vom Nachfrage- zum Angebotsmarkt

Nach über 20 Jahren Arbeit im Bereich Dialogmarketing, Re- und Neu-Positionierung von Unternehmen, Dienstleistungen und Produkten, Marktnischen- und Krisenberatung sowie als Experte für den Direktvertrieb habe ich so gut wie nie erlebt, dass alle Voraussetzungen ideal waren. Realität ist, dass viele Unternehmen in einem Nachfragemarkt groß geworden sind, der sich zu einem Anbietermarkt gewandelt hat. Viele Unternehmen überlebten diese Herausforderung nicht, und diejenigen, die überlebt haben und sich gegen andere Wettbewerber ständig im Markt behaupten müssen, wissen häufig nicht, ob sie die nächsten Jahre überleben werden.

Wer noch glaubte, dass die Loyalität der Kunden und die Qualität der Produkte Sicherheit gab, musste bald feststellen, dass der starke Wettbewerb, Preiskampf, neue Mitarbeiter und Entscheider, Liquiditätsprobleme, veränderte Strategien und veränderte Machtverhältnisse zum Krisenmanagement führten. Mangelnde Innovationen machten solche Unternehmen bald austauschbar.

Buchthemen Dieses Buch beschäftigt sich im ersten Teil übergreifend mit den wichtigsten Themen und Strategien, um sich erfolgreich als Marke zu positionieren. Denn eine Positionierung als Marke ist die Summe aller Dinge, die dem Erfolg vorausgeht. Im zweiten Teil von Patentanwalt Dr. Andreas F. Herden erhalten Sie unter juristischem Aspekt hilfreiche Unterstützung bei der Eintragung Ihrer Marke ins Waren- und Dienstleistungsverzeichnis und Informationen zum Markenschutz.

Selbst wenn Sie glauben, dass Sie in einer Sackgasse gelandet sind, bietet Ihnen dieses Buch eine Fülle von Möglichkeiten, sich dem ruinösen Wettbewerb zu entziehen.

Sie finden hier Anregungen, wie Sie Ihre Anziehungskraft verbessern können oder durch eine neue Positionierung ein neues Fenster im Kopf Ihrer Zielgruppe öffnen und erfolgreich besetzen. Veranschaulicht werden die Themen des Buches mit vielen Beispielen von großen, kleinen und mittelständischen Unternehmen. Daneben finden Sie Fragen, durch deren Beantwortung Sie sich Schritt für Schritt an die Entwicklung Ihrer Marke heranarbeiten können.

Viel Erfolg bei der Entwicklung Ihrer Marke wünscht Ihnen

Peter Sawtschenko

Teil 1:
So werden Sie die Nr. 1
im Kopf Ihrer Zielgruppe

von Peter Sawtschenko

1. Was ist Branding?

Während der Marlboro-Raucher den Rindern mit einem heißen Eisen ein Brandzeichen als Unterscheidungsmerkmal aufs Fell brennt, malt man im modernen Marketing mit lila Farbe eine Kuh an und macht sie unverwechselbar.

Die lila Kuh – einzigartig und unverwechselbar

Ein erfolgreiches Branding-Programm basiert auf dem Konzept, in den Köpfen der Verbraucher als einzigartig und unverwechselbar wahrgenommen zu werden und eine nachhaltige Präsenz zu schaffen.

Die Bedeutung der Marke bei der Kaufentscheidung

Die Macht der Marken ist unbestritten. Positiv kommt hinzu, dass das Markenbewusstsein in den letzten Jahren stetig angestiegen ist. Eine Marke hilft dem Verbraucher, über den eigentlichen Nutzen hinaus, sich selbst zu definieren und seine Identität zu beschreiben. Ob privat oder im Beruf, jeder kann sein Bedürfnis, die verschiedenen Seiten seiner Persönlichkeit auszuleben und seinem Wunschbild von sich selbst näher zu kommen, mit einer Marke beschreiben. Dafür ist er auch bereit, einen höheren Preis zu bezahlen.

Anstieg des Marken-bewusstseins

Vor allem bei Jugendlichen breitet sich ein kollektiver Flächenbrand im Markenbewusstsein aus. Wer nicht als Außenseiter gel-

Kinder – die Opfer der Werbung?

ten will, schmückt sich nach außen mit klar erkennbaren Marken und benutzt sie dazu, sich abzugrenzen und eine Zugehörigkeit zu demonstrieren. Bereits Kleinkinder werden von morgens bis abends mit einer geballten Markenwelt konfrontiert, die sich im Wortschatz, in der Wahl ihrer Spielzeuge und in der Vorliebe für bestimmte Produkte widerspiegelt.

Wenn nicht jemand oder etwas eine Gegenbewegung initiiert, wird die nächste Generation zu Markenfetischisten par excellence und der Selbstwert zu einer oberflächlichen Dekoration im Treibsand der wechselnden Trends. An dieser Stelle kann ich mir nicht verkneifen – obwohl ich manchmal selbst aus Überzeugung für Kindermarken arbeite – auf die Gefahren hinzuweisen, dass Kinder sich den werblichen Einflüssen nicht entziehen können und eine leichte Beute für Marken sind.

Marken erleichtern Kaufentscheidungen

Darüber hinaus helfen Marken, Kaufentscheidungen zu treffen. Supermärkte mit bis zu 30.000 und mehr Artikeln, aber ohne Verkaufspersonal, konfrontieren den Kunden mit der Qual der Wahl. Der Markenname wird immer mehr zu einem stummen Verkäufer, denn es wird nicht mehr *ver*kauft, sondern *ge*kauft. Vor den Regalen finden täglich hochkomplexe Kaufentscheidungen statt. Produkte, die nicht schon im Vorfeld Akzeptanz finden, haben wenig Chancen – höchstens über den Preis. Der Markenname repräsentiert das Produkt.

Der Verkaufsprozess ist bereits mehr oder weniger in der Marke enthalten.

Unternehmen nutzen die Marke, um Kaufentscheidungen in ihrem Sinne zu steuern und ihre Produkte zu einem höheren Preis zu verkaufen. Nicht umsonst werden jährlich viele Milliarden in Werbemaßnahmen investiert – allzu oft leider auch in Flops.

Es wird immer mehr *ge*kauft als *ver*kauft

Das Verkaufen ohne Verkäufer schwappt wie eine unaufhaltsame Welle durch alle Branchen. Märkte werden große Supermärkte, ähnlich wie Aldi oder Wal-Mart. Waren werden bergeweise gelagert, zum Zugreifen arrangiert und zu einem guten Preis angeboten – aber immer weniger ver-kauft.

Was man sich vor wenigen Jahren kaum vorstellen konnte, gehört mittlerweile zum Handelsalltag: der Kauf per Internet. Alle Hemmschwellen des Misstrauens überwindend, bestellen Käufer ihre Autos ohne Probefahrt mit blindem Vertrauen via Website. Während die einen um ihren Job bangen, machen andere kräftige Gewinne mit weniger Aufwand, wie z. B. im Finanzdienstsektor, wo namhafte Unternehmen ihren Kunden den direkten Zugang zu ihren Finanzprodukten zu niedrigen Courtagen und einem Online-Kundendienst anbieten.

Schnelle Gewinne
am Computer?

Die Marke Dienstleister

Wenn man von Marken redet, denkt man als Erstes an Produkte, die irgendwo in Regalen stehen oder auf Bügeln hängen. Doch das ist nur ein Teil der Markenwelt. Ein anderer nicht unwesentlicher Teil sind die vielen Dienstleister wie Handwerker, Serviceunternehmen, Händler, Banken, Versicherungen, selbst Einzelpersonen wie Berater, Politiker, Ärzte, Künstler, ja sogar Non-Profit-Organisationen wie Universitäten, Museen, Kirchengemeinden oder Krankenhäuser. Auch sie müssen sich als Marke sehen und verstehen! Ihr wichtigstes Kapital sind zufriedene Kunden, die zu Empfehlern werden, und neue Kunden, die gerne die Leistungen in Anspruch nehmen wollen.

Dienstleistungen sind Marken

Während sich die großen Banken, Versicherungen etc. zumindest in ihren Werbeaussagen dieses Anspruchs bewusst sind, verwechseln die meisten kleinen und mittelständischen Unternehmen Marken immer noch mit Produkten. Wäre es nicht so, würde mancher Servicebetrieb, Handwerker, Arzt etc. öfters im Kopf seiner Zielgruppe »spazieren gehen« und von seinem hohen Ross heruntersteigen. Das Märchen vom König Kunde würde Wirklichkeit werden.

Die Servicewüste hat natürlich auch einen enormen Vorteil: Sie bietet Unternehmen, Freiberuflern und Non-Profit-Organisationen eine schier unerschöpfliche Menge an neuen Service- und Positionierungsnischen.

Markenbildung ist keine Frage der Unternehmensgröße

Verhalten beeinflusst Marken- entstehung

Wenn Sie an Ihre Lieblingsmarke im Bereich Bier, Süßigkeiten oder Zigaretten denken, verbinden Sie automatisch und unbewusst eine bestimmte Vorstellung mit diesen Marken. Wenn Sie an Ihren Arzt, Ihren Supermarkt, Ihre Werkstatt oder Ihre Boutique denken, tun Sie es ebenfalls. Wenn Sie jemand fragt, ob Sie einen Malerbetrieb kennen, fallen Ihnen vielleicht drei bis vier ein. Wenn Sie jemand fragt, ob Sie einen Malerbetrieb empfehlen können, werden Sie jemanden empfehlen, mit dem Sie die beste Erfahrung gemacht haben. Und wenn Sie eine ganz besonders gute Erfahrung gemacht haben, möchten Sie diesem Handwerker einen Stein mit Absender in den Garten werfen; Sie werden den Fragenden sogar bitten, dem Handwerker schöne Grüße auszurichten. Sie sind in diesem Fall zu einem dankbaren Empfehler geworden und der Maler zur Nummer eins in Ihrem Kopf.

Ein Maler jedoch, der dem Auftraggeber den ganzen Dreck seiner Arbeit hinterlässt, damit dieser dann einen Tag seiner kostbaren Lebenszeit damit verbringt, die Farbspritzer abzukratzen und alles sauber zu machen, wird automatisch zu einer Vermeider-Marke. Lesen Sie dazu Kapitel 6: »Wie Ihr Verhalten Sie zu einer Marke macht«. Neben dem Verhalten gibt es noch andere wichtige Kriterien und Strategien, um mit einem Produkt oder einer Dienstleistung die Nummer eins im Kopf Ihrer Zielgruppe zu werden.

Branding-Prozess frisst Marketing – die Zukunft heißt Branding-Marketing!

Während in den meisten Unternehmen die Marketingaktivitäten in verschiedene Funktionsbereiche aufgeteilt sind – wie Werbung und Marketing, Produktentwicklung und Produktdesign, Verkaufsförderung und Öffentlichkeitsarbeit etc. – und durch Grabenkämpfe jegliche gemeinsame Zielsetzung aus den Augen verloren haben, konzentrieren sich andere Unternehmen einzig und allein auf den Branding-Prozess.

Beim Branding steht als einziges das Ziel im Vordergrund, einem Markenprodukt im Gedächtnis der Verbraucher eine nachhaltige Präsenz zu verschaffen und damit den langfristigen Erfolg zu sichern.

Die Konzentration auf den Branding-Prozess strahlt auf alle Aktivitäten aus und fokussiert bzw. bündelt alle Marketingaktivitäten wie einen Laserstrahl auf die Kerninhalte. In den 80-er-Jahren haben viele Direktmarketing-Agenturen den Begriff »Direktmarketing« durch »Dialogmarketing« ersetzt. Direktmarketing war für sie eine *One-way-*, eine Einweg-Definition. Dialogmarketing beinhaltet einen wechselseitigen Kommunikationsprozess. Auch im Marketing ist ein Umdenkungsprozess erforderlich. Der Begriff »Marketing« ist für viele ein weit verzweigter und verzettelter Dschungel von Aktivitäten geworden.

Vom Direktmarketing zum Dialogmarketing

Wenn alle Bereiche eines Unternehmens sich ausschließlich auf den Branding-Prozess fokussieren, entsteht Platz für ein neues zielgerichtetes Denken.

Jede Absatzplanung und Vertriebsstrategie, jede Entwicklung und jeder Service, alle Verkaufsgespräche und Werbeunterlagen spiegeln dann automatisch die Fokussierung auf den Branding-Prozess wider.

Was ist eigentlich eine Marke?

Eigennamen sind Markennamen Zuerst einmal ist jeder Eigenname ein Markenname. Jeder Mensch steht mit seinem Namen und damit, wie er handelt, denkt und reagiert, für etwas – privat wie geschäftlich, ob positiv oder negativ. Wenn Sie im Leben Erfolg haben wollen, sollten Sie sich als unverwechselbares Markenprodukt betrachten und entsprechend verhalten und handeln.

Wird ein Eigenname mit einer besonderen Leistung oder Kompetenz in Verbindung gebracht und erreicht er eine breite Öffentlichkeit, so steigt die Bedeutung des Markennamens. Letztendlich ist jeder Name, gleich ob er sich im Besitz einer Einzelperson, eines Unternehmens oder einer sozialen Gruppe befindet, ein Markenname. Wie stark ein Name jedoch im Gedächtnis der Zielgruppe wird, hängt davon ab, was man daraus macht.

Denn die Stärke einer Marke liegt in ihrer Fähigkeit, Entscheidungen bzw. das Kaufverhalten zu beeinflussen.

Fast alles lässt sich zu einer wertsteigernden und kostbaren Marke machen

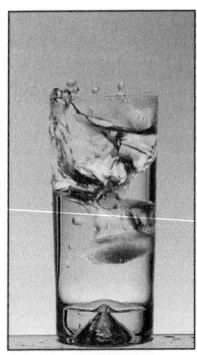

Einfaches Wasser – ein Markenprodukt

Sie können sogar aus einer einfachen Kartoffel, einem Brot, einem Grillhähnchen, einem Kugelschreiber oder einem Motivationstrainer eine Marke machen. Selbst aus dem Grundwasser lässt sich ein hochwertiges Markenprodukt entwickeln. Es kommt nur darauf an, dass man etwas richtig und glaubhaft positioniert.

Fast jeder Mensch in Amerika kann auf sauberes, klares und kühles Trinkwasser aus der Leitung zurückgreifen. Es besteht eigentlich keine Notwendigkeit, es für teures Geld im Laden zu kaufen. Trotzdem sind die Trinkwasserregale der Supermärkte oftmals doppelt so lang wie die der Biere. Auch in Europa ist ein allgemeiner Zuwachs an H_2O-Produkten zu verzeichnen.

Eines der zugkräftigsten Marken-Trinkwasser in Amerika und mit steigender Tendenz auch in Deutschland ist *Evian*. Es ist zum Teil teurer als Bier, Milch oder Cola. Sicherlich gibt es unter den Trinkwassern kleine Geschmacksunterschiede. Doch wer kann die schon genau definieren, geschweige denn im Geschmackstest erkennen? Viel wichtiger ist die Frage, warum man bereit ist, für ein Trinkwasser so viel Geld hinzulegen. Woran liegt es, dass *Evian* oder auch andere »Wässerchen« wie *Perrier* so erfolgreich sind? Spielt hier vielleicht der virtuelle Qualitätsnutzen die entscheidende Rolle? Das Beispiel zeigt:

Markendenken und der »Branding-Prozess« sollten als übergeordnetes Ziel in jedem Unternehmen vorrangig das Marketing-Denken steuern. Mit anderen Worten: Konzentrieren Sie sich auf den Branding-Prozess und verwandeln Sie Ihr Produkt oder Ihre Dienstleistung in eine wertsteigernde und kostbare Marke.

Markenbildung erfordert einen klar definierten Markenkern und eine Zielgruppe. Der Aufbau einer Marke ist ein höchst dynamischer und sensibler Prozess und orientiert sich an den Bedürfnissen einer Zielgruppe. Marken sind keine statischen Produkte, sondern haben eine emotionale Ausstrahlung, eine unverwechselbare Identität. Sie müssen leben und sind ein wertsteigerndes Energiesystem. Und ein weiterer, meist vernachlässigter Erfolgsfaktor: Die Markenbildung erfordert Kontinuität und Konsequenz.

Marken-Erfolgsfaktoren

- **Ein erfolgreiches Branding-Programm schafft in den Köpfen der Verbraucher die Wahrnehmung eines einzigartigen Produkts und unterstützt die Kaufentscheidung.**
- **Branding lässt sich auch für Dienstleister, Berater, Non-Profit-Organisationen etc. anwenden und bietet selbst kleineren Unternehmen enorme Chancen.**
- **Durch die Konzentration auf den Branding-Prozess lassen sich alle Marketingaktivitäten bündeln und erhalten eine gemeinsame strategische Ausrichtung.**

Zusammenfassung

2. Branding ist die Summe aller Dinge, die ein Unternehmen erfolgreich macht

Große Unternehmen und ihre Zielgruppen

Große Unternehmen, die ihre Markenprodukte über den Handel vertreiben, müssen sich auf die Entwicklung einer starken Eigenmarke mit hoher Qualität und Markenpositionierung konzentrieren, was Investitionen in die Lieferkette und eine partnerschaftliche Lieferantenbeziehung erfordert. Diese sind verantwortlich für das Massenmarketing und die Kommunikation des Markenimages über die Filialen. Daher bemühen sich große Unternehmen um den Aufbau direkter Kundenbeziehungen über den Handel mittels diverser Kundenbindungsprogramme.

Großunternehmen haben zwei Hauptzielgruppen: zum einen den Handel bzw. die Einkaufszentralen der Handelskette und zum anderen die Endkunden, die ihr Produkt kaufen sollen. Zum Endkunden besteht außer wenigen Ausnahmen in der Regel kein direkter Kontakt. Die wichtigste Zielgruppe, um die sie sich kümmern müssen, sind die Einkaufszentralen und Filialisten an der Front.

Probleme der Filialen

Die Filialisten hingegen müssen sich mit ganz anderen Problemen beschäftigen. Neben der Produktpalette, der Kalkulation und der Platzierung, der Werbung und dem Konkurrenzproblem vor Ort müssen sie sich auch darüber Gedanken machen, ob die schlechte Laune der Mitarbeiter die jahrelangen sorgfältigen Bemühungen um Loyalitätsaufbau Kundenbindung, Service und Kundenfreundlichkeit zunichte machen. Verliert eine Filiale Sympathie und Kunden, so verlieren auch die Marken an Umsatz, zumindest in diesem Markt. Welchen Wert jeder einzelne Kunde hat, dürfte wohl jedem klar sein. Einen neuen Kunden zu finden und zu binden ist in der Regel siebenmal teurer, als einen alten Kunden zu binden oder einen unzufriedenen Kunden in einen zufriedenen umzuwandeln.

Abhängigkeiten, die den Branding-Prozess verzögern

Ein Unternehmen, das seine Produkte über einen eigenen oder freien Vertrieb in den Handel oder an Endkunden vertreibt, kann in einem starken Abhängigkeitsverhältnis stehen und den Markenaufbau erheblich bremsen. Der Vertrieb an der Front repräsentiert durch seine persönliche Beziehung in der Regel sehr stark das Unternehmen nach außen. Je nachdem, wie Vertriebsstruktur und Verträge gestaltet sind, entscheidet der Vertrieb über Erfolg und Misserfolg eines Unternehmens.

Überfordert von der täglichen Warenflut im Supermarkt: die Hausfrau

Ein mittelständischer Schuhhersteller, der feste Gebiets- und Provisionsverträge mit seinen eigenen und freien Vertriebsmitarbeitern einging, war auf das Engagement und die Motivation seines Vertriebs angewiesen. Für die unterschiedlichen zielgruppenorientierten Produktgruppen wurden Produktphilosophie und Alleinstellungsmerkmale erarbeitet und jedes Produkt als eigenständige Marke aus bestem Hause positioniert.

Ein Beispiel

Zum Schrecken aller stellte man fest, dass manche Vertreter Displays und Werbematerial aus mangelndem Platz in ihrem Auto im Müllcontainer entsorgten. Die teuer erarbeitete Produktphilosophie und Alleinstellungsmerkmale, um das Markenbewusstsein zu fördern, wurden von einigen gar nicht oder nur halbherzig weitergetragen!

Produktphilosophie für den Mülleimer

Und das, was zurückgerechnet scheinbar den größten Verlust brachte, war das Ausscheiden eines Mitarbeiters. Nachdem er aus gesundheitlichen Gründen aufgehört hatte, musste das Unternehmen allerdings feststellen, dass ein neuer Mann den Umsatz innerhalb eines Jahres verdoppelte, in einem anderen Gebiet sogar verdreifachte. Ein typisches Beispiel dafür, dass mancher Vertriebsmann lieber die Kunden besuchte, bei denen er willkommen war, um dem Stress der Neukundengewinnung aus dem Wege zu gehen. Wie viele Millionen Umsatz dem Unternehmen in den letzen Jahren verloren gegangen waren und den Markenaufbau verzögert hatten, konnte man nur vermuten.

Ein schlecht motivierter Vertrieb kann nicht nur zu erheblichen Umsatzeinbußen führen, sondern auch den Markenaufbau verzögern.

Das Problem der internen Kommunikation

Ein Gewinnspiel ohne Gewinner Als ein Marktführer für Kopiersysteme vor etwa 18 Jahren, als Schreibmaschinen noch gefragt waren, eine neue vollelektronische Schreibmaschine auf den Markt bringen wollte, entwickelte die Agentur ein umfangreiches Dialogmarketing-Konzept. Durch eine intelligente Response-Anzeigenkampagne mit einem Gewinnspiel bzw. Intelligenztest, der genau die wichtige Zielgruppe der Sekretärinnen ansprach, schaffte man es, eine ungewöhnlich hohe Beteiligung von potenziellen Interessenten zu generieren. Die Adressen wurden sofort an das Unternehmen bzw. den Vertrieb weitergeleitet, und alle hofften auf den großen Verkaufserfolg. Doch der Erfolg blieb aus, und die Agentur bekam massive Vorwürfe. Nachdem man dann alle Vorgänge analysiert hatte, stellte sich heraus, dass der Vertrieb nicht ausreichend über die Aktion informiert worden war und die Gewinnkarten nicht als Türöffner, sondern als lästige Mehrarbeit interpretiert hatte.

Der Start einer neuen Marke kann auch an mangelnder interner Kommunikation scheitern.

Beschwerdeabwehrstrategien und Arroganz machen miese Stimmung

Als massive Beschwerden aus der Bevölkerung über unfreundliche Beamte zunahmen, sah sich eine deutsche Großstadt gezwungen, diesen Vorwürfen nachzugehen. Man beauftragte ein unabhängiges Institut, die Ursachen zu identifizieren und durch entsprechende Maßnahmen Abhilfe zu schaffen. Nach Testanrufen und Beobachtung derer, die die Anrufe der Bürger entgegennahmen, war die Ursache schnell klar. Die meisten Kontaktpersonen in den Ämtern waren schlechte Zuhörer, verhielten sich gegenüber Hilfe Suchenden arrogant und verstanden ihren Job als Beschwerdeabwehr-

Fehlender Dialog

strategen. Nachdem man die Beamten gegen solche ausgetauscht hatte, die zuhören konnten und Achtung vor anderen Menschen hatten, veränderte sich das gesamte Stimmungsbild in der Stadt.

Problemerzeuger statt Problemlöser bereiten Verdruss im zwischenmenschlichen Bereich.

Produktionsprobleme verhindern die Einführung einer Marke

Nachdem ein weltweit tätiges Unternehmen endlich ein neues Produkt mit einem Alleinstellungsmerkmal entwickelt und als neue Marke mit viel Aufwand im europäischen Markt eingeführt hatte, konnte der Vertrieb sein Auftragsvolumen innerhalb weniger Monate fast verdoppeln. Als sich die Lieferung der Produkte jedoch um Monate verzögerte und die erste Lieferung noch Mängel aufwies, schlug das anfänglich große Interesse in Unmut und Verärgerung um. Was war geschehen?

Wettlauf mit Hindernissen

Man wusste von Wettbewerbern, dass sie ebenfalls an einer neuen Technologie arbeiteten, und wollte als Erster auf dem Markt sein, obwohl das Mischverhältnis auf Großproduktionsanlagen noch nicht ausgereift war. Zu allem Überfluss wurden die einzelnen Produktionsstätten aufgelöst und im Zuge der Sanierung zentralisiert.

Produktionsverlagerung, Produktmängel und Fehler in der Logistik können schon in der Einführungsphase dem Branding-Prozess großen Schaden zufügen.

Nicht fehlendes Know-how, sondern mangelndes Beziehungs-Management führt in die Krise

Flaute trotz Wettbewerbs- vorteil

Ein großes renommiertes deutsches Bauunternehmen mit mehreren Geschäftsbereichen hatte neben einer allgemeinen Flaute einen besonderen Einbruch in einem sonst profitablen Geschäftsbereich zu verzeichnen. Bezeichnend war, dass immer mehr Ausschreibungsangebote von Mitbewerbern gewonnen wurden. Also beschloss die Geschäftsleitung, die Strategie der verantwortlichen Abteilung zu überprüfen. Nach einem zweitägigen internen Workshop mit den Verantwortlichen des Geschäftsbereiches war eine der Hauptursachen schnell analysiert. Von allen verantwortlichen Projekt-Ingenieuren praktizierte tatsächlich nur einer vorbildlich das in dieser Branche so wichtige Beziehungs-Management.

Fehlendes Beziehungs-Management macht Wettbewerbsvorteile zunichte.

Die hier aufgeführten Beispiele geben nur einen Teil der Erfahrung aus jahrelanger Praxis wieder. Sie zeigen vor allen Dingen eines: Es ist oftmals einfacher, eine Marke aufzubauen, als die Probleme, die den Aufbau verhindern könnten, abzubauen.

Faktoren des Erfolgs

Der Erfolg eines Unternehmens kann von vielen Faktoren abhängen. Deswegen ist es wichtig, dass alle Erfolgsverhinderungs-Engpässe schon im Vorfeld analysiert und korrigiert werden. Denn Erfolg ist kein Zufall.

In den ersten zehn Jahren meiner Tätigkeit in einigen internationalen Dialogmarketing-Agenturen habe ich für viele große Kunden gearbeitet, zum Beispiel für Shell, Hewlett Packard, American Express, Avis, Colgate, British Airways, AVIS, KKB Bank, Colonia-Versicherungen, Schneekoppe, Lancaster, Eismann etc. Budget war in der Regel reichlich vorhanden und als »Creativer« konnte ich aus dem Vollen schöpfen. Bei Misserfolgen allerdings wechselte der Kunde sehr schnell die Agentur. Also konnten wir uns keine Fehler erlauben. Dementsprechend mussten wir auch richtig denken. Dialogmarketing hat einen Vorteil gegenüber der klassischen Werbung: Der Erfolg ist messbar. Dialogmarketing ist darum eine der härtesten, aber auch erfolgreichsten Arten von Werbung.

Vorteil des Dialog-marketings

Als ich mich dann 1991 mit einer Werbeagentur für Strategisches Dialogmarketing selbstständig machte, war unter anderem einer meiner ersten Kunden die FAZ-Informationsdienste mit der EKS-Strategie. Die Strategie von Wolfgang Mewes gab meinem Werbedenken eine neue Dimension der logischen Zusammenhänge von Erfolgsfaktoren. Begeistert von dieser klaren und durchdachten Unternehmensstrategie, stellte ich bald fest, dass die Zusammenarbeit mit Kunden eine neue unternehmerisch denkende Tiefe bekam. Ich musste aber auch feststellen, dass viele Unternehmen vor lauter Arbeit viel zu wenig Zeit in die Weiterentwicklung ihrer Strategie investierten. Erst wenn der Leidensdruck stieg, bekam das Thema Strategie wieder den gebührenden Stellenwert.

Strategisches Marketing nach EKS

Da meine Klientel überwiegend aus kleinen und mittelständischen Unternehmen bestand und jede Mark für Marketing und Werbung dreimal umdrehte, war nicht nur richtiges Denken, sondern eine sinnvolle Kombination von Strategie und Werbung angesagt. Doch was tun, wenn das Unternehmen sich mit einer Produktvielfalt verzettelt hat, der Wettbewerb scheinbar alle Positionierungsfelder besetzt hat, das Budget große Maßnahmen nicht zulässt und Innovationen zur Mangelware werden? Geht es einem Unternehmen schlecht, so glaubt man oft, kreative Werbung werde schon Erfolg bringen. Da wird mal schnell ein Mailing aus dem Boden gestampft, eine Hausmesse veranstaltet, oder die Erwartungen an den Vertrieb werden erhöht.

Es sind aber nicht Einzelmaßnahmen, sondern es ist die Summe aller Dinge, die ein Unternehmen, ein Produkt oder eine Dienstleistung erfolgreich macht.

Kommende Anforderungen an Werbeagenturen

Eingeschränkte Wirksamkeit von Werbung Die Aufgaben der Werbeagenturen werden sich in den nächsten Jahren zwangsläufig erweitern. Denn wer ein Unternehmen verantwortungsvoll beraten will, kann nicht mehr selbstbewusst und siegessicher behaupten, mit einem guten Werbekonzept und ausreichendem Werbebudget lasse sich alles regeln. Demnach müssten alle niederschmetternden Untersuchungen über Werbewirksamkeit eine Lüge sein. Der bekannteste Werber David Ogilvy gab einmal selbst zu, dass die meiste Werbung beschämend unwirksam sei. Die Wissenschaftlerin Dr. Eva Heller stellte in ihrem Standardwerk *Wie Werbung wirkt* die These auf, dass mindestens drei Viertel der Werbeetats erfolglos eingesetzt werden. Und der Innovations-Report der Handelszeitschrift *Lebensmittel-Praxis* registrierte bei neuen Produkten, je nach Produktkategorie, im ersten Jahr eine Floprate zwischen 40 und 60 Prozent.

Was ist Strategie? Unternehmerisches Denken aus Sicht einer professionellen Agentur im Sinne des Unternehmens erfordert zusätzliches Know-how. Es wird sehr oft von Werbe- und Marketingstrategien gesprochen. Was ist eigentlich eine Strategie? Beruht sie auf Erfahrungen mit anderen Kunden oder auf vielen Werbekampagnen, deren Erfolg kaum messbar ist? Das kann es wohl nicht sein. Denn jedes Unternehmen und jede Branche hat ganz einzigartige Stärken und Chancen, individuelle Voraussetzungen und Bedingungen.

Viele große Unternehmen fordern heute von ihren Agenturen, dass sie aus ihrem Elfenbeinturm herauskommen, in das Unternehmen hineingehen und ihren zweiten Arbeitsplatz dort einnehmen, sogar mit dem Vertrieb hinausfahren, um die Front kennen zu lernen. Agenturen sollen also von Anfang an mit in die Marketingüberlegungen einbezogen werden und ihr Wissen schon bei der Planung mit einsetzen. Ich möchte noch einen Schritt weiter gehen.

Die Werbeagentur der Zukunft sollte sich vor allem – und nicht nur, wenn sie für kleine und mittelständische Unternehmen arbeitet – sehr intensiv mit der Entwicklung von Strategien auseinander setzen,

Notwendiges Know-how

- wissen, wie professionelle Vertriebsplanung und Vertriebscontrolling funktionieren,
- wissen, welche internen Voraussetzungen den Erfolg verhindern können, und
- wissen, wie man gezielt mit den Unternehmen nach neuen Marktnischen forscht.

Die Veränderungen im Zukunftsmarkt mit berücksichtigt, kommt hinzu:

- wissen, wie man ein Produkt, eine Dienstleistung oder ein Unternehmen professionell positioniert, als Marke aufbaut und im Kopf der Zielgruppe die Nr. 1 wird;
- vor allem aber wissen, was von den geplanten Maßnahmen Sinn macht oder nicht und was und wie man Erfolg haben kann.

Eine verantwortungsvolle Werbeagentur sollte nicht versuchen, die Menge der Jobs durch zusätzliche Ideen zu erweitern, wenn dies nur dazu dient, den eigenen Umsatz zu erhöhen.

Wie man den Erfolg verhindert

Am folgenden Praxisbeispiel möchte ich Ihnen gerne die weit reichende Bedeutung von internen Engpässen verdeutlichen und zeigen, warum die Analyse der Unternehmensstrategie und das Wissen über Machbarkeit immer an erster Stelle stehen.

Ein Mailing als Retter in der Not? Eines Tages rief die Marketingleiterin eines Unternehmens aus der Rapid-Prototyping-Branche bei uns an und fragte, ob wir ein Mailing schreiben würden. Ich lehnte anfangs ab, da wir sehr viel zu tun hatten. Nach einer Woche rief sie wieder an und bat uns, ihr doch zu helfen. Wir vereinbarten einen Termin, und drei Tage später saß ich dann fast fünf Stunden im Konferenzsaal und vor einem typischen Vertriebsdilemma. Die Vorgabe der Konzernmutter aus den USA war: innerhalb von 6 Monaten 60 Maschinen zu je 150 000 DM einer neuen Technologie europaweit zu verkaufen.

Also musste ein Mailing her in der Hoffnung, damit das Ziel zu erreichen. Doch statt in ein Briefinggespräch einzusteigen, überzeugte ich die Marketingleiterin erst einmal zu analysieren, unter welchen Bedingungen das Ziel überhaupt erreichbar war und welche Voraussetzungen der Vertrieb und die Kooperationspartner vor Ort erfüllen müssten.

Ein unerreichbares Ziel Nach kurzer Zeit war klar, dass das Ziel unter den gegebenen Bedingungen nicht erreichbar war. Für den Vertrieb war das neue Produkt mit den geringen Provisionen nur lästig. Mit den Kooperationspartnern aus der Softwarebranche, die vor Ort die technisch aufwendige Installation vornehmen mussten, gab es keinerlei Vereinbarung, geschweige denn eine Provisionsregelung; die meisten wussten noch nicht einmal, dass sie als Partner überhaupt vorgesehen waren. Für die eventuellen Anfragen gab es noch keine Informationsbroschüre. Zielgruppenadressen mussten erst noch gekauft werden. Vorhandene Datenbanken über die Zielgruppen, die zum größten Teil deckungsgleich mit dem Vertrieb der großen Maschinen waren, konnten nicht genutzt werden, da jeder Vertriebsmann sein eigenes System hatte und wie eine heilige Kuh beschützte.

Das Gespräch mit dem Ein-Mann-Vertriebsbeauftragten zeigte sehr schnell, dass er nur aus dem Bauch und mit der Hoffnung plante. Die ABC-Kunden-Selektion und die verschiedenen Entscheidungszeiträume bis hin zum Aufwand bis zur Kaufentscheidung wurden einfach ignoriert. Die Marketingleiterin war verzweifelt, bat mich aber dennoch, die Aktion durchzuführen. Erstens, weil man sich für eine Mailingaktion entschieden hatte. Zweitens, um der Geschäftsleitung zu beweisen, dass Anfragen vom Vertrieb nicht weiterverfolgt wurden. Drittens, um der Mutter in den USA und dem Vertrieb zu beweisen, dass die Neukundengewinnung nicht am Marketing scheiterte. Und viertens, um das Feindbild des Vertriebs gegenüber dieser Abteilung ins rechte Licht zu rücken. Trotz der Warnung, dass man unter diesen Bedingungen alle potenziellen Kunden verärgern würde und die Einführung dieser neuen zukunftsweisenden Maschinentechnologie dem Image der Marke schaden könnte, sollte die Aktion durchgeführt werden.

In Windeseile wurde die Mailingaktion vorbereitet, in alle Sprachen übersetzt, Adressen im Markt gekauft, ein Partnerschaftsangebot zusammengestellt und die Informationsbroschüre konzipiert, damit die Aktion noch vor einer wichtigen Messe ankam. Der Erfolg war verblüffend. Innerhalb kurzer Zeit hatte das Unternehmen einen Response von über 14 Prozent. Doch von den Maschinen wurden in den sechs Monaten, wie vorausgesagt, nicht mal drei verkauft. Hätte man mehr Zeit darin investiert, die notwendigen Voraussetzungen zu schaffen, wäre die ganze Aktion ein riesiger Erfolg geworden. Für uns als Agentur war der Rücklauf zwar ein Erfolg, aber was ist ein Erfolg, wenn das Unternehmen nicht davon profitiert? Ein teurer Spaß, um den Verantwortlichen einen Spiegel vorzuhalten!

Erfolgloser Erfolg

> **Wenn interne Engpässe im Unternehmen nicht zuerst gelöst und überwunden werden, lässt sich extern im Umgang mit den Kunden kein »Blumentopf« gewinnen.**

3. Strategie kontra Kreativität

Strategie ist entscheidend Wenn Sie die Nummer eins im Kopf Ihrer Zielgruppe werden wollen, dann sollten Sie als Erstes Ihre Strategie analysieren. Denn alles, was Sie in diesem Buch über Positionierung und Markenbildung lesen, hat vor allem dann Erfolg, wenn auch Ihre Strategie stimmt. Was letztlich bedeutet, dass der Branding-Prozess und zwangsläufig auch alle anderen in diesem Buch angesprochenen Bereiche mit der richtigen Strategie um ein Vielfaches erfolgreicher sind.

Was ist Strategie?

Strategie ist die grundsätzliche Art, wie Sie Ihre Sinne, Kräfte und Mittel einsetzen.

Alle Dinge sind schwer, bevor sie leicht werden.

Dabei spielt die Frage, ob Sie breit verzettelt oder spitz konzentriert sind, eine genauso wichtige Rolle wie die Frage, ob Sie Ihre Stärken auf die brennendsten Probleme Ihrer erfolgversprechendsten Zielgruppe ausrichten und auf dem Pfad der ständigen Verbesserung die Ziele Ihres Unternehmens ausgerichtet haben. Was nutzt Ihnen die beste Werbung, wenn die Anziehungskraft auf dem Markt bzw. auf Ihre Zielgruppen nicht stimmt? Unternehmen, die ihre Strategie verbessern, werden automatisch tatkräftiger, interessierter, kreativer, anziehender, mitreißender und erfolgreicher.

Kreativität als Allheilmittel?

Viele Unternehmen sind so in den täglichen Arbeitsprozess verstrickt, dass sie sich keine Zeit nehmen, aus der Vogelperspektive ihre Strategie zu überprüfen. Die erste nahe liegende »Strategie« ist, den Energieeinsatz zu erhöhen, wenn sich das Chaos vergrößert. Erst, wenn das ständige Reagieren in eine vermeintliche Sackgasse geführt hat, sucht man kurzfristige Lösungen, um das Unheil abzuwenden. Doch statt grundsätzlich über die Strategie nachzudenken, hofft man, mit einer guten Werbestrategie die Anziehungskraft und den Stellenwert bei seinen Kunden zu verbessern. Diese »Strategie« ist falsch und gefährlich.

»Nachdem wir das Ziel endgültig aus den Augen verloren hatten, verdoppelten wir unsere Anstrengungen.«
(Mark Twain)

Bei genauerer Betrachtung erweist sich im Krisenmanagement jeder blinde Aktionismus als Eintagsfliege mit eingebautem Verfallsdatum.

Es mag sein, dass einige große Unternehmen mit einem enormen Werbeetat und dem entsprechenden häufigen Kundenkontakt durch eine intelligente Werbestrategie ihren Erfolg kurzfristig verbessern können. Lassen Sie sich davon nicht täuschen! Hinter dem Erfolg von Unternehmen, die ihrer Konkurrenz immer um eine Nasenlänge voraus sind, steckt stets eine durchdachte Strategie. Und der erfolgreiche, professionell durchdachte Branding-Prozess ist immer eine logische Folge der richtigen Strategie.

Entscheidende Größen des Erfolgs

Wenn Sie die Nummer eins im Kopf Ihrer Zielgruppe werden wollen, werden Sie das kaum ausschließlich durch pfiffige Werbeideen, spritzige Headlines und originelle Bilder erreichen. Denn gerade die bestehenden Bedürfnisse des Kunden, die Konzentration auf Lösungen, die konsequente Orientierung am Kundennutzen, die klare Abgrenzung zu Mitbewerbern und die Spezialisierung sind die entscheidenden Bestimmungsgrößen für den Erfolg eines Unternehmens.

Nutzenorientierung statt kurzfristiger Gewinnmaximierung

Wer aufhört, besser zu werden, hat aufgehört, gut zu sein.

Eine Produkt- und Umsatzfixierung kann leicht den Blick auf die tatsächlichen Bedürfnisse der Zielgruppe verstellen und verschafft somit dem Wettbewerber große Vorteile. Demgegenüber sind Spezialisierung, Marktnischenorientierung und Nutzenoptimierung die stärkste Waffe der kleinen und mittelständischen Unternehmen. Voraussetzung ist, dass das gesamte kreative Potenzial der Werbe-»Schöpfer« aus den Ergebnissen einer zukunftsorientierten Strategie erwächst. Ebenso ist die Ausrichtung des Unternehmens auf eine permanente Leistungsverbesserung erforderlich. Wichtig hierbei ist, dass sich jede Verbesserung an den konkreten Marktbedürfnissen orientiert.

Innovationen werden stets zum Nutzen der Zielgruppe und mit ihr gemeinsam erarbeitet.

Kundennutzen garantiert Erfolg

Dabei ist es unabdingbar, schon heute die Bedürfnisse von morgen im Blickfeld zu haben. Denn nur wer vorausdenkt, ist kommenden Entwicklungen und künftigen Bedürfnissen gewachsen und kann somit dauerhaft als bester Problemlöser seinen Branding-Prozess konsequent und glaubhaft aufbauen.

Erfolg ist demnach die Ausrichtung des Unternehmens und seiner Strategie auf den *Kundennutzen* – und nicht auf die kurzfristige Gewinnmaximierung. Niemand wird je einen beständigen Vorteil zum Nachteil seiner Kunden erzielen können. Unter Berücksichtigung all dieser Faktoren wird eines deutlich: Effektive und effiziente Werbung setzt immer auch eine kundennutzenorientierte Strategie voraus. Denn wer seiner Zielgruppe einen wirklichen Nutzen bietet, braucht auf den Erfolg nicht lange zu warten.

Mit Problemlösungen zur Marktführerschaft

Kein Hardselling und keine Marktübersättigung

Wäre morgen jemand in der Lage, ein Medikament auf den Markt zu bringen, mit dem die Immunschwäche Aids besiegt werden könnte, so müsste er sich gewiss keine Gedanken über

Verpackung, Marketing- und Kommunikationskonzepte machen – er könnte es in Toilettenpapier einwickeln und wäre übermorgen bereits Millionär!

Solch eine revolutionäre Innovation ist leider selten. Es sind nicht immer die Innovationen, die besonders erfolgreich sind, von großem öffentlichen Interesse. Auch kleine reale oder virtuelle Verbesserungen können, richtig positioniert, als besonderer Mehrnutzen wahrgenommen werden. Wer einen echten Nutzen zu bieten hat, kann sich frei machen von aggressiven Hardselling-Konzepten. Und den Begriff »Marktübersättigung« kann er aus seinem Sprachschatz streichen.

Der Umkehrschluss liegt auf der Hand: So musste ein renommierter Elektrogeräte-Hersteller am eigenen Leibe erfahren, dass auch die besten Innovationen und die ausgefeiltesten Marketingkonzepte nichts nützen, wenn sie an den Bedürfnissen der Kunden vorbeigehen. Von der pfiffigen Entwicklungsabteilung wurde ein hochmodernes digitales Bügeleisen und anschließend ein Erfolg versprechendes Marktkonzept entwickelt. Werbeagenturen, Industrie- und Verpackungsdesigner wurden gebrieft, und man investierte eine beachtliche Summe für die Neueinführung des Produkts. Der Erfolg jedoch blieb aus. Pech gehabt? Nein, allerdings wurde hier im Elfenbeinturm gearbeitet – ohne Kenntnis der tatsächlichen Probleme und Bedürfnisse der Zielgruppe. Hätte man die Hausfrau im Vorfeld befragt, so hätte man festgestellt, dass hier eine erhebliche Scheu vor der Auseinandersetzung mit neuen Technologien besteht. Man hätte erfahren, dass hier nicht der Wunsch nach technischen Spezialfunktionen, sondern nach einfachster Bedienbarkeit vorherrscht.

Am Kunden vorbei entwickelt und geplant

Dieses Beispiel macht den Unterschied zwischen Nutzen- und Gewinnmaximierung recht deutlich. Dass eine Nutzenmaximierung zwangsläufig eine Gewinnmaximierung nach sich zieht – und zwar eine viel höhere! –, liegt auf der Hand. Nicht das Unternehmen, sondern der Markt bestimmt, was am erfolgreichsten ist. Darauf sollte auch die Kommunikation aufbauen. Kommunikation heißt nicht Zwangsbeglückung und Absatz um jeden Preis, sondern bedeutet, immer den Dialog mit der Zielgruppe aufrechtzuerhalten und problemlösungsorientiert zu handeln.

Nutzenmaximierung führt zu Gewinnmaximierung – nicht umgekehrt

Spezialist oder Bauchladenführer?

Spezialisierung statt Diversifikation Wenn Sie erfolgreiche Unternehmen einmal genauer unter die Lupe nehmen, werden Sie schnell feststellen, dass sie fast alle etwas gemeinsam haben: Sie sind spezialisiert! Die Spezialisierung hat gegenüber der Diversifikation große Vorteile. Durch Spezialisierung erhalten Sie schneller und zielorientierter wesentlich höhere Lernerfolge und Lernerfahrungen als jemand, der auf mehreren Hochzeiten gleichzeitig tanzt.

Im Sport z. B. kann man das gut beobachten: Ein Spitzensportler, der sich auf den 100-Meter-Lauf spezialisiert, wird in jedem Wettrennen um Längen besser abschneiden als ein Sportler, der sich der Königsdisziplin Zehnkampf verschrieben hat. Der Vorteil des 100-Meter-Läufers und auch der Unternehmen, die sich spezialisiert haben, ist die absolute Konzentration auf ihre Kernkompetenzen. Kärcher hat sich nach einigen Umwegen nur noch auf die Herstellung von Hochdruckreinigern konzentriert und wurde Weltmarktführer.

Die Spezialisierung bringt also neben den genannten Faktoren weitere Wettbewerbsvorteile mit sich. Denn wir alle sind darauf konditioniert, uns an den Siegern zu orientieren. Wer Spezialist ist und die Ziellinie als Erster durchbricht, gilt als der Kompetenteste auf seinem Gebiet. Er ist in aller Munde. An ihn erinnert man sich; an ihn denkt man zuerst. Und an ihn wird man sich wenden, wenn man Fragen zu seinem Gebiet hat oder einen Rat sucht.

Wer sich spezialisiert auf die Bedürfnisse seiner Zielgruppe, hat mehr Erfolg als jemand, der einen Bauchladen voller Produkte anbietet.

Kooperationen erhöhen Ihr Know-how

Leistungen genau überdenken Viele Unternehmen sind in einem weiteren Irrtum befangen. Sie glauben, je mehr Leistungen sie ihren Kunden anbieten können, desto größer sei die Kundenbindung. Auch dieses Denken ist gefährlich und falsch. Denn wer mehr Leistungen anbietet, muss mehr investieren, verzettelt sich schnell, ist am Ende nur mittelmäßig und wird unglaubwürdig. Wer heute Leistungen in Anspruch nimmt, erwartet die besten Ergebnisse und ist auch bereit, dafür zu bezahlen. Mittelmaß kann für einen Kunden sehr teuer werden. Die Spezialisierung als bester Problemlöser erfordert darum die Kooperation mit anderen Spezialisten.

Spezialisierte Unternehmen sind solche, die immer mehr über immer weniger wissen, bis sie am Ende alles über etwas wissen.

Komplementäre Kooperationspartner, die ihr Angebot sinnvoll ergänzen, nicht konkurrieren, schaffen Synergieeffekte, die wiederum zum Nutzen des Kunden eingesetzt werden können. Auf diese Weise erhöht sich die Anziehungskraft beider Partner um ein Vielfaches, und die Unternehmen sichern sich gemeinsam weitere Marktanteile, anstatt sie sich streitig zu machen.

Chancenmanagement statt Krisenmanagement

Alle erfolgreichen Unternehmen haben in einer Nische klein angefangen. Wenn Sie erfolgreich werden wollen, betrachten Sie jede einzelne Unternehmensaktivität als Teil der gesamten Unternehmensstrategie. Setzen Sie genau da an, wo im Prinzip jedes erfolgreiche Unternehmen einmal angefangen hat. Denn der Ausgangspunkt jedes Erfolges ist immer, eine passende Marktnische zu finden,

Der Zielgruppendialog als Frühwarnsystem

sie zu besetzen und sich mithilfe seiner Stärken und Kernkompetenzen darin zu etablieren. Erfolgreiche Konzepte ziehen jedoch immer auch Mitbewerber nach sich, und das erfordert wieder neue und verbesserte Konzepte, um immer einen Schritt voraus zu sein und zu bleiben.

Nicht der *kurzfristige* Erfolg, der heute eine schnelle Umsatzsteigerung bringt und schon morgen das Unternehmen wieder bei null anfangen lässt, kann das Ziel sein. Erarbeiten Sie eine Strategie,

Langfristiger Erfolg

die *dauerhafte* Erfolge verspricht und *langfristige* Ziele verfolgt. So konzentriert sich z. B. jede sinnvolle Leistungsverbesserung immer darauf, das nächstgrößere Problem der erfolgversprechendsten Zielgruppe zu lösen. Nur so lässt sich der Wettbewerbsvorsprung weiter ausbauen und halten. Denn sobald ein Mitbewerber das brennendste Problem der Zielgruppe gelöst hat, ist es schon keines mehr.

Jedes Problem, für das der Zielgruppe noch keine Lösung geboten wurde, kann eine Marktnische sein, die den eigenen Wettbewerbsvorteil erhöht.

Jedes Problem Ihrer Zielgruppe ist eine Chance

**Probleme um-
definieren**

Alle Welt – und nicht zuletzt viele Unternehmen – klagen über wachsende Probleme. Leider haben wir alle gelernt, Probleme als etwas Negatives zu bewerten und ihnen nach Möglichkeit aus dem Weg zu gehen. Auf diese Weise bleiben die Chancen, die hinter einem Problem stehen, ungenutzt. Wer in der Lage ist umzudenken, wird schnell erkennen: Für jedes Problem, das existiert, wurde entweder noch keine Lösung gefunden oder die Lösung hat die Zielgruppe noch nicht erreicht. Je mehr Probleme also existieren, desto größer sind die Chancen! Denn Probleme sind nichts weiter als Bedürfnisse, und Bedürfnisse sind Umsatzchancen. Je länger eine Chance existiert, desto geringer wird sie.

Wer heute den Kopf in den Sand steckt, knirscht morgen mit den Zähnen.

Ein Unternehmen, das seine Strategie darauf ausrichtet, sich als bester Problemlöser am Markt zu positionieren, kommuniziert inhaltlich wesentlich effektiver als eines, das seine Energien auf den Kampf gegen Mittbewerber konzentriert. Es setzt nämlich automatisch am strategisch wirkungsvollsten Punkt an – dort, wo man mit dem geringsten Aufwand den größtmöglichen Erfolg erzielt. Für eine ideale Problemlösung sind Kunden zudem bereit, einen guten Preis zu zahlen. Geld spielt dann die kleinste Rolle; andere Werte zählen mehr.

Unternehmen, die sich strategisch darauf konzentrieren, zum besten Problemlöser ihrer Zielgruppe zu werden, setzen anstelle des reaktiven Krisenmanagements aktives Chancenmanagement.

Mehr Wertschöpfung durch Informations-Besitz als durch Produktionsmittel-Besitz

Es ist schon oft vorgekommen, dass sich eine Entwicklungsabteilung oder der gesamte Vertrieb als »Informationsbesitzer« selbstständig gemacht hat und das Unternehmen als »Produktionsmittelbesitzer« in arge Bedrängnis brachte, so dass dieses im schlimmsten Falle seine Tore schließen musste. Ein Unternehmen muss Informationsbesitzer statt Produktionsmittelbesitzer werden. Erfolgreiche Unternehmen gehen deshalb sogar so weit, dass sie kontinuierlich mit ihren direkten Zielgruppen im Beisein ihrer Werbeagentur überlegen, was die Zielgruppe erfolgreicher machen könnte, und mit ihr die Maßnahmen absprechen, bevor über Werbekonzepte nachgedacht wird.

Mit den Zielgruppen planen

Wenn möglich, sitzt man auch mit der Zielgruppe seiner Zielgruppe zusammen und bespricht, was sie benötigen wird, um erfolgreicher zu werden, z. B., wenn ein Unternehmen den Großhandel als Zielgruppe und der Großhandel Architekten und Bauunternehmen als Zielgruppe hat. Jeder profitiert von dieser Kooperation, jeder setzt die geplanten Maßnahmen um, und jeder ist dabei ein Gewinner. Wenn Ihre Zielgruppe erkennt, dass sie dabei profitiert, ist sie auch eher bereit, sich an den Kosten zu beteiligen. Lesen Sie dazu Kapitel 11: »Markenaufbau zum Nulltarif?«.

Die Zielgruppen der Zielgruppen

Strategie als Basis eines erfolgreichen Branding-Prozesses

Zukunftsorientiert denken und handeln ist fester Bestandteil jeder erfolgreichen Strategie. Mit dieser Vorgehensweise kann jegliches Risiko von Anfang an ausgeschaltet werden. Am Ende finden dann die Kommunikation und der Branding-Prozess wieder da statt, wo sie auch stattfinden sollten: im Dialog mit der Zielgruppe. Das ist der Weg, auf dem man sogar mit beschränkten Mitteln die Nummer eins im Kopf seiner Zielgruppe werden und zur Marktführerschaft gelangen kann.

Hier stellt sich nun die Frage der praktischen Umsetzung. Am besten ziehen Sie sich dazu zwei bis drei Tage in ein gemütliches kleines Hotel zurück und erarbeiten in einem gemeinsamen Workshop mit dem Management, der Geschäftsleitung, den Marketing- und den Verkaufsleitern, der Produktions- und Entwicklungsabteilung – kurzum: mit allen am Erfolg eines Unternehmens wesentlich Beteiligten – den richtigen Weg.

Idealerweise laden Sie dazu auch Ihre externen Berater bzw. Ihre hoffentlich kreative und strategisch denkende Werbeagentur mit ein. Denn am fruchtbarsten wird die Zusammenarbeit, wenn die Agentur als innovativer Coachingpartner die Verwirklichung der langfristigen Unternehmensziele begleitet. Auf diese Weise erhalten Ihre externen Berater Einblick in die Tiefe des Unternehmens und können aus Sicht eines Außenstehenden und jemandes, der darauf trainiert ist, Alleinstellungsmerkmale schnell zu erkennen, aktiv nach Marktnischen und Positionierungsmöglichkeiten suchen. Darüber hinaus entwickelt sich eine Art Sparringspartnerschaft, in der man gemeinsam für die unmittelbaren und zukünftigen Erfolge trainiert.

Ihre Branding-Strategie sollten Sie in einem Workshop mit allen intern Verantwortlichen sowie mit Ihrer Werbeagentur gemeinsam erarbeiten.

Strategieentwicklung ist keine Eintagsfliege

Strategieentwicklung ist keine Eintagsfliege, sondern ein kontinuierlicher Entwicklungsprozess; sie sollte daher ein fester Bestandteil Ihrer Arbeit werden. Die ständige Beschäftigung mit seiner eigenen Strategie konditioniert die Aufmerksamkeit für Möglichkeiten. Eigentlich ist alles schon da, man muss nur lernen, es zu sehen.

Ein Beispiel ist der Clio-Effekt: Meine Frau bevorzugt kleine Autos. Ihre größte Angst ist, dass sie nicht in eine Parklücke hinein- oder aus ihr herauskommt. Als sie vor Jahren ein neues Auto kaufen wollte und die Clio-Werbung sah, entschloss sie sich, zu einem Autohändler zu fahren, um sich beraten zu lassen. Nach dem Besuch des Autohändlers kam sie ganz überrascht nach Hause und erzählte mir: »Weißt du, was mir passiert ist? An jeder Ecke kam mir ein Clio entgegen.« Wenn Sie sich mit einer Sache intensiv beschäftigen, sehen Sie Dinge, die Sie vorher nicht wahrgenommen haben.

Institutionalisieren Sie Ihren Strategieprozess und erstellen Sie ein Erfolgshandbuch, in dem Sie alle wichtigen Tatsachen, Möglichkeiten und Ziele nach den folgenden 8 Schritten festhalten. Arbeiten Sie grundsätzlich schriftlich.

So entwickeln Sie Ihre Strategie und schaffen die Basis für einen erfolgreichen Branding-Prozess

1. Der erste Schritt ist immer die Analyse der Ist-Situation.

Eckdaten wie Leistung bzw. Produkte, Finanzen, Abhängigkeiten, wichtigste Wettbewerber, interne und externe Engpässe machen die tatsächliche Situation des Unternehmens transparent und geben somit bereits einen ersten Überblick über mögliche Risiken und Chancen in der Zukunft. Achten Sie hierbei besonders darauf, welche Abhängigkeiten Ihr Unternehmen langfristig gefährden könnten. Kann zum Beispiel ein Lieferant, der in Konkurs geht oder übernommen wird, Sie in Gefahr bringen? Kann Ihre Bank Ihnen den Hahn zudrehen, was nicht selten schon zum Konkurs geführt hat, obwohl Aufträge vorhanden waren?

Wie stellt sich Ihre Ist-Situation dar? Welche Risiken gibt es gegebenenfalls?

---

2. Was sind die besonderen Stärken Ihres Unternehmens?

Dann gilt es, sich der speziellen Stärken bewusst zu werden und sich dabei nicht mit der Analyse der Unternehmensschwächen zu verzetteln. Am effektivsten gelingt das, indem Unternehmensleitung, Mitarbeiter und Werbeagentur gemeinsam formulieren, wo sie die größten Stärken (Spezialisierung, Know-how, Service etc.) sehen und diese anschließend auch bewerten – zum einen aus eigener Sicht und im Vergleich zum Wettbewerb, zum anderen aus Sicht der Zielgruppe. Gehen Sie noch einen Schritt weiter und befragen Sie Kunden, von denen Sie wissen, dass sie ehrlich und konstruktiv ihre Meinung sagen.

Wo liegen Ihre besonderen Stärken?

_____

_____

Wo sind Sie besser oder schlechter als Ihre Mitbewerber?

_____

_____

Welche Stärken haben bei der Zielgruppe die höchste Anziehungskraft bzw. mit welcher bestehenden Leistung bieten Sie den größten Nutzen?

_____

_____

Durch die aktive Mitarbeit der Werbeagentur fließen nicht nur neue bzw. zusätzliche Sichtweisen mit ein, sondern vielmehr ergibt sich durch die neutrale Bewertung von außen oftmals auch eine ganz andere Gewichtung. Darüber hinaus erkennt eine professionell arbeitende Agentur anhand der klar definierten Unternehmensstärken in der Regel bereits die größten Positionierungsstärken und -marktnischen, neue Verwenderzielgruppen, die Möglichkeit, ein Pionierprodukt zu entwickeln, sowie die ers-

ten konkreten Argumentationsmöglichkeiten für eine kundennutzenorientierte Unternehmensdarstellung.

3. Wo kann der Ausbau Ihrer Stärken noch zum Einsatz kommen?

Die Definition zusätzlicher Potenziale hilft dabei, neue Marktnischen zu finden, die erfolgreich besetzt werden können. Hinter-
fragen Sie mögliche Verwendungszwecke Ihrer besonderen Stärken. Lesen Sie dazu Kapitel 9 und 10. Wichtig ist, dass Sie Ihren
Stärken treu bleiben. Die Überlegung hierbei ist:

Welche bestehenden und neuen Geschäftsfelder können Sie aufgrund Ihrer Spezialisierung
und Stärken zusätzlich – und besser als Ihre Mitbewerber – bedienen?

_____

_____

_____

Welchen zusätzlichen Nutzen können Sie aufgrund Ihrer Stärken sonst noch bieten?

_____

_____

_____

Ergänzen Sie diesen Punkt mit den Ausarbeitungen aus den übrigen Kapiteln dieses Buches.

Die Kombination von Know-how und Kompetenz des Unternehmens einerseits und dem marketing- und kommunikations-
orientierten Denken der Werbeagentur andererseits kann zur
Entwicklung neuer Ideen und Abgrenzungsmöglichkeiten führen und konkretisiert die Chancen einer Alleinstellung am
Markt.

4. Jedes Unternehmen hat klar definierbare Zielgruppen.

Die genaue Zielgruppenbestimmung wird nach wie vor von den meisten Unternehmen sträflich vernachlässigt.

Zielgruppen sind Menschen mit gleichen Wünschen, Bedürfnissen und Problemen.

Je genauer Sie Ihre Zielgruppe und deren Probleme kennen, desto gezielter können Sie sie ansprechen und Nischen finden.

Ein Beispiel für Marktnischenbedienung

Als Strategie- bzw. Marktnischenberater habe ich mit vielen Unternehmen interne Strategieworkshops durchgeführt. Unter anderem war ich fast zwei Jahre als Strategieberater für die Franchisepartner eine der größten Handelsketten tätig. Alleine die Analyse der Zielgruppen und die damit veränderte Sortimentsgestaltung brachten den Partnern einen enormen Umsatzzugewinn und neue Kunden: In einem Markt mit vielen Singles und Senioren-Haushalten wurde z. B. erfolgreich das Sortiment und die Dienstleistung auf die Probleme und Wünsche dieser Zielgruppe umgestellt; angefangen bei kleinen Portionen und Fertigprodukten bis hin zu einem Bringservice für alte Menschen. In einem Umfeld mit vielen Wohnblocks und Großfamilien mit geringem Einkommen wurde das Sortiment auf Großpackungen umgestellt und für die kleinen Balkons entsprechende Campingmöbel angeboten. In einem Umfeld mit Büro und Industrie war die Bereitstellung von Frühstück und fertigem Mittagessen eine Gewinn bringende Ausrichtung auf die Bedürfnisse der Zielgruppen.

Heutige Märkte zerfallen in eine Vielzahl kleiner Minimärkte, die von immer spezialisierteren Medien bedient werden. Nicht ohne Grund hat sich die Zahl von Zeitschriften, die inhaltlich auf eine genau definierte Kundengruppe zugeschnitten sind, explosionsartig entwickelt. Dank des neuen Database-Marketing können Firmen nicht nur zielgenau auf Marktsegmente und Marktnischen zugehen, sondern auch Einzelpersonen, also Ein-Personen-Segmente, ins Auge fassen. Viele Unternehmen betreiben eigene Datenbanken, die genaue Angaben zu Tausenden oder Millionen von Kunden und Interessenten enthalten. General

Motors zum Beispiel verwaltet eine Datenbank mit zwölf Millionen Namen. In dieser Datei sind sämtliche Produkte und Dienstleistungen gespeichert, die ein Kunde jemals mit einer General-Motors-Kreditkarte bezahlt hat.

Definieren Sie Ihre erfolgversprechendsten Zielgruppen:

Welche Zielgruppen haben Sie bisher bedient? Listen Sie alle auf!

Welche Zielgruppen haben gleiche oder ähnliche Bedürfnisse und können mit gleichen oder ähnlichen Problemlösungen bedient werden?

Welche Zielgruppen stehen bei Ihnen eher »am Rande« und führen, von den angebotenen Problemlösungen oder Produkten her, zu einer Verzettelung Ihrer Kräfte?

Welche Zielgruppe ist die interessanteste und vor allem lohnendste? Wer ist die 20%-Zielgruppe, mit der Sie 80% Ihres Umsatzes machen bzw. machen könnten (Pareto-Prinzip)?

Für wen ist Ihr Angebot, Ihre Leistung heute und in Zukunft interessant?

Die genaue Zielgruppen- und Teilzielgruppendefinition wird leider immer noch sehr oberflächlich gehandhabt. Dabei bietet die genaue Analyse eine Fülle von Marktnischen- und Positionierungsmöglichkeiten. Zahnpasta zum Beispiel gibt es für Kinder, für Erwachsene, für empfindliche Zähne und Zahnfleisch, für Raucher und gegen gelbe Zähne, für Menschen ab vierzig usw. Sport-Studios bieten eine breite Palette an Fitness-Möglichkeiten. Das Schweizer Fitnessstudio Kieser hat sich auf die Teilzielgruppe »Menschen mit Rückenschmerzen« spezialisiert, die mit nur 25 Minuten Training ihre Probleme lösen können – mit wachsendem Erfolg. Mittlerweile gibt es schon in jeder Großstadt ein oder mehrere Franchise-Studios, und ständig kommen weitere hinzu.

5. Was sind die größten Probleme Ihrer Zielgruppe?

Jedes Problem Ihrer Zielgruppe kann eine Chance für Ihr Unternehmen sein. Die Definition der Zielgruppen und ihre brennendsten Probleme sind die wichtigsten Faktoren für Ihre Strategie. Ebenso wichtig ist der kontinuierliche Dialog mit den Zielgruppen. Denn keine andere Quelle kann zuverlässiger Auskunft über die tatsächlichen Bedürfnisse und den Bedarf des Marktes geben als der Markt selbst.

Der direkte Kontakt zu den Zielgruppen ist noch immer das beste Instrument, wenn es darum geht, das eigene Angebot zu überprüfen, es gegebenenfalls an die Veränderungen des Marktes anzupassen und auch die Werbung gezielt darauf auszurichten.

Erarbeiten Sie folgende Fragen:

Was sind die größten Probleme Ihrer Zielgruppe (materiell und immateriell)?

_____

_____

Definieren Sie die Probleme auch aus der Fragestellung: Was sind die größten Ziele und Wünsche Ihrer Zielgruppe? Berücksichtigen Sie dabei alle Bereiche, wie z. B. Marktsituation und Wettbewerb, interne Probleme und Vertrieb, Sicherheit und Reklamationen, Zielgruppen und Know-how des Wettbewerbs etc.

_____

_____

Welche Kunden haben Sie in der Vergangenheit dazugewonnen bzw. verloren und warum?
(Aus dieser Antwort kann sich auch ein neues Teilzielgruppenprofil ergeben.)

_____

_____

6. Innovieren Sie gezielt?

Im sechsten Schritt folgt der innovative Prozess: Wie kann das Unternehmen aufgrund seiner (potenziellen) Stärken die größten Probleme der Kunden lösen? Oder wenn Sie keine faktische Innovation finden: Wo gibt es virtuelle Positionierungsnischen? Innovationen sind nicht immer neue, aufwendige oder gar kostenintensive Lösungen – wie schon anhand des digitalen Bügeleisens deutlich wurde.

Es geht also nicht darum, immer nur nach technischen Innovationen zu suchen, sondern oftmals einfach um Möglichkeiten, wie Sie auf neue, andere oder veränderte Weise im Kopf Ihrer Zielgruppe ein neues Fenster öffnen können. Durch die anschließende direkte und persönliche Befragung der Zielgruppe selbst wird sowohl die eigene Einschätzung überprüft, als auch die Wirksamkeit der folgenden Werbemaßnahmen sichergestellt. Das sonst übliche Innovationsrisiko wird so praktisch auf null reduziert und garantiert eine erfolgreiche Umsetzung am Markt.

Durch den ständigen Dialog mit Ihrer Zielgruppe werden Sie automatisch zum Informationsbesitzer und haben so ein absolut zuverlässiges Frühwarnsystem.

So können Sie – schneller als Ihr Mitbewerber – auf Veränderungen des Marktes reagieren.

Suchen Sie die Lösung zu folgenden Fragen:

Welche Probleme können Sie lösen (materiell und immateriell)?

_____

_____

Welche Innovationen lösen das größte Problem Ihrer erfolgversprechendsten Zielgruppe?

_____

_____

Welche virtuelle Positionierungsnische verspricht den größten Erfolg?

_____

_____

Was hindert Sie an der Durchführung der Problemlösung?

_____

_____

Welche Probleme könnte auch ein Kooperationspartner lösen?

_____

_____

Gehen Sie noch einen Schritt weiter:

Wer oder was möchten Sie für Ihre Zielgruppe sein?

_____

_____

Womit können Sie Ihre Zielgruppe verblüffen bzw. was müssen Sie tun, damit Ihre
Zielgruppe positiv von Ihnen spricht und Sie weiterempfiehlt?

_____

_____

Wie und womit können Sie eine positive »Mund-zu-Mund-Propaganda« zusätzlich
unterstützen, Kunden zu Empfehlern machen und den Branding-Prozess damit forcieren?

_____

_____

Am Ende sollten Sie die folgenden zwei Fragen besonders genau prüfen:

Was könnte Ihre Zielgruppe davon abhalten, Ihr Angebot in Anspruch zu nehmen
oder die Positionierung abzulehnen?

_____

_____

_____

Wann würde Ihre Zielgruppe Ihr Produkt/Ihre Leistung auf jeden Fall annehmen bzw. die Positionierung als etwas Neues, Einmaliges oder als etwas Verändertes glaubhaft annehmen?

_____

_____

7. Steigern Sie Ihren Erfolg durch eine ergänzende Kooperation.

Die Kooperationsfähigkeit ist die wichtigste aller Fähigkeiten in vernetzten Systemen. Spezialisierung erfordert sinnvolle, sich ergänzende Kooperationspartner. Durch eine intelligente Kooperation können Sie nicht nur Ihr Angebot ohne Risiko erweitern, sondern auch zusätzliche Kundenprobleme lösen, zu deren Lösung Sie selbst nicht in der Lage sind. Dadurch werden Kräfte freigesetzt, der Durchbruch im Markt beschleunigt und neue Kunden durch die Zielgruppen des Kooperationspartners hinzugewonnen. Partner mit gleichem Wissen und Fähigkeiten jedoch können schnell zu Konkurrenten werden. Deswegen ist die Auswahl eines komplementären Partners die ausschlaggebende Voraussetzung.

So finden Sie den richtigen Kooperationspartner.

Welche Kundenprobleme können Sie mithilfe eines fachlich versierten Kooperationspartners lösen?

_____

_____

Welche Leistungen erwarten Sie von Ihrem Kooperationspartner?

_____

_____

Welche Vorteile hätte Ihr Partner?

_____

_____

Was ist Ihr gemeinsames Ziel?

_____

_____

Wie eng wollen Sie zusammenarbeiten?

_____

_____

8. Problemlösungsorientierung als Unternehmensziel

Man schätzt, dass nur ca. 5 bis 7 % aller Unternehmen ein wirkliches – also nicht Umsatz-, sondern nutzenorientiertes – Unternehmensziel haben, das die permanente Weiterentwicklung und Verbesserung institutionalisiert. Was aber ist nun konkret unter einem nutzenorientierten Unternehmensziel zu verstehen? Und welches Ziel garantiert tatsächlich eine permanente Leistungsverbesserung?

Dazu gibt es mehrere Punkte:

1. Ein Unternehmensziel orientiert sich nicht an der Gewinnmaximierung, sondern an der Nutzenoptimierung. Das sichert die Anziehungskraft am Markt und zieht eine Maximierung der Gewinne automatisch nach sich.
2. Unternehmensziele definieren sich niemals nach einer Variablen, sind also keinesfalls an Trends oder Zeitgeist orientiert.

3. Unternehmensziele definieren sich immer an einem Grundbedürfnis, das wiederum mit Zukunftssicherung einhergeht.
4. Unternehmensziele definieren sich an permanenter Leistungsverbesserung und Innovationsbereitschaft.

Die Definition eines klaren, eindeutigen und vor allem nutzenorientierten Unternehmensziels ist einer der wichtigsten Schritte, wenn es um dauerhaften und kontinuierlichen Erfolg geht. Mindestens genauso wichtig ist es, dabei stets mögliche Innovationen im Auge zu behalten. Wer dazu nicht bereit ist, hinkt dem Marktgeschehen bald hinterher.

Beispiele für Unternehmensziele

Ein Kohlenhändler, der sein Unternehmensziel damit definierte, »bester Kohlenlieferant für alle Haushalte seines Einzugsgebiets zu werden«, hatte das Verfallsdatum bereits eingebaut, denn damit ist er nicht auf neue Rohstoffe und Techniken eingestellt. Anders der Kohlenhändler, der sich das Ziel gesetzt hat, »bester Lieferant für Brennstoffe zu werden«. Er hat die Augen immer offen und wird stets Alternativen finden. So hatte auch ein Geschirrspülmaschinen-Hersteller das Unternehmensziel, seiner Zielgruppe weltweit die besten Geschirrspülmaschinen anbieten zu können. Kein ungefährliches Ziel, denn es lässt Innovationen außen vor und birgt somit die Gefahr, dass neue Techniken an ihm vorbeigehen! Sollte Geschirr eines Tages mit Ultraschall gereinigt werden, hat er den Markt verschlafen. Das Unternehmen änderte daher sein Unternehmensziel und sagt nun: »Wir wollen der weltweit beste Problemlöser in Sachen Reinigung von Geschirr werden.« Mit dieser Zielsetzung ist das Unternehmen immer offen für Veränderungen und Innovationen und natürlich auch für neue oder veränderte Bedürfnisse einer Zielgruppe.

Wenn Sie Ihr Unternehmensziel definieren, sollten Sie es ausrichten auf ein konstantes Grundbedürfnis mit dem Ziel, bester Problemlöser zu werden und zu bleiben. Dies bedeutet, sich permanent mit den Veränderungen im Markt weiterzuentwickeln und immer bessere Lösungen für bekannte und neue Probleme zu finden.

**Definieren Sie gemeinsam mit Ihren Mitarbeitern
Ihre Unternehmensziele und fassen Sie das wichtigste
zu einem Leitsatz zusammen.**

Welches konstante Grundbedürfnis wollen Sie in Zukunft lösen?
Werden Sie zum Beispiel nicht bester Hersteller von Kleider-
schränken, sondern bester Problemlöser für die Aufbewahrung
von Kleidungsstücken; nicht bester Anbieter von Zeitmanage-
ment-Seminaren, sondern bester Problemlöser für alle, die ein
Zeitproblem haben. Tragen Sie alle Formulierungen zusammen,
bewerten Sie diese und fassen Sie die wichtigste Aussage zu einem für jedermann verständlichen und nachvollziehbaren Leitsatz zusammen.

Ihr Leitsatz:

_____

_____

Unternehmensziel als Motivationsfaktor

Diese Strategie und entsprechend formulierte Unternehmensziele und -philosophien verändern auch die Einstellung der Mitarbeiter im Unternehmen. Alle Mitarbeiter denken mit – und sie
denken unternehmerisch, weil alle nun an einem gemeinsamen,
klar definierten Ziel arbeiten. Das geht bis zur Kommunikation
der Mitarbeiter mit dem Kunden. Wenn die Leitthese im Unternehmen »Jedes Problem ist eine Chance« lautet, werden Probleme auch nicht länger gemieden, sondern sogar gesucht. Denn
mit jeder Problemlösung wird der Wettbewerbsvorteil weiter
ausgebaut.

**Veränderungen bei
den Mitarbeitern**

Für den Kunden wird spürbar, dass ihm hier nicht um jeden Preis
etwas verkauft werden soll, sondern dass es um die Lösung seiner Probleme und die Befriedigung seiner Wünsche geht. Wird
der Nutzen erhöht, kommt der Erfolg von allein.

Unternehmen, die konzentriert nach dieser Strategie arbeiten, können sich dem Preiskampf entziehen, werden als bester Problemlöser die Nummer eins in den Köpfen ihrer Zielgruppe und positionieren sich automatisch als Marke.

Ein Tag des Nachdenkens über die richtige Strategie bringt mehr Nutzen als 30 Tage Arbeit

Erfolgreiche Unternehmen wissen es längst: Die Zeit, die sie und ihre Mitarbeiter damit verbringen, über die Strategie ihres Unternehmens nachzudenken, ist niemals verlorene Zeit. Denn genau hier kann es zu der Initialzündung kommen, die für den Prozess notwendig ist und die den Branding-Prozess um ein Vielfaches erleichtert!

Der rote Faden Von der Unternehmenszielsetzung über das persönliche Kundengespräch bis zu Kommunikationskonzepten und Werbemitteln zieht sich der Nutzen des Kunden und die Lösung seiner Probleme wie ein roter Faden durch alle Unternehmensbereiche. Das Wissen und die Fülle an Information, die sich aus einem qualifizierten Kommunikations-Briefing ergeben, sind die beste Quelle für das kreative Potenzial der Werbe- und Marketingfachleute und für gezielte Positionierung – und Kategorie-Entwicklung. Jetzt steht nicht mehr ein »schön« beschriebenes Unternehmen, sondern der Kunde mit all seinen Wünschen, Zielen und Problemen im Vordergrund – die Werbebotschaft trifft ins Schwarze. Durch die strategische Ausrichtung ergibt sich eine Kostenersparnis praktisch von allein. Denn wo Werbung zum Erfolg führt, ist das Werbebudget kein verlorenes Geld, sondern eine lohnende Investition.

Hochglanzbroschierte Selbstdarstellungen in Superlativen und opulente Selbstbeweihräucherungen haben strategisch ausgerichtete Unternehmen nicht nötig. Sie erschließen sich den Markt ganz systematisch – nüchtern und zielgruppenorientiert.

Wir leben in Zeiten der Informationsüberflutung. Wenn Sie Ihr Unternehmen, Ihr Produkt oder Ihre Dienstleistung als Marke erfolgreich etablieren wollen, sollten Sie ein neues Fenster im Kopf Ihrer Zielgruppe öffnen und besetzen.

4. Konzentrieren Sie sich auf den Kern der Marke

Die Klarheit einer Marke ist nicht von der Unternehmensgröße abhängig, sondern von der Konzentration auf die Kernkompetenz. In vielen Unternehmen (vor allem in größeren oder erfolgreichen) handelt man gerne nach der Diversifikationsstrategie. Ähnlich wie bei Vermögensanlagen geht man nach dem Motto vor: Wenn auf dem Markt eine Flaute herrscht, ist es gut, mehrere Standbeine zu haben.

Produkt-Lebenszyklen Einer der irrtümlichen Gründe, warum man so denkt, liegt in der Theorie des Produkt-Lebenszyklus, die besagt, dass Produkte und Märkte unabänderlich alterten und die Nachfrage irgendwann zurückgehe. Diese Theorie ist in vielen erfolgreichen Unternehmen wie Porsche, BMW, McDonald's, Kärcher, Toys »R« Us usw. nie akzeptiert worden – ganz im Gegenteil. Dort hat man entweder irgendwann kräftig abgespeckt, gar nicht diversifiziert oder schnell aus den Misserfolgen gelernt.

Bei einer Konzentration auf den Kern der Marke wirkt jede Botschaft wie eine Nadelspitze im Kopf der Zielgruppe. Der Markenname wird zu einem Begriff und wird als das Beste wahrgenommen.

Die Gefahr der Verzettelung Besonders erfolgreiche und kreative Manager neigen dazu, immer wieder neue Denkmäler zu setzen. Dabei stoßen sie ständig in viel versprechende Zielgruppen, Marktnischen und Geschäftsfelder, statt mit dem Neuen konsequent auf Altbewährtem aufzubauen. Eine Strategie, die viel Energie, Zeit und Gelder aufzehrt! Doch auch Freiberufler sowie kleine und mittelständische Unternehmen, vor allem wenn sie in kreativen Geschäftsbereichen tätig sind, verzetteln sich sehr oft nach dem Motto: Spezialisierung ist langweilig. Sie leben ständig in der Lust, zu neuen Ufern aufzubrechen und Neues auszuprobieren. Und wenn der Erfolg ausbleibt, dann wird dies mit der »Weisheit« gerechtfertigt: Entweder macht Arbeit Spaß, oder sie bringt Geld; beides gleichzeitig geht nicht. Grundsätzlich gilt für für jeden Markenaufbau:

Bildmotiv: Imagebroschüre Arcadis Trischler & Partner

Wer es jedem recht machen will, macht es keinem recht – wie die eierlegende Wollmilchsau

**Je stärker eine Marke, desto kleiner die Bandbreite oder:
Je größer die Bandbreite, desto schwächer die Marke.**

Viele Unternehmen versuchen, durch die Erweiterung des Sortiments ihren Markt auszubauen. Eine Sortimentserweiterung beinhaltet jedoch gleich zwei strategische Fehler. Zum einen wird die Marke langfristig so stark verwässert, dass sie ihr Profil verliert und für nichts mehr steht. Und zum andern verzettelt das Unternehmen seine Kräfte und kann allenfalls nur durchschnittlich werden. Denn wer auf vielen Märkten gleichzeitig agiert, für den wird es immer schwieriger, etwas wirklich Besonderes zu bieten oder Fehler zu vermeiden.

Der Fehler der Sortimentsausweitung

Das musste auch Mercedes schmerzlich spüren, als das Unternehmen sich von der Mittel- und Oberklasse auf das Territorium der Kleinwagen wagte. Im schlimmsten Fall können sich Fehler auch auf die gesamte Produktpalette auswirken.

Dezentralisierte und eigenständige Geschäftseinheiten können mit dieser Strategie Erfolg haben. In der Regel »taugt« die Diversifikationsstrategie aber nur dazu, im Mittelmaß zu bleiben.

Vorteile der Spezialisierung und Konzentration

Spitzenleistungen unterliegen einer natürlichen Gesetzmäßigkeit: Wer sich konzentriert und spezialisiert, verzeichnet automatisch bedeutend mehr Lerngewinne. Die Konzentration der Kräfte hat eine Reihe positiver Folgen: steigende Effizienz, bessere Leistungen, steigende Umsätze, Raum für Preissenkungen, mehr Nachfrage, stärkere Marktstellung, mehr Marktmacht und letztlich steigende Gewinne und damit die Chance, Marktführer zu werden oder die Position zu halten.

Sieger ist, wer sich spezialisiert.

Je unübersichtlicher die Märkte und das Angebot werden, desto mehr suchen die Verbraucher, Geschäftspartner, Mitarbeiter und Kapitalanleger nach einer dominierenden Orientierungshilfe in Form einer Marke.

Käufer ziehen Marken mit eingeschränkter Bandbreite vor, die sich durch ein einziges Wort von anderen abheben. Je kürzer das Schlüsselwort, desto besser. Ein Unternehmen kann sein Geschäft prinzipiell nur in drei Dimensionen ausweiten: in Bezug auf Kundenwünsche, auf Kundengruppen oder auf alternative Technologien. Programmerweiterungen können kurzfristig mehr Gewinne einfahren, aber das Branding-Konzept wird damit verwässert.

Wenn Sie eine Marke mit starkem Profil im Gedächtnis der Käufer aufbauen wollen, sollten Sie Ihre Produktpalette nicht ausdehnen, sondern vielmehr auf den Punkt bringen.

Den Fokus begrenzen Wenn Sie erfolgreich werden wollen, müssen Sie genau das tun, was die Erfolgreichen getan haben, bevor sie reich waren. Denn wenn Sie zu den Ursprüngen der erfolgreichen Unternehmen zurückgehen, werden Sie feststellen, dass alle nach der gleichen Strategie angefangen haben: Sie haben ihren Fokus begrenzt und diesen Kernbereich ganz groß herausgebracht. Alle heute noch erfolgreichen Unternehmen haben ihren begrenzten Fokus beibehalten und diesen Kernbereich als starke Marke etabliert.

Und alle erfolgreichen Unternehmen haben einmal klein und in einer Marktnische angefangen. Manche erfolgreichen Unternehmen sind allerdings durch Verzettelung in die Bedeutungslosigkeit zurückgesunken. Die folgenden Beispiele großer Unternehmen haben auch für kleine Gültigkeit.

Früher war American Express (AmEx) der Marktführer im Kreditkartengeschäft. Mit dem Ziel, die Marktanteile zu erhöhen, begann das Unternehmen, sein Programm mit immer neuen Karten und Serviceleistungen zu vergrößern. Mit nicht mal einer Hand voll Kreditkarten hatte AmEx angefangen. Unter dem Motto: »*Bezahlen Sie mit Ihrem guten Namen*« visierte man das Ziel an, 12 bis 15 verschiedene neue Karten pro Jahr unters Volk zu bringen. Dann begann man, den Markt mit einer Kartenflut zu überschwemmen: Unter dem Motto »Jeder hat einen guten Namen« wurden Karten für Senioren und Studenten, Memberchip Miles (für Vielnutzer), Optima, Optima True Grace, Optima Golf Corporate Executive usw. »verteilt«. Die Folge: 1988 hatte AmEx einen Marktanteil von 27 %. Heute beträgt der Marktanteil von AmEx gerade noch 18 %. **AmEx**

Levi Strauss verzettelte sich auf die gleiche Weise. Um eine breite Zielgruppe anzusprechen, führte Levi's eine Fülle von verschiedenen Stilrichtungen und Schnitten ein – zeitweilig bis zu 27 unterschiedliche Ausführungen. Und wenn es sein musste, wurde sogar nach Maß gefertigt. Der Erfolg: Levi's verlor in sieben Jahren über 12 % Marktanteil im Bluejeans-Markt und fiel von 31 auf 19 Prozent. **Levi's**

McDonald's ist die erfolgreichste Fastfood-Kette der Welt. Mit der Zielgruppe Kinder könnte McDonald's wahrscheinlich bei Kinderkleidung oder bei Videospielen ganz erfolgreich sein – aber es setzt nun einmal auf Fastfood. **McDonald's**

Das Beispiel *Starbucks-Coffee-Shop* zeigt eindrucksvoll, wie man in einem scheinbar starken Wettbewerbsumfeld mit einer Spezialisierung mehrere hundert Millionen Dollar erzielen kann. An jeder Straßenecke und in jedem kleinen Ort in Amerika gibt es einen Coffee-Shop. Dort gibt es Frühstück, Mittagessen und Abendessen in einer reichhaltigen Palette unterschiedlichster Speisen. Inmitten dieses starken Wettbewerbsumfeldes eröffnete Howard Schultz seinen Coffee-Shop *Starbucks*, der sich auf ein **Starbucks** einziges Produkt spezialisierte: auf Kaffee. Heute ist Starbucks eine rasch wachsende Kette. Sein Unternehmen, die Starbucks Corp., wird an der Börse mit mehr als einer Milliarde Dollar gehandelt. In nur wenigen Jahren mauserte sich Starbucks zu einer der bekanntesten und beliebtesten Marken in den USA. Übrigens: Kennen Sie eine erfolgreiche Kette, die *alles* bietet?

Subway Ein weiteres erfolgreiches Beispiel ist *Subway*. An jeder Straßenecke und in jedem kleinen Ort in Amerika gibt es einen »Delikatessen-Shop« mit allem, was das Herz begehrt, dazu sogar Zeitungen, Zigaretten und Lotterielose, nach dem Motto: »Es gibt nichts, was es bei uns nicht gibt.« Trotz scheinbar flächendeckenden Angebots stampfte Fred DeLuca eine Fastfood-Kette aus dem Boden, die sich auf nur ein Produkt konzentriert, das *Submarine Sandwich:* ein reichlich beladenes Baguette, belegt mit Fleisch, Käse, Salat usw. *Subway* ist inzwischen die achtgrößte Fastfood-Kette in den USA, mit mehr als 13 000 Filialen weltweit.

Was *Starbucks* und *Subway* gemeinsam haben, sind die klaren, einfachen und standardisierten betrieblichen Prozesse. *Starbucks* bietet 30 verschiedene Kaffeesorten an; *Subway* bietet nur reichlich belegte Sandwiches an. Jeder ist in seinem Fach zum Experten geworden.

Toys »R« Us In dem Warenhaus *Children's* wurden zwei Dinge verkauft: Kinderzimmereinrichtungen und Spielzeug. Der Inhaber Charles Lazarus stand vor der entscheidenden Frage, wie er sein Wachstum steigern könnte. Statt seine Produktpalette zu erweitern, löste er sein Möbellager auf, erweiterte sein Spielwarenangebot, änderte den Namen und konzentrierte sich nur noch auf den Einkauf und Verkauf von Spielzeug. Über 20 % aller Spielwaren in den USA werden heute von *Toys »R« Us* verkauft.

Wenn man sich umschaut, entdeckt man viele Unternehmen, die mit der Konzentration auf einen Kernbereich erfolgreich wurden. Weitere Beispiele sind: *Home Depot* im Heimwerkermarkt und *The Gap* in Sachen Freizeitkleidung. Fielmann ist der günstige Markenbrillenanbieter, *Blockbuster Videos* profiliert sich als Videothek und *Foot Locker* als Sportschuhspezialist.

Die Wahrnehmung von Generalisten

Die Ausweitung der Produktpalette ist ein selbstzerstörerischer Prozess. Generalisten mit Megamarken wie Colgate mit Zahncreme, Zahnbürste, Seife oder Rasierseife stehen mit einem Gemischtwarensortiment für alles, aber nicht als Spezialist für etwas Besonderes. Ähnlich ergeht es General Electric mit Bügeleisen, Waschmaschinen, Spülmaschinen, Mixer etc. Als Xerox versuchte, in den Markt der Computer einzubrechen, verlor man Millionen und gewann an Erfahrung.

**Der Generalist wird mit »Der hat es auch«
wahrgenommen.**

Neun von zehn neuen Produkten werden aus einem Bedürfnis, das Programm zu erweitern, eingeführt. Bleibt festzustellen, ob die Vielzahl an Flop-Produkten aus dieser Programmerweiterung resultiert. Ein weiterer gravierender Fehler ist der Versuch, mit einem Produkt jeden anzusprechen. Denn wer jeden ansprechen will, spricht am Ende niemanden an.

Weniger ist mehr: Fragen, die Ihnen weiterhelfen

Begrenzen Sie Ihren Fokus: Was war der eigentliche Kern Ihres Unternehmens?
Gehen Sie zu den Anfängen zurück und analysieren Sie, warum Sie damals erfolgreich waren.

_____

_____

Auf welchen Kern würden Sie Ihre Produktkategorie herunterschrauben?
(Welches Kernprodukt verspricht die größten Chancen?)

_____

_____

Wie würde die Zielgruppe Sie dann sehen bzw. einordnen?

_____

_____

Verringern Sie den Lagerbestand. Was müssten Sie verändern bzw. welche Organisationsstrukturen sparen Sie ein?

_____

_____

Kaufen Sie die Ware preisgünstig ein. Typische Beispiele sind Fielmann und _Toys »R« Us._ Beide verdienen ihr Geld mit dem günstigen Einkauf und der Menge des Verkaufs. Wenn man preisgünstig einkauft, kann man auch preisgünstig verkaufen und trotzdem gut verdienen. Günstige Waren ziehen mehr Kunden an, mehr Kunden beschleunigen den Warenabverkauf. Was können Sie im Einkauf verbessern?

_____

_____

Wenn Sie Ihre Ware preisgünstig verkaufen, welche Konsequenzen hätte dies für die Anziehungskraft, bzw. wie viele Mehrkunden würden sich dann für Ihr Unternehmen interessieren?

_____

_____

Streben Sie eine marktbeherrschende Position an, und werden Sie Nummer eins im Kopf Ihrer Zielgruppe.

5. Jede Marke braucht eine klar definierte Zielgruppe

Es sind immer Menschen mit gleichen Bedürfnissen, Wünschen und Zielen, die darüber entscheiden, ob ein Produkt ein Renner oder ein Flop wird. Denn jede Leistung oder jedes Produkt ist nicht für einen abstrakten und anonymen Markt, sondern für Menschen bestimmt. Dennoch scheren viele Unternehmen ihre Kunden über einen Kamm und produzieren für ein abstraktes Geschäftsfeld. Die einfachste und beliebteste Zielgruppendefinition ist dabei immer noch das Kriterium der Kaufkraft.

In jedem Geschäftsfeld gibt es eine Unmenge an verschiedenen Zielgruppen. Im Geschäftsfeld Möbel beispielsweise gibt es Produkte wie Sessel, Tische, Schränke, Küchen, Betten, etc. Möbel gibt es außerdem für private Haushalte, für Läden, Büros, Industrie, Gewerbe, Arztpraxen usw. Arztpraxen z. B. gibt es für Allgemeinmediziner, für Internisten, Hautärzte, Homöopathen, Röntgenärzte, Zahnärzte etc. Selbst die Zielgruppe der Zahnärzte lässt sich nochmals in Teilzielgruppen unterteilen: in den Zahnarzt, der sich auf Keramik oder auf die sanfte Behandlung mit Hypnose spezialisiert hat, in Berufsanfänger, in kleine oder große Praxen, in Praxen mit gehobener Patientenschicht usw. Jede dieser Zielgruppen hat unterschiedliche Bedürfnisse, Wünsche und Probleme.

Nur wer die Zielgruppe kennt wie seine Westentasche, weiß, was der Markt von ihm verlangt.

Wenn Sie die Nummer eins im Kopf Ihrer Zielgruppe werden wollen, müssen Sie zuerst wissen, für welche Zielgruppe Sie tätig werden wollen. Das Ziel ist niemals der Supermarkt, in dem ein Produkt verkauft werden soll, sondern der Kopf einer klar definierten Menschengruppe. Eine Zielgruppe kann auch nur dann eine Problemlösung bzw. ein Produkt für sich erkennen, wenn sie sich angesprochen fühlt.

Je genauer man eine Zielgruppe also definiert, desto eindeutiger können die faktischen oder virtuellen Vorteile einer Leistung oder eines Produktes kommuniziert werden.

Obwohl viele Unternehmen ihre Zielgruppen sehr genau kennen, kommunizieren sie in ihren Werbemitteln so, als wären sie selbst die Zielgruppe. Ihre eigentliche Zielgruppenansprache kommt meist auf Seite 10 links oben, kurz vor dem Ende der Selbstbeweihräucherung.

Eine Teilzielgruppe anpeilen

Niemand kann
100 % einer
Zielgruppe be-
sitzen – aber eine
Teilzielgruppe
von 20 % bis an-
nähernd 100 %

Ein Computerexperte, der sich auf Problemlösungen für Ärzte konzentriert, hat gegenüber einem Anbieter, der für viele Branchen Lösungen offeriert, einen wesentlichen Vorteil: Seine Lernprozesse sind bedeutend schneller, seine Zielgruppenansprache ist klar und professionell, und die Zielgruppe sucht gezielt nach ihm.

In dem heiß umkämpften Markt der Zahnbürsten hingegen mag zwar die zielgruppenorientierte Zahnbürste ab 40 den Markt verkleinern, spricht aber trotzdem noch fast die Hälfte des Gesamtmarktes an und könnte durch eine besondere Problemlösung mit engerer Spezialisierung den Umsatz ohne weiteres steigern.

Bei einer Zeitschrift für Frauen ab 30 weiß die Leserin, dass sich alles speziell um ihre Themen dreht. In einem Fitness-Studio, das sich nur um die Probleme von Menschen mit Rückenschmerzen kümmert (immerhin sind es über 50 % aller Menschen), fühlt sich die Zielgruppe bedeutend besser aufgehoben und verstanden als in einem Studio, das alles anbietet. Eine Hautcreme ab 40 verzeichnet einen enormen Umsatzzuwachs, weil sie sich auf eine hochsensible Zielgruppe in einem wichtigen Lebensabschnitt konzentriert, auch wenn sie auf die Zielgruppe unter 40 verzichtet.

Markttransparenz durch Zielgruppenanalyse

Die Zielgruppenanalyse bietet Ihnen die Möglichkeit, einen scheinbar unüberschaubaren Markt in kleine leicht beherrschbare Teilmärkte zu untergliedern. Dabei haben Sie die Chance, neue Markt- und Positionierungsnischen oder neue Verwenderzielgruppen zu finden. Für jedes Unternehmen – auch für ganz kleine – lässt sich eine Nischenzielgruppe finden, die groß genug ist, um zu wachsen, aber für Mitbewerber zu unwirtschaftlich oder unattraktiv ist, um sie zu bearbeiten. Marktnischen findet man nicht in den großen Massenmärkten, sondern in den Lücken »dazwischen«. Lassen Sie sich nicht durch die Definition »kleine Nischen« täuschen.

Kleine Nischen sind nicht klein

> **Zielgruppen- und Nischenspezialisierung bedeutet nicht, dass Sie immer in einem kleinen Markt mit geringen Umsatzchancen bleiben müssen – im Gegenteil: Gerade die kleinen Nischen bieten die größten Gewinnspannen.**

Sie tun lediglich das, was andere erfolgreiche Unternehmen auch getan haben: erst spitz und konzentriert in den Markt eindringen und dann erweitern – aber nicht verzetteln! McDonald's, Hertz, Domino's Pizza, Polaroid etc. haben alle in einer Nische angefangen und dann erweitert.

Ein eindrucksvolles Beispiel ist auch die Kärcher AG. Nachdem man sich in den 70er-Jahren von anderen Produkten verabschiedet hatte, konzentrierte sich das Unternehmen nur noch auf die Herstellung von Hochdruckreinigern und auf die anfangs erfolgversprechendsten Zielgruppen. Aufbauend auf der Kernkompetenz, wurden nach und nach spezielle Hochdruckreiniger für

Kärcher

weitere Zielgruppen entwickelt, ohne die Kernkompetenz zu verlassen. Heute ist die Kärcher AG weltweit eine führende Marke und verzeichnet Milliarden-Umsätze.

Keine Produkt-, sondern Zielgruppenspezialisierung

Wenn Sie die Nummer eins im Kopf Ihrer Zielgruppe werden wollen, müssen Sie ein Spezialist für die Bedürfnisse und Probleme einer klar definierten Zielgruppe werden – aber nicht Spezialist für ein bestimmtes Produkt oder Geschäftsfeld. Ein Produkt-Spezialist kennt alle Bestandteile, Einzelheiten und Vorteile eines Produkts; ein Spezialist hingegen, der ständig im Kopf seiner Zielgruppe spazieren geht, kennt die Bedürfnisse und Probleme seiner Zielgruppe, und zwar unabhängig von den momentan am Markt vorhandenen Produkten. Er positioniert und kommuniziert sein Produkt lösungsorientiert aus Sicht seiner Zielgruppe.

Von der Zielgruppenanalyse zu neuen Produktideen

Surf

Viele erfolgreiche Pionierprodukte sind aus einer detaillierten Zielgruppenanalyse entstanden. Waschmittel sind entweder weiß, weißer oder strahlend weiß. Bei genauerer Teilzielgruppenanalyse stellte Unilever fest, dass die meisten Frauen fast immer zuerst an der Wäsche schnupperten, um festzustellen, ob sie frisch riecht. Das veranlasste Unilever, das Waschmittel *Surf* einzuführen, dessen einziges unterscheidendes Merkmal darin besteht, dass es doppelt so viel Parfüm enthält wie Waschmittel anderer Mitbewerber. So wurde *Surf* mit 12 % Marktanteil eine erfolgreiche amerikanische Marke.

Mit dem Wechsel der Zielgruppe zur erfolgreichsten Marke

Marlboro

Als Philip Morris Marlboro als Zigarettenmarke für Frauen lancierte, war die Marke schon bald ein Flop. Statt sie jedoch einzustampfen, brachte Philip Morris den Cowboy, Freiheit und Abenteuer in die Werbung und verlagerte die Zielgruppe auf Männer. Heute ist Marlboro weltweit die Zigarette Nummer eins.

Manchmal muss man nur den richtigen Zeitpunkt abpassen. Jahre später, als Philip Morris mit der Marke *Virginia Slims* die Zielgruppe Frauen erneut anging, landete das Untenehmen rasch einen großen Erfolg.

Eine andere erfolgreiche Zielgruppendefinition und Abgrenzung zum Marktführer gelang Pepsi Cola mit der »Pepsi-Generation«. Mit Michael Jackson, Lionel Ritchie und Don Johnson nutzte man das Bedürfnis der Teenager, sich gegenüber der Erwachsenenwelt abzugrenzen und eine Zugehörigkeit zu demonstrieren. Die »Pepsi-Generation« spricht Jugendliche aller Altersgruppen an.

Pepsi

Die erfolgreiche Verlagerung auf Teenager und Junggebliebene verleitete Coca Cola dazu, *New Coke* herauszubringen, eine süßere Cola, die die Pepsi-Generation ansprechen sollte. Hier hatte man aber nicht mit der massiven Reaktion der treuen Coca Cola-Generation gerechnet. Als diese befürchtete, dass ihr »Original« bald aus dem Angebot verschwinden würde, kam es zu Protesten und Hamsterkäufen.

Coca Cola

Wie Sie mit einer Köder-Zielgruppe Ihre Wunsch-Zielgruppe erreichen

Es gibt viele Produkte, bei denen die angesprochene Zielgruppe von der anvisierten absichtlich abweicht. Die Zeitschrift *Seventeen* hat einen Namen, der scheinbar die angesprochene Zielgruppe definiert. Doch wer liest diese Zeitschrift? Es sind Mädchen von 13 bis 16 Jahren. Für sie ist die Welt der älteren Mädchen viel interessanter als eine Zeitschrift für ihr Alter.

Aber auch umgekehrt funktioniert diese Zielgruppenverschiebung. Die Zigarettenmarke *Virginia Slims* zeigt in ihrer Werbung junge, selbstbewusste, emanzipierte und lebenslustige Frauen, die immer gut drauf sind. Die eigentliche Zielgruppe jedoch sind Frauen mittleren Alters, die sich diesen Lebensstil wünschen. Tatsächlich liegt das durchschnittliche Alter von *Virginia-Slims*-Raucherinnnen bei 45 Jahren.

Zielgruppen sind keine jungfräulichen Klosterschüler

Von wenigen Ausnahmen abgesehen, gibt es keine »jungfräulichen« Zielgruppen und Märkte. Der Markt besteht aus Verbrauchern, die mehr oder minder stark zu bestimmten Produkten oder Dienstleistungen eine rationale oder emotionale Bindung aufgebaut haben.

Viele Marken arbeiten mit Köder-Zielgruppen, um die eigentliche Zielgruppe zu erreichen. Sie appellieren dabei an Wünsche, nicht an die Wirklichkeit.

Definieren Sie Ihre erfolgversprechendsten Teilzielgruppen

Bei welcher Zielgruppe haben Sie die höchste Anziehungskraft?

_____

_____

Welche Teilzielgruppen lassen sich aus Ihren bestehenden Zielgruppen ableiten? (Denken Sie dabei an: Alter, Geschlecht, Verwenderhäufigkeit, emotionale und rationale oder historisch bedingte Kaufgründe etc.)

_____

_____

Welche Zielgruppen oder Teilzielgruppen könnten außerdem, heute und/oder in Zukunft, ein Interesse an Ihrem Produkt haben?

_____

_____

Mit welcher Köder-Zielgruppe können Sie Ihre Wunsch-Zielgruppe erreichen?

_____

_____

6. Wie Ihr Verhalten Sie zu einer Marke macht

Ein wichtiges Thema im Branding-Prozess ist die Art und Weise, wie Sie mit Partnern, Kunden und Lieferanten umgehen. Denn das Verhalten aller Mitarbeiter kann den Branding-Prozess positiv oder negativ beeinflussen. Deswegen möchte ich Ihnen dieses Thema ganz besonders ans Herz legen.

Deutschland ist immer noch zum großen Teil eine Servicewüste. Doch gerade diese Servicewüste ist eine große Chance, sich von Mitbewerbern abzusetzen und dem Branding-Prozess Vorschub zu leisten. Besonders kleine und mittelständische Unternehmen, die im ständigen Kontakt zu ihren Kunden stehen, können den Branding-Prozess durch ihr Verhalten stark beeinflussen. Mit einem professionellen Beschwerde- und Empfehlungsmarketing können Sie nicht nur enorme Kosten sparen, sondern auch Kunden binden und neue Kunden gewinnen.

Die Servicewüste als Chance

Als wir einem unserer Kunden empfahlen, einen Newsletter mit Managementthemen für die Handelspartner seiner Kunden (Handwerker) aufzulegen, waren alle begeistert. Doch als wir wichtige Themen wie Beschwerde- und Empfehlungsmanagement etc. erwähnten, zuckten alle zusammen und ließen das Projekt mit der Begründung sterben: »Dann müssen wir erst einmal im eigenen Hause anfangen.«

Die fünf Chancen in jeder Beschwerde

Freuen Sie sich auf die Beschwerden Ihrer Kunden! Denn jedes Problem ist auch eine Chance. Es gibt fünf Gründe, warum Sie sich über Reklamationen freuen sollten:

1. Nie ist die Gelegenheit, einen begeisterten Stammkunden und Weiterempfehler zu gewinnen, größer als im Beschwerdefall.
2. Nur wenn jemand reklamiert, haben Sie die Chance, negative Mundwerbung und Umsatzeinbußen abzuwehren.
3. Sie behalten einen Kunden, der sonst höchstwahrscheinlich verloren wäre.
4. Jeder Reklamierer ist ein kostenloser Unternehmensberater – er gibt Ihnen Hinweise für höchst effiziente Leistungsverbesserungen.
5. Je früher Sie auf einen Fehler aufmerksam gemacht werden, desto eher können Sie ihn abstellen und damit verhindern, dass noch weitere Kunden schlechte Erfahrungen machen.

Die Kundenvermeidungs- und Beschwerdeabwehrstrategie

Noch immer glauben sehr viele Mitarbeiter, dass sie ihr Gehalt vom Chef bekommen und nicht von den Kunden. Diese Einstellung ist jedoch geschäftsschädigend. Eine ausgeprägte und historisch gewachsene Kundenvermeidungs- und Beschwerdeabwehrstrategie finden wir vor allem bei Unternehmen mit Monopolstellung und bei öffentlichen Einrichtungen. Durch den Zerfall der Monopole und die Öffnung der Märkte, besonders im Energiesektor, erhalten plötzlich die beiden Begriffe »Kundenorientierung und Beschwerdemanagement« als Überlebensstrategie für diese Unternehmen und Einrichtungen eine neue Bedeutung.

So wurden eiligst vielfach Service- und Beratungszentralen aufgebaut, einige Mitarbeiter auf Kundenorientierung eingeschworen, millionenschwere großflächige Imagekampagnen kreiert und zu allem Überfluss noch eine Kundenmeinungsbefragung initiiert in der Hoffnung, dass dann alle weiteren Bemühungen mehr Glaubwürdigkeit bekommen.

Doch hier hat man die Rechnung ohne den Wirt gemacht. Zum einen haben diese Unternehmen gut verdient, wie die Maden im Speck ihren Verwaltungsapparat mit hohen Fixkosten aufgebläht und dadurch den verbraucherfreundlichen Preisen der neuen schlanken Wettbewerber nichts entgegenzusetzen. Zum anderen haben sie es versäumt, ihren Kunden Respekt und Verständnis entgegenzubringen sowie Vertrauen und Loyalität aufzubauen. Mit der Öffnung der Märkte kommt die Rache des kleinen Mannes. Denn der jahrelange Groll und die Ohnmacht gegen Willkür und Arroganz haben sich tief verankert. Der Wunsch, endlich die Quittung für jahrelange miese Behandlung präsentieren zu können, machte es jedem neuen Anbieter bei der Neukundengewinnung mehr als leicht.

Die Rache des schlecht behandelten Kunden

Negative Empfehlungen schrecken ab

Das Fatale am Empfehlungsmarketing ist, dass es sowohl im Positiven wie im Negativen wirkt und zu allem Unglück in erster Linie und ganz besonders negativ! Untersuchungen in den USA haben ergeben, dass sich nur 4 Prozent aller unzufriedenen Kunden beschweren; die übrigen 96 Prozent lassen ihren Ärger anderweitig ab (durch negative Mundpropaganda). Und was noch schlimmer ist: 91 Prozent dieser »stummen Unzufriedenen« wechseln bei der nächsten Gelegenheit den Anbieter.

Jerry Wilson, Mundpropaganda-Experte aus den USA, hat branchenübergreifend erforscht, in welchem Maße sich gute und schlechte Kundenerlebnisse im Markt herumsprechen. Als Resultat dieser Arbeit hat er die so genannte 3:33-Regel ermittelt: Außerordentlich gute Kundenerlebnisse werden 3-mal weitererzählt. Schlechte Kundenerlebnisse dagegen 33-mal.

Die 3:33-Regel

Unternehmen gehen nicht durch gewalttätige, blutige Palastrevolutionen zugrunde, sondern durch einen langsamen und ausgedehnten Selbstmord, und zwar durch ihre Einstellung und ihr Verhalten gegenüber den Kunden, so Wilsons Fazit zum Thema Mundpropaganda.

Kursieren in Ihrem Unternehmen auch oft die Behauptungen: »Unser Standort ist ungünstig«, »Die Wirtschaftslage ist schlecht« oder »Die Konkurrenz macht die Preise kaputt«? Es hat schon immer Unternehmen gegeben, die trotz schlechtester Standorte, größter Wirtschaftskrisen und stärkster Konkurrenz außergewöhnliche Erfolge feiern konnten.

Nr. 1: die Kunden Das Wichtigste für ein Unternehmen sind und bleiben die Kunden. Denn schließlich ist deren Geld die größte Energiequelle, von der das Unternehmen zehrt. Wenn anhaltend schlecht über ein Unternehmen geredet wird, dann hat es die grundlegenden Bedürfnisse seiner Kunden ignoriert. Das ist heutzutage fast gleichzusetzen mit einem selbst gewählten Todesurteil. Denn die »guten, alten Zeiten«, in denen man auf den Markt werfen konnte, was man wollte, sind vorbei. Nicht mehr der Mangel, sondern der Überfluss regiert die meisten Märkte. Das Verhalten einiger Unternehmen lässt aber immer noch darauf schließen, dass sie nicht wissen, dass der Nachfragemarkt zu einem Anbietermarkt geworden ist.

Unter diesen Bedingungen kommt es nicht mehr darauf an, die größten Produktionskapazitäten zu besitzen, sondern die Fähigkeit, Kundenwünsche aufzuspüren, Informations- und Zielgruppenbesitzer und als bester Problemlöser im Kopf der Zielgruppe die Nummer eins zu werden.

Wie Sie negative Mundpropaganda vermeiden

Wie können Sie unzufriedene Kunden (d. h. solche, deren Erwartungen Sie eindeutig nicht erfüllen konnten) davon abhalten, 33 anderen von dieser Katastrophe zu berichten? Und wie können Sie den schleichenden Zerfall Ihres Unternehmens durch negative Mundwerbung abwehren?

Sie müssen Ihre Kunden dazu bringen, *sofort* zu sprechen, wenn es Grund zur Klage gibt, und zwar mit *Ihnen* und nicht mit jemand anderem.

Denn wenn der Kunde seine Enttäuschung oder Wut direkt und unmittelbar bei Ihnen abgeladen hat, braucht er es nicht bei anderen zu tun, die diese Story dann genüsslich wieder anderen weitererzählen.

Wenn Sie es überdies geschafft haben, auf die Beschwerde des Kunden richtig zu reagieren, haben Sie sogar eine sehr gute Chance, aus dem Nörgler einen loyalen Stammkunden und begeisterten Weiterempfehler zu machen. Bevor Sie diese einmalige Chance bekommen, müssen Sie aber Ihren Kunden zunächst einmal zum Reden bringen – und das ist wohl die schwierigste Übung im Empfehlungsmarketing. Unternehmen, die sich ihrer geringen Reklamationsquoten rühmen, sind mit hoher Wahrscheinlichkeit in eine tückische Falle gelaufen: Es kann nämlich sehr gut sein, dass ihre Kunden praktisch völlig resigniert und es einfach aufgegeben haben, mit ihnen zu reden.

Vom Nörgler zum Stammkunden

Wer kennt sie nicht, die berühmte standardmäßige »Restaurant-Frage«: »Hat es Ihnen geschmeckt?« Obwohl man das eine oder andere anzumerken hätte, nuschelt man lieber vor sich hin oder sagt Ja, ohne es so gemeint zu haben. Warum beschweren sich die Kunden so selten – und zwar selbst dann nicht, wenn sie ausdrücklich um ihre Meinung gebeten werden?

Die Restaurant-Frage

1. Man entnimmt der Art der Fragestellung, dass es dem anderen mit seinem Anliegen nicht sonderlich ernst und er an einer Antwort überhaupt nicht interessiert ist. Warum soll sich der Kunde also die Arbeit machen?

Warum sich Kunden nicht beschweren

2. Die Kosten und Mühen, die man aufwenden muss, stehen in keinem Verhältnis zum bezahlten Preis. Lieber wirft man 1,99 DM in Form der angebrochenen Packung in den Abfalleimer und greift beim nächsten Mal

im Supermarkt zu einer anderen Marke. Wie oft haben Sie schon auf eine Reklamation verzichtet, weil sowohl Verpackung als auch Kassenzettel bereits ins Altpapier gewandert waren?

3. Unterm Strich erwartet man nur Ärger. Wer etwas zu bemängeln hat, rechnet immer damit, dass er sich auf eine Auseinandersetzung einzurichten hat. Vielleicht werden mir betrügerische Absichten unterstellt? Kann ich überhaupt beweisen, dass ich den Schaden nicht selbst verursacht habe? Werde ich überhaupt eine angemessene Entschädigung bekommen?

Im »Kopfkino« des Kunden wird der Gedanke an eine Beschwerdesituation zum Stressfaktor.

Wovon hängt es ab, ob sich ein Kunde beschwert oder nicht?

Ob sich ein Kunde beschwert, hängt ab von:

Kosten

1. Den Beschwerdekosten in Form von Geld (z. B. Telefongebühren), Zeit und Ärger. Je schwieriger es für den Kunden ist, sich zu beschweren, desto geringer ist die Wahrscheinlichkeit, dass er es tatsächlich tut.

Nutzen

2. Dem Beschwerdenutzen. Wird das Unternehmen eine Wiedergutmachung anbieten oder zu einer Verhaltensänderung bereit sein? Wer die Hoffnung aufgegeben hat, dass eines der beiden Ereignisse eintritt, wird sich nicht beschweren.

Produktmerkmale

3. Den Produktmerkmalen. Wenn ein Auto defekt ist, wird sich der Kunde auf jeden Fall beschweren; wenn eine Nylonstrumpfhose beim ersten Anprobieren zerreißt, mit an Sicherheit grenzender Wahrscheinlichkeit nicht. Je höher der Preis und die Belastung des Budgets oder

je wichtiger der Kauf (etwa aus Prestigegründen), desto größer ist die Beschwerdewahrscheinlichkeit.

4. Den Problemmerkmalen. Eindeutig nachweisbare und objektiv beschreibbare Probleme sind eher Gegenstand einer Beschwerde als Vorfälle mit großem Interpretationsspielraum. Das erklärt unter anderem, warum so viele Menschen sich scheuen, sich bei ihrem Friseur zu beschweren. Bei Unternehmensberatern liegt die Sache übrigens ähnlich.

Problemmerkmale

5. Den Umständen einer Situation. Wer gerade einen schwer kranken Menschen ins Krankenhaus fahren muss, wird sich nicht die Zeit nehmen, mit dem Taxifahrer über die Angemessenheit des Fahrpreises zu diskutieren. Auf der anderen Seite wird jemand, der vor seiner neuen Freundin Eindruck schinden will, eher bereit sein, sich auf ein kleines Kräftemessen einzulassen.

Situation

Finden Sie heraus, wie Sie Ihre Kunden zum Reden bringen

Dienstleistungsintensive Unternehmen mit gutem Kundenkontakt können einfacher herausfinden, ob irgendetwas nicht stimmt, als zum Beispiel produzierende Unternehmen, die mehrere Handelsstufen zwischen sich und ihrem Endkunden vorfinden. Mittel und Wege, um mit dem Kunden zu reden, gibt es immer. Wenn Sie kein Produkt verkaufen, sondern eine Dienstleistung, können Sie direkt mit Ihrem Kunden reden. Wenn Sie ein Produkt verkaufen, halten Sie schriftlich fest: *Beschwerden sind willkommen*. Besonders leicht tun Sie sich, potenzielle Beschwerdegründe schon im Vorfeld aufzuspüren, wenn Sie ungefähr wissen, was Ihre Kunden erwarten, und wenn Sie über ein erprobtes Qualitätssicherungssystem verfügen.

Qualitätssicherung beugt Beschwerden vor

Signalisieren Sie: »Beschwerden willkommen«

Doch die schönsten Systeme können versagen. Darum ist es unabdingbar, dass Sie Ihre Kunden bei jeder passenden Gelegenheit dazu auffordern, mit Ihnen in Kontakt zu treten.

Schaffen Sie Gelegenheiten zur Beschwerde

1. Entwerfen Sie eine »Wir heißen Ihre Beschwerde willkommen«-Botschaft.

2. Lassen Sie Ihre Kunden wissen, dass Sie sich darauf freuen, von ihnen zu hören. Betonen Sie, dass Sie, sobald ein Problem auftaucht, unverzüglich von ihnen hören möchten.

3. Lassen Sie Ihre Kunden wissen, wo und wie sie sich beschweren können. Bieten Sie ihnen Möglichkeiten wie z. B.: »Bitte fragen Sie nach unserer Geschäftsführerin Frau Soundso.« Oder: »Rufen Sie unsere kostenlose Hotline-Nummer 0130 an.« Oder: »Nehmen Sie sich eine unserer Karten für Verbesserungsvorschläge, und schicken Sie diese mit der Beschreibung Ihres Problems portofrei an uns zurück.«

Seien Sie darauf bedacht, dem Kunden den Erstkontakt so leicht wie nur möglich zu machen, so dass selbst der Schüchternste sich nicht abschrecken lässt.

Vermeiden Sie negative Formulierungen wie: »Senden Sie die angebrochene Packung an ...« oder Ähnliches.

Nutzen Sie jede Gelegenheit

Gehen Sie in die Öffentlichkeit

Übermitteln Sie Ihre »Beschwerden sind willkommen«-Botschaft auf allem, was sich bedrucken lässt: Etiketten, Rechnungen, Gebrauchsanweisungen, Prospekten, Visitenkarten, Produkten etc. Verkünden Sie die Botschaft in Ihrem Einzugsgebiet. Darin unterscheidet sich der Profi vom Amateur.

Geben Sie Ihre Botschaft bekannt: Bei staatlichen und kommunalen Einrichtungen, Verbraucherorganisationen, Beratungsdiensten, Industrie- und Handelskammern, dem Gewerbeamt, Verbrauchertelefonen von Zeitungen, Rundfunk und Fernsehen. Halten Sie bei jeder sich bietenden Gelegenheit Reden zu diesem Thema, verbreiten Sie Ihre Botschaft über die Massenmedien, greifen Sie zum Telefon, und sprechen Sie mit Ihren Kunden.

Gutes Empfehlungsmarketing braucht ebenso die Unterstützung durch PR-Arbeit. Wenn Ihnen diese Fähigkeit nicht in die Wiege gelegt wurde, suchen Sie bei Ihren Mitarbeitern nach verborgenen Talenten oder heuern Sie einen Profi an – aber nur dann, wenn Sie wirklich etwas zu sagen haben. Banalitäten will kein Mensch hören.

Die 6 Regeln für ein erfolgreiches Beschwerdemanagement

Falls Sie es geschafft haben, Ihren Kunden von einem frustrierten Schweiger zu einem aktiven Beschwerdeführer zu machen, haben Sie nun die Chance, einen begeisterten Empfehler und Stammkunden zu gewinnen – aber nur dann, wenn Sie professionell auf die Klagen reagieren. Ansonsten verschlimmern Sie die ganze Sache. Also überraschen Sie Ihre Kunden, indem Sie sie in ihrer negativen Erwartung enttäuschen.

Reagieren Sie positiv auf Beschwerden

> **Nutzen Sie die Gelegenheit der Beschwerde als wirkungsvolles Instrument zur Steigerung der Kundenbindung, indem Sie der Situation den Stress nehmen und sich ganz darauf konzentrieren, Ihren Kunden zufrieden zu stellen.**

Verändern Sie vor allem Ihre innere Einstellung zu Kunden, die sich beschweren. Denken Sie immer daran: Jede Beschwerde ist auch eine Chance für Ihr Unternehmen, und jeder, der sich beschwert, will eigentlich Ihr Kunde bleiben. Mit dieser Einstellung werden Sie häufig erstaunte Gesichter Ihrer Kunden sehen, die einen solch positiven Umgang mit Reklamationen vielleicht das erste Mal erleben.

1. Regel **Erkennen Sie an, dass der Kunde verärgert ist!**

Hören Sie entspannt zu, versuchen Sie, ihn wie einen Freund zu verstehen, und erkennen Sie an, dass der Kunde verärgert ist. Sagen Sie ihm: *»Ich sehe, dass Sie verärgert sind.«* Damit haben Sie dem Grundbedürfnis nach Aufmerksamkeit Beachtung gezollt. Sie schulden dem Kunden eine höfliche Reaktion – selbst wenn der Fehler nicht bei Ihnen liegt.

Denken Sie nur an den Zeitverlust des Kunden, den Aufwand, den Versuch, das Produkt wieder zusammenzulegen oder -setzen und zu verpacken (es passt nie in die Originalverpackung!) oder die Mühe, den Abfall nach Preisschild und Kassenzettel zu durchsuchen. Der Kunde hat all dies und noch mehr bereits in die Beschwerde investiert. Zollen Sie ihm Respekt. Erkennen Sie an, dass der Kunde aufgebracht ist.

2. Regel **Bedauern Sie den Vorfall und bedanken Sie sich**

Als Nächstes sollten Sie Ihr Bedauern und Ihre Freude ausdrücken: *»Es tut mir leid, dass Sie ein Problem haben; und ich bin froh, dass Sie mich deswegen anrufen.«* Sie können heilfroh sein, dass der Kunde seinem Ärger bei Ihnen Luft macht und es nicht 33 potenziellen Neukunden erzählt! Beliebte, aber unter allen Umständen zu vermeidende Antworten sind Killerphrasen wie: »Diese Abteilung ist nicht zuständig!«, »Wie lautet Ihre Kundennummer?«, »Der zuständige Mitarbeiter ist im Moment nicht da« usw.

3. Regel **Machen Sie eine positive Aussage!**

Geben Sie dem Kunden das Gefühl, dass Sie auf seiner Seite stehen und Sie selbst in diesem Falle sich auch sofort beschwert hätten. Wahrscheinlich haben Sie nun Ihren Kunden schon auf Ihrer Seite, denn bei einer derart positiven Reaktion wird er vor Erleichterung erst einmal aufatmen. Machen Sie die Überraschung komplett, indem Sie sagen: *»Ich werde mich sofort persönlich um Ihr Problem kümmern.«*

Stellen Sie die »magische« Frage! 4. Regel

Während sich die Wut nun endgültig in Überraschung wandelt, haben Sie Zeit, die magische Frage zu stellen: *»Was kann ich tun, um Sie zufrieden zu stellen?«* So eine offene Frage wird normalerweise aus einem tiefen Misstrauen dem Kunden gegenüber nicht gestellt. In der Regel will der Kunde nichts weiter als einen angemessenen Schadensersatz oder eine Entschuldigung.

Versuchen Sie auf keinen Fall, die Schuldfrage sofort zu klären. Selbst wenn der Kunde die Reklamation selbst verschuldet hat, können Sie mit dieser Vorgehensweise später leichter und ohne aggressive Schuldzuweisung das Problem souverän klären. Wenn eine Wiedergutmachung eine ziemlich komplizierte Angelegenheit wird, sagen Sie: *»Ich werde mich zuverlässig dann und dann bei Ihnen melden und sage Ihnen dann, wie wir die Sache regeln werden.«* Halten Sie diesen Zeitplan auch ein. Denn ein Zauberwort im Beschwerdemanagement ist die Verbindlichkeit.

Reklamationsmanagement ist eine Angelegenheit, an der alle Mitarbeiter des Unternehmens mitwirken müssen. Denn eine reibungslose Wiedergutmachung erfordert unter Umständen eine höchst flexible Organisation und viel Motivation bei den Mitarbeitern.

Treffen Sie eine Abmachung! 5. Regel

Besprechen Sie mit dem Kunden, was Sie tun werden, um sein Problem zu lösen, und seien Sie dabei verbindlich. Sagen Sie z. B.: *»O. K., Sie senden mir die angebrochene Packung einfach zu und bekommen Ihr Geld zurück ...«* Was der Kunde sich als Wiedergutmachung vorstellt, wird im fünften Schritt vereinbart. Damit ist die Gefahr negativer Mundwerbung gebannt.

Übertreffen Sie seine Erwartung! 6. Regel

Damit nun endgültig positive Mundwerbung aus der Reklamation entsteht, folgt nun die Bonusstufe. Überraschen Sie Ihren

Kunden mit einer kleinen persönlichen Aufmerksamkeit: *»Lieber Herr / Frau Mustermann, als kleines Dankeschön und Aufmerksamkeit für Ihre Offenheit darf ich Ihnen im Namen der Geschäftsleitung ...«* Noch einmal zur Erinnerung: Mundwerbung entsteht durch das Übertreffen oder Enttäuschen von Erwartungen. Darum sollten Sie über die vom Kunden gewünschte Reklamation hinaus noch etwas tun, um sicherzustellen, dass er über Sie reden wird. Bedenken Sie:

Es ist siebenmal teurer, einen neuen Kunden zu gewinnen, als einen alten Kunden zu binden.

Selbst wenn er bereit ist zuzugeben, dass er den Schaden selbst verursacht hat, senden Sie ihm ein kleines Geschenk. Er wird Sie lieben. Scheuen Sie sich nicht, bei nächster Gelegenheit zu fragen, ob er mit Ihrem Unternehmen zufrieden ist und ob er Sie weiterempfehlen wird. Und wenn Sie mutig sind, dann fragen Sie ihn, an wen er dabei gedacht hat.

Können Sie Ihren Kunden vertrauen?

Ängste, dass Kunden eine großzügige Haltung in Reklamationsfragen ausnutzen, sind aller Erfahrung nach unbegründet.

Lands End

Das amerikanische Versandhaus *Lands End* gibt seinen Kunden die Garantie, jedes Produkt ein Leben lang zurückzunehmen, wenn es, aus welchen Gründen auch immer, die Erwartungen nicht erfüllt. Befürchtungen, das täglich Tausende von Pullovern, Hosen und Jacken zurückgegeben werden, weil sie ihren Besitzern plötzlich nicht mehr gefallen, haben sich nicht bewahrheitet: Von 22 Millionen Kunden haben erst 2000 von ihrem Rückgaberecht Gebrauch gemacht. Ganz offensichtlich ist es so, dass Vertrauen Vertrauen schafft. Je ehrlicher Sie Ihren Mitmenschen (und dazu zählen auch und vor allem Ihre Kunden) gegenübertreten, desto mehr Ehrlichkeit werden Sie zurückbekommen.

Können Sie es sich leisten, ähnlich großzügig zu sein wie *Lands End?* Oder befürchten Sie, dass ein beträchtlicher Teil Ihrer Kunden zum Lügen und Betrügen neigt? Wenn Sie Ihre Kunden für Betrüger halten, die nichts anderes wollen, als Ihnen den letzten Pfennig aus der Tasche zu ziehen, dann liegt das vielleicht daran, dass Sie im Stillen Ihre Kunden selbst nur als Umsatz-Maschine verstehen und lediglich an ihrem Geld, nicht aber an ihrem Wohlergehen interessiert sind! Natürlich gibt es auch Betrüger und Gauner auf der Welt. Aber wollen Sie alle Kunden wie potenzielle Verbrecher behandeln, obwohl 99,9 Prozent im Grunde ehrlich sind und nur das verlangen, was sie fairerweise erwarten können? Darum: Schenken Sie Vertrauen! Es lohnt sich.

Vertrauen schenken statt Betrugsabsichten unterstellen

Immer wenn Sie der Meinung sind, dass der Kunde auf jeden Fall eine Mitschuld trägt – etwa, weil ein Produkt wegen eines Bedienungsfehlers Schaden genommen hat –, dann analysieren Sie doch zunächst einmal, ob Sie wirklich alles getan haben, damit der Schaden hätte verhindert werden können. War die Bedienungsanleitung einfach und verständlich? Haben Sie dafür gesorgt, dass der Kunde keinen Fehler machen konnte? Sie können getrost davon ausgehen, dass der Kunde nicht etwas kaputtmacht, weil er gerade nichts Besseres vorhatte und Ihnen den Tag vermiesen wollte.

Eigene Fehler analysieren

> **Jeder Kunde, der sich beschwert hat, sollte von da an als VIP, also als besonders wichtige Person, behandelt werden. Er verdient es, in Zukunft mit größter Aufmerksamkeit bedient zu werden, denn er wird sich Ihnen gegenüber loyaler als fast jeder andere Kunde verhalten und trägt mit dazu bei, eine negative Meinungsspirale zu verhindern.**

Kundenbeschwerden sind Chancen, die Sie nutzen sollten. Statt es zuzulassen, dass unzufriedene Kunden ihre Erlebnisse an potenzielle Neukunden weitererzählen, sollten Sie folgendermaßen mit Beschwerden umgehen:

Zusammenfassung

- Bringen Sie unzufriedene Kunden dazu, sofort mit Ihnen zu sprechen, indem Sie Gelegenheiten zur

Beschwerde schaffen und mögliche Hindernisse aus dem Weg räumen.

- Reagieren Sie positiv auf Beschwerden. Erkennen Sie die Verärgerung des Kunden an, und bedanken Sie sich.
- Vereinbaren Sie eine Wiedergutmachung, und übertreffen Sie die Erwartungen des Kunden, um ihn zu binden.
- Unterstellen Sie Ihren Kunden keine Betrugsabsichten, sondern vertrauen Sie ihnen.

Wie sind Sie bisher mit Beschwerden umgegangen?

_____

_____

Was ließe sich verbessern?

_____

_____

Wie wollen Sie Ihr Beschwerdemanagement in Zukunft aktiv gestalten?

_____

_____

7. Die *Intel-inside*-Strategie

Die *Intel-inside*-Strategie der zwei Marken beruht darauf, einem Produkt oder einer Dienstleistung etwas hinzuzufügen, das die Qualität bzw. den Stellenwert steigert. Für diese Strategie gibt es zwei Ansatzpunkte. Entweder ergänzt man seine Marke durch eine bereits bekannte Marke mit hohem Stellenwert, der einen zusätzlichen Nutzen bietet, oder man entwickelt selbst eine neue virtuelle oder faktische Marke mit hohem Nutzen, der das Produkt aufwertet. Mit dieser Strategie kann man ohne weiteres auch in einer Krise austauschbare Produkte oder Dienstleistungen nach vorne katapultieren.

More inside – Teil der
Zwei-Marken-Strategie

Anfangs war der *Intel-inside*-Prozessor ein Zusatz, um Computer zu beschleunigen. Trotz ständiger Weiterentwicklung unterschieden sich die PCs kaum voneinander; lediglich die Schnelligkeit wurde ein immer größerer Kaufentscheidungsfaktor. Das war die Chance von *Intel-inside*. Innerhalb kurzer Zeit mauserte sich der Prozessor von einer Marke zu einer »Wert-Marke« und wurde Weltmarktführer.

**Vom Zusatz
zur Marke**

Viele PC-Hersteller veredelten ihr Produkt mit dieser zweiten Marke und beschleunigten dadurch gleichzeitig den Markenprozess von *Intel-inside* um ein Vielfaches. Nicht die PC-Marke, sondern die Prozessorleistung ist der Maßstab und der Kaufentscheidungsfaktor einer neuen PC-Generation geworden.

Viele Zweitmarken suchen die Kooperation mit Erstmarken, da sie meist ein Zulieferer sind und alleine nur mit einem unverhältnismäßig hohen Werbeaufwand zu einer Marke werden können. Auf der anderen Seite sind Zweitmarken oft die einzige Chance, sich von Mitbewerbern abzusetzen.

Schmücken Sie sich mit fremden Federn

GoreTex Nach dem Siegeszug von GoreTex-Bekleidung bescheinigte das Wasser abweisende und atmungsaktive Material als Zweitmarke in vielen Produkten einen zusätzlichen Nutzen. Neben reinen GoreTex-Schuhen oder -Stiefeln wurden Lederschuhe mit einem GoreTex-Innenfutter zu Allwetterschuhen. Es dauerte nicht lange, da gab es auch Rucksäcke, Zelte etc., die sich mit dieser zweiten Marke schmückten.

SPS Das Herzstück einer elektronisch gesteuerten Maschine ist die Software. Hier hat es Siemens mit der speicherprogrammierbaren Steuerung (SPS) geschafft, weltweit Standards zu setzen. Die SPS-Steuerung wurde zum Synonym für Sicherheit in der Technik. Die Hersteller von Maschinen hatten ein schlagkräftiges Verkaufsargument.

Weitere Marken Wenn ein Mercedes-Fan begeistert von seinen AMG-Felgen oder der Karosserie spricht, meint er eine Zweitmarke, mit der Mercedes seine Fahrzeuge veredelt. *Alno-Küchen* legt besonderen Wert darauf, dass seine Elektrogeräte Markenprodukte, z. B. von Bosch, sind. Banken, ADAC, Mercedes und andere Unternehmen bieten eine Kreditkarte von Visa an – eine Karte mit weltweiter Akzeptanz. Bridgestone wirbt damit, dass es Lieferant der großen Airlines ist und seine Reifen den höchsten Anforderungen der Riesen-Jumbos standhalten. Opel warb damit, dass es seine Autos mit dem schnellsten Hochleistungscomputer von Grey konstruierte, und machte den Rechner weltbekannt. MonCheri machte die bis dahin unbekannte Kirsche aus Piemont zu einer Edelmarke. Nachdem Apple mit großem Erfolg den I-Mac mit seinem für einen Computer ungewöhnlichen Design eingeführt hatte, lag es nahe, dass Peripherie-Gerätehersteller für IBM-Kompatible auf diesen fahrenden Zug aufsprangen und ihre Geräte im I-Mac-Design anboten.

Selbst in der Lebensmittelbranche findet die Zwei-Marken-Strategie Anwendung. Als Zuckerersatzstoff wurde *Nutra Sweet* in dem Riesenmarkt für diabetische und kalorienarme Produkte ein begehrtes Zusatzprodukt bei Getränken, Marmelade, Kuchen und Gebäck etc.

Die Käufer von Wasch- und Spülmaschinen lebten früher in der ständigen Angst, dass ihnen eines Tages der Wasserschlauch platzte und die Wohnung unter Wasser stand. Als die ersten Maschinen mit *Aquastop* auf den Markt kamen, hatten alle anderen Hersteller das Nachsehen. Es dauerte nicht lange, bis *Aquastop* zum Sicherheitsstandard wurde, dem sich keiner entziehen konnte.

Nach wie vor ein großes Potenzial für eine Zwei-Marken-Strategie besteht im Bereich der Batterien. Nickelcadmium-Batterien sind zwar günstig in der Herstellung, haben aber den Nachteil des Memoryeffekts. Das bedeutet, dass die Batterien erst vollständig leer sein müssen, bevor man sie aufladen kann. Tut man es trotzdem vorher, verkürzt sich die Speicherkapazität. Lithium-Batterien hingegen können zu jeder Zeit nachgeladen werden und stellen ihre gesamte Speicherkapazität zur Verfügung. Vielleicht trauen sich viele Hersteller von Handys, Rasierapparaten und anderen batteriebetriebenen Geräten nicht, damit zu werben, da sie beide Batteriegenerationen in unterschiedlichen Geräten anbieten.

Weiteres Potenzial für Zweitmarken

Eine Variante der Zwei-Marken-Strategie ist der temporäre Einsatz einer Zweitmarke. Besonders Zeitschriften nutzen diese Möglichkeit, indem sie zum Beispiel eine CD mit Tools oder Zugangssoftware für einen Internetanbieter beipacken. Indirekt ist das Sponsern eines erfolgreichen Fußballclubs ebenfalls eine Zwei-Marken-Strategie.

Strategievarianten

Die Zwei-Marken-Strategie lässt sich auf viele Bereiche übertragen. Doch was ist, wenn für eine zweite Marke kein Einsatz zu finden ist oder alle zugekauften Teile keinen besonderen Stellenwert im Markt haben? Hier bietet sich die Möglichkeit, ein zugekauftes Teil zu einer Marke zu machen – wie die Piemont-Kirsche bei MonCheri. Wenn aber andere Hersteller ebenfalls davon profitieren, ist davon abzuraten. Es gibt allerdings noch die Möglichkeit, selbst eine »virtuelle« Zweitmarke zu entwickeln.

Die virtuelle *Intel-inside*-Strategie

Theresia, ein mittelständischer Schuhhersteller, der sich auf die Herstellung von Komfort-Schuhen spezialisiert hat, beauftragte uns unter Berücksichtigung des Wettbewerbs, eine sich selbst erklärende Positionierungsnische zu finden, die sich wie ein *Intel-inside* idealerweise auf alle drei bestehenden Marken übertragen lässt.

Die Marktsituation Der Schuhmarkt ist gezeichnet von hartem Verdrängungswettbewerb und ruinösem Preiskampf. Lediglich der Bequemschuhsektor mit seinen kaufkräftigen Zielgruppen wirft trotz harten Wettbewerbs noch profitable Gewinne ab. Dabei spielen das Markenbewusstsein und der Bekanntheitsgrad, die Akzeptanz im Handel, der psychologische Mehrnutzen, Innovationen sowie die Vertriebsstrategie und gezielte Werbemaßnahmen eine entscheidende Rolle.

Die Markenschuhe von *Theresia* zeichnen sich durch einen von Experten entwickelten orthopädischen Gesamtaufbau aus, der sogar leichte Fehlstellungen der Füße korrigiert. Zielgruppen der drei Marken *Theresia, Fits* und *Celeste* sind Frauen, die besonderen Wert auf bequeme Schuhe legen. Der gesamte Aufbau des Schuhs und die Absatzhöhe gewährleisten ein entspanntes Gehen und Stehen. Nach eingehender Analyse des Wettbewerbs und der Positionierungsfelder zeichnete sich sehr schnell ab, dass die Wirkung auf den Körper die erfolgversprechendste Nische war, die noch von keinem Mitbewerber eindeutig besetzt wurde und sich auf alle Marken übertragen ließ. Nachdem wir verschiedene Namensvorschläge für die neue Positionierung bzw. Kategorie erarbeitet hatten, entschied man sich angesichts der internationalen

Expansion für einen englischen Begriff. Nach eingehender Recherche wurde der Begriff »Body-Balance-System« und als Schutz vor Mitbewerbern auch die deutsche Bezeichnung »Körper-Balance-System« als Marke fast weltweit geschützt. Die drei Schuhmarken aus dem Hause *Theresia* erhielten alle ein »Body-Balance-System«-Siegel und eine neue Bedeutung durch die Positionierung als Schuh, der auf den ganzen Körper wirkt.

Nach der erfolgreichen Einführung des Body-Balance-Systems auf der Schuhmesse und im Handel wurde eine »Body-Balance-System«-Kundenzeitung in einer Auflagenhöhe von mehreren hunderttausend Exemplaren im Handel verteilt. Eine Beilagenaktion eines Händlers, der gleich das Dreifache der üblichen Paarmenge orderte, führte dazu, dass alle Paare innerhalb eines Tages verkauft wurden, wozu der Händler sonst eine ganze Saison benötigte! Nicht das Produkt hatte sich verändert, sondern die Wahrnehmung in den Köpfen der Verbraucher und des Handels. Bezeichnend für die erfolgreiche Positionierung und das Besetzen einer Mehrwert-Nische war die Frage eines Händlers: »*Was kostet der Schuh ohne Body-Balance-System?*«

Mehrnutzen-Siegel verändert die Wahrnehmung der Verbraucher

Die Märkte verändern sich schnell, besonders in der Modebranche. Was noch vor wenigen Jahren in der Schuhbranche eine profitable Nische war, wurde durch den Wellnesstrend mit der Kombination von Mode inklusive Bequemlichkeit abgelöst. Lifestyle & Mode werden in einem austauschbaren und umkämpften Markt zu nicht ungefährlichen Erfolgsfaktoren. Hat man als Schuhhersteller den richtigen Riecher und verkaufen sich die Schuhe gut, ist man in der nächsten Saison wieder im Rennen. Lag man daneben und stimmen die Abverkaufszahlen nicht, muss man in der nächsten Saison mit einer Zurückhaltung des Handels rechnen, was so manche erfolgreiche Marken schmerzlich erfahren mussten.

Der schnelllebige Modemarkt

Die *Intel-inside*-Strategie, ob faktisch oder virtuell, bietet vielen Marken neue Chancen, den Stellenwert und Nutzen zu verbessern oder als neues Produkt wahrgenommen zu werden.

Kundenzeitung
zum Body-Balance-
System – Auflage
über 100 000 Ex.

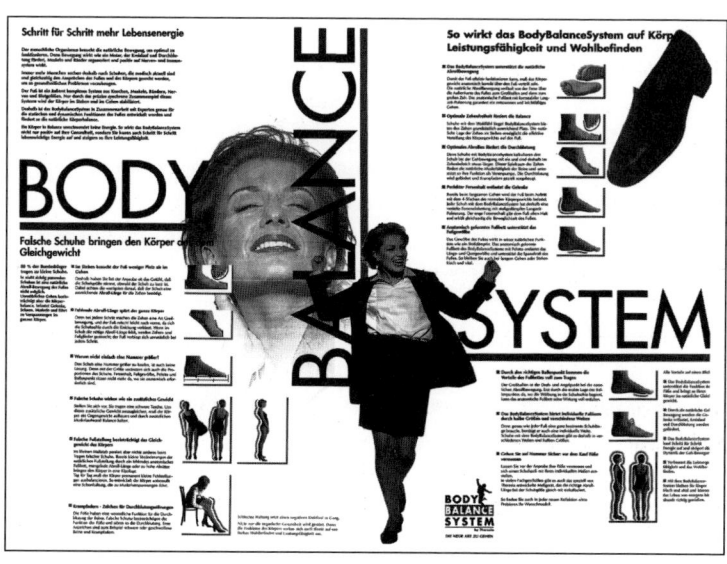

1. Analysieren Sie die Positionierungsfelder bzw. Stärken Ihrer Mitbewerber.

_____

_____

_____

_____

2. Suchen Sie eine reale oder virtuelle Nische! Analysieren Sie genau die
Probleme Ihrer Zielgruppen.

_____

_____

_____

_____

3. Lässt Ihr Produkt oder Ihre Dienstleistung es zu, dass Sie den Wert durch die Hinzunahme einer zweiten Marke verbessern und ihm oder ihr neuen Schub verleihen?

_____

_____

_____

_____

4. Lässt sich Ihr Produkt oder Ihre Dienstleistung durch einen virtuellen _Intel-inside-_ Mehrnutzen aufwerten?

_____

_____

_____

_____

5. Wenn ja, prüfen Sie, welchen Stellenwert eine zweite Marke oder ein _Intel-inside-_ Mehrnutzen auf dem Markt hat, und überprüfen Sie die Glaubwürdigkeit.

_____

_____

_____

_____

8. Besetzen Sie eine Positionierungsnische

Die Positionierung beschäftigt sich damit, Lücken im Markt zu finden und sie zu besetzen. Positionierung hat die Art, wie man heute Werbung betreibt, verändert.

Jeder kann die Positionierungsstrategie einsetzen, um Produkt, Dienstleistung, Unternehmen, Institution oder auch eine Person in ein neues und besseres Licht zu rücken. Positionierung ist das, was man in den Köpfen der Zielgruppe hinterlässt.

Faktische und virtuelle Veränderungen

Eine neue Positionierung kann durch eine virtuelle oder durch eine faktische Qualitätsveränderung erreicht werden. »Virtuell« bedeutet, dass ein Produkt, eine Dienstleistung oder ein Unternehmen im Kopf der Zielgruppe als anders, einzigartig oder neu wahrgenommen wird – wie eine rasierte Stachelbeere –, ohne dass sich das Produkt tatsächlich verändert hat. Lediglich Verpackung, Preis, Name etc. können sich verändern. Die faktische Qualitätsveränderung bezieht sich auf eine Veränderung bzw. nachweisliche und nachvollziehbare Verbesserung des Produktes.

Die Positionierungsstrategie beruht nicht unbedingt darauf, etwas Neues oder Einmaliges zu schaffen, sondern nutzt und verbindet auch vorhandene Gedanken, gestaltet sie um und verknüpft sie zu neuen Assoziationen.

Falsches Ergebnis richtig positioniert

In den Forschungslabors dieser Welt werden ständig neue Produkte entwickelt. Doch die wenigsten kommen davon auf den Markt oder werden erfolgreich. In der Regel werden Ziele für die Forschung festgelegt und verfolgt. Wenn der eingeschlagene Weg zu keinem befriedigenden Resultat führt, wird ein neuer Weg eingeschlagen, anstatt zu überprüfen, ob die Entwicklung vielleicht für ein anderes Einsatzgebiet Vorteile bringt.

Wenn Wissenschaftler auch Marketingfachleute wären, hätten wir vielleicht so manches gute Produkt mehr auf dem Markt – so geschehen in der Forschungsabteilung bei Wick. Man entwickelte ein neues flüssiges Mittel gegen Erkältung. Als man feststellte, dass das Mittel schläfrig machte und eine Gefahr für Autofahrer darstellte, wollte man es in der Schublade verschwinden lassen. Zum Glück kam jemand auf die Idee, das Produkt als Erkältungsmittel für die Nacht zu positionieren. Mit dieser Nischen-Positionierung wurde *Wick MediNait* das erfolgreichste Produkt in Wicks Geschichte. Heute ist *Wick MediNait* das Erkältungsmittel Nummer eins.

Wick MediNait

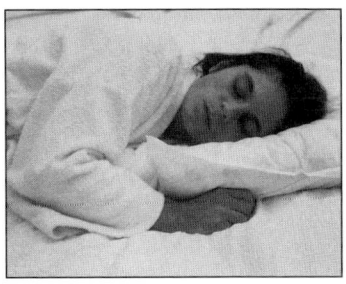

Besserer Schlaf durch neues Erkältungsmittel

Die Mehrwert-Nutzen-Positionierung

Eine Möglichkeit, sich vom Wettbewerb abzusetzen, besteht darin, entweder das Produkt »optisch« zu verändern, ihm eine neue bzw. zusätzliche »Bedeutung« zu geben oder einen »Mehrnutzen« hinzuzufügen.

Persil setzte sich erfolgreich durch die Einführung der Megaperls vom Wettbewerb ab. Calgonit bietet mit den Power-Ball-Taps einen »Mehrnutzen« an, der das Geschirr zum Edelstein macht, mit dem Claim: »*Ganz nah am Diamanten.*« Drano-Abflussreiniger fand eine Nische mit dem Feindbild »*Haare, die das Abflussrohr verstopfen*«. Mit dem Versprechen »*Löst den Haarknoten*« zeigt der

Spot, wie ein Abflussrohr, das demonstrativ mit einem Bündel Haare zusammengeschnürt wurde, mit Drano wieder frei wurde.

Die Positionierungsnische mit einem besonderen Merkmal

Immer wenn der Verbraucher sich zwischen austauschbaren Produkten entscheiden muss, sucht er zielstrebig nach Merkmalen, die ihm das befriedigende Gefühl geben, die bestmögliche Kaufentscheidung gefällt zu haben. Folgende Überlegungen helfen Ihnen, ein besonderes Merkmal zu finden.

Promis bringen Referenzen

Wenn Experten oder Prominente das Produkt bevorzugen, versteht Ihr Kunde dies als Indikator für überlegene Qualität. Zum Beispiel Dr. Oetker: Namhafte französische Köche bekennen sich zu den Zutaten. Johan Lafer kocht mit den Heißluftdämpfern von Convotherm. Auch die Auflistung von Referenzen lässt den Rückschluss auf Qualität zu. Denn so bedeutende Kunden können nicht irren.

Unsicherheit führt zur Orientierung an anderen

Wenn Menschen unsicher sind, orientieren sie sich oft an anderen – in der Hoffnung, ein wichtiges Signal zu bekommen. Deshalb ist die Empfehlung durch Dritte eines der ältesten Hilfsmittel der Werbetreibenden. Mit einer Empfehlung wird der unsichere Kunde an mehreren emotionalen Fronten unter Beschuss genommen. Dabei geht es um Eitelkeit, Eifersucht und die Angst, übergangen zu werden. Stanley Resor, früherer Chef von J. Walter Thompson, sprach in diesem Zusammenhang vom »Bedürfnis nach Nachahmung«. Er meinte: *»Wir wollen diejenigen kopieren, denen wir einen besseren Geschmack oder mehr Wissen und Erfahrung zutrauen.«*

Herkunft

Die Herkunft kann ebenfalls ein Indikator für Qualität sein, z. B. beim Wodka Moskovskaya. Andere Wodkas haben nur einen russischen Namen und sind Kopien, dieser hat eine russische Herkunft und eine russische »Seele«. Harzer Käse, Odenwälder Apfelwein, Hausmacher Fleisch- und Wurstwaren, Schwarzwälder Schinken usw. gehören ebenfalls in diese Kategorie.

Ein weiteres Alleinstellungsmerkmal kann auch die Art und Weise der besonderen Herstellung sein, wie z. B. Anbau, Verfahren, Reinheit, Rohstoffe, Handarbeit, Lagerzeit, besondere Verarbeitung etc. Beispiel Aquavit: Der Schnaps fuhr erst viereinhalb Monate von Norwegen über den Äquator nach Australien; andere Sorten mögen zwar besser schmecken, aber den virtuellen Vorteil können sie nicht überbieten.

Ein besonderes Merkmal funktioniert am besten, wenn es im Kopf schlagartig die Assoziation überlegener Qualität hervorruft. Das besondere Merkmal sollte das Zentrum der Kommunikation bilden.

Mit dem Schiff über den Äquator – Werbung für Aquavit

Der Extrem-Test-Beweis ist eine weitere Möglichkeit, seine besondere Leistungsfähigkeit zu demonstrieren. Eines der bekanntesten Beispiele war der Spot von Audi Quattro. Zur Einführung dieses Wagens wurden die Fernsehzuschauer staunend Zeuge, wie der Wagen souverän eine Ski-Schanze hochfährt. Damit stieg Audi in die Oberklasse zu Mercedes und BMW auf. Im neuesten Spot zieht ein in knietiefem Wasser fahrender Audi Quattro einen Wellenreiter durch die Brandung.

Extrem-Test

Ein unter einer Hustenattacke leidender Messerwerfer rettet die gefährliche Situation seiner Assistentin, indem er schnell Wick Formel 44 plus einnimmt und damit treffsicher die Vorstellung beenden kann. Eine Versicherung stemmte Elefanten in die Höhe als Beweis für ihre Leistungsfähigkeit. Pattex demonstrierte die Sekunden-Klebe-Kraft, indem eine geplatzte Tube unter dem Reifen eines Trucks das Fahrzeug in einer Sekunde zum Stehen brachte.

Das Beste, was man kaufen kann, ist der Gipfel einer fiktiven Messlatte. Eine Marke, die das Nonplusultra eines Qualitäts-Standards glaubwürdig besetzt, kann sich in der Regel erfolgreich gegen die Konkurrenz behaupten. Folgende Beispiele helfen Ihnen bei der Suche nach einem Alleinstellungsmerkmal. Mit dem Anspruch *»unvergleichlich wie unsere Haut«* verdreifachte

Der Muttermilch
verblüffend ähnlich –
Werbung
für Babynahrung

GoreTex den Umsatz in nur zwei Jahren. Mit dem Packungshinweis *»der Muttermilch verblüffend ähnlich«* erreichte das Produkt der amerikanischen Instant-Babynahrung Gerber innerhalb weniger Monate bis zu 50 % Wachstum. Der Orangensaft Valensina aus Konzentrat vergleicht sich mit frisch gepresstem Saft: *»Entweder frisch gepresst – oder Valensina«.*

Wenn Ihr Produkt oder Ihre Dienstleistung es zulässt, suchen Sie nach einem überzeugenden und glaubwürdigen Motiv, das Sie wie ein Key-Visual als Symbol für Ihre Leistung langfristig einsetzen können. Ein spannendes und ungewöhnliches Bild garantiert Ihnen eine hohe Aufmerksamkeit, öffnet ein neues Fenster im Kopf Ihrer Zielgruppe und wird im Langzeitgedächtnis gespeichert.

Von der Suche nach einer Positionierungsnische zu weltweit konkurrenzloser Alleinstellung

Die Situation Während 1997/98 die Baubranche in einer tiefen Krise steckte, kämpften alle Silikonhersteller in einem schrumpfenden Markt nicht nur um den Erhalt ihrer Marktanteile, sondern auch um den gewohnten Zuwachs. Dabei setzte man entweder auf eine aggressive Preispolitik oder auf Markentreue. In dieser Rezession musste jeder Federn lassen, angefangen vom Handel bis zum kleinen Verarbeiter. Im Gesamtumsatz des Handels war Silikon nur ein kleines unbedeutendes Produkt, das man im Sortiment haben musste. Das Markenprodukt Perennator aus dem Hause *Dow Corning*, weltweit die Nr. 1 in Silikon, ist eine traditionsreiche Marke im mittelpreisigen Segment mit hoher Markentreue. Doch die Krise forderte Preisnachlässe, und der Vertrieb geriet unter enormen Druck.

Die Herausforderung Der Auftrag, unter Berücksichtigung einer bevorstehenden Einführung einer neuen Technologie über eine Erfolg versprechende Positionierung nachzudenken, war in dieser Zeit eine besondere Herausforderung. Die neue Technologie auf Alkoxy-Basis sollte mittelfristig die alte auf Oxim-System ablösen. Da man wusste, dass Mitbewerber ebenfalls an einer Technologie auf Alkoxy-Basis arbeiteten, wollte man zuerst auf dem Markt sein. Eile war also geboten. Nach vielen Positionierungsansätzen im Bereich Ökologie und Wirtschaftlichkeit, Marktführer und Vertrauen, Sicherheit und Verarbeitung etc. baten wir die Forscher und Wissenschaftler von *Dow Corning* die Patentschriften unter Marketing-Gesichtspunkten zu analysieren. Der Erfolg ließ nicht lange auf sich warten.

Begeistert über die Anfrage fanden sie dann ein patentiertes Alleinstellungsmerkmal von unglaublicher Tragweite. Jedes Silikon braucht für die Vernetzung der Moleküle nach der Verarbeitung einen Katalysator, der nach der Reaktion im Silikon verbleibt und einen lebenslangen Fugenschlaf hält. Während andere Hersteller mit Zinn forschten, hatte *Dow Corning* einen Titanium-Katalysator mit einer ungewöhnlichen Eigenschaft patentiert: Der Katalysator bleibt auch nach der Reaktion ständig aktiv und sorgt so für eine Langzeitelastizität sogar bei extremsten Temperaturschwankungen.

Unter dem Motto »*Fit für Höchstleistungen*« und mit dem Claim »*Gibt nach – ohne aufzugeben*« zeigte die Kampagne einen Trampolinspringer in verschiedenen Luftpositionen, der als Key-Visual (Schlüsselbild) in allen Kommunikationsmitteln eingesetzt wurde. Ein weiterer Vorteil war, dass alle Produkte und Submarken von dieser weltweit einmaligen Produkteigenschaft profitierten. Mit einem auffälligen Siegel auf allen Produkten, insbesondere den neuen von Perennator, und einer breit angelegten Anzeigen- und PR-Kampagne verzeichnete der Vertrieb innerhalb von zwei Monaten einen Auftragszuwachs von über 60 % – und das in einem stagnierenden Markt!

Anschauliche Werbung für ein Silikon-Produkt mit Alleinstellungsmerkmal »Elastizität«

Suchen Sie eine Positionierungsnische

Kann sich Ihr Produkt durch eine optische Veränderung (Material, Konsistenz, Verfahren etc.) von anderen Produkten unterscheiden?
(Denken Sie dabei an Persil Megaperls, Calgonit, Body-Balance-System etc.)

_____

_____

_____

Gibt es eine Bedeutungs- bzw. Mehrnutzen-Kategorie, die noch von keinem Ihrer Mitbewerber besetzt wurde und Ihr Produkt oder Ihre Dienstleistung aufwertet?

_____

_____

_____

Haben Sie vielleicht ein patentrechtlich geschütztes Alleinstellungsmerkmal, das Sie bisher noch nicht in der gebührenden Weise eingesetzt haben?

_____

_____

_____

9. Vergrößern Sie Ihren Markt durch eine neue Verwendungskategorie

Eine neue Produktkategorie zu entwickeln bedeutet nicht unbedingt, seine angestammte Kernkompetenz zu verlassen und etwas völlig Neues zu schaffen oder ein Pionierprodukt zu entwickeln. Eine neue Produktkategorie kann auch aus einer bestehenden Marke entwickelt werden.

Neue Produktkategorie

Der Markterfolg eines Produktes hängt entscheidend von der Wahrnehmung des Verbrauchers ab. Diese bestimmt die Positionierung des Produkts.

Ob der Verbraucher beispielsweise ein Lebensmittel als Dessert oder als Zwischenmahlzeit einstuft, kann sich grundlegend auf die Verwendungshäufigkeit auswirken. Stehen Hustenbonbons im Bonbonregal, sind es Bonbons. Stehen sie bei den Erkältungsprodukten, werden sie als Heilmittel wahrgenommen. Entscheidend ist, wie der Verbraucher die Produkteigenschaften bewertet. Es können sogar Produkte, die scheinbar schlechtere Eigenschaften als Konkurrenzprodukte haben, erfolgreich vermarktet werden. Das Fruchtsaftgetränk Punika z. B. galt lange Zeit als »Orangensaft« und fiel gegenüber anderen Orangensäften steil ab. Dann wurde Punika – wie Limonaden – zum Durstlöscher erklärt und in den Markt der Softdrinks positioniert. Und im Vergleich zu Cola, Fanta, Sprite etc. wirkte Punika plötzlich weniger süß, dafür fruchtiger und gesünder. Der Marktanteil wuchs rasant.

Die konditionierte Wahrnehmung von Produkten

Konditioniertes Verhalten Ein Produkt in eine andere Kategorie einzuordnen, ist aufgrund der konditionierten Wahrnehmung des Menschen möglich. Die durch Erziehung und Gesellschaft bedingte Konditionierung dominiert unser Verhalten. Die Konditionierung ist so tief verankert, dass der Nutzen häufig eine untergeordnete Rolle spielt. Sie hilft uns aber auch, nicht den Überblick im Leben zu verlieren. Denn wollten wir jede unserer Handlungen auf ihren optimalen Nutzen prüfen, wären wir praktisch handlungsunfähig. Im Supermarkt zum Beispiel müssen wir uns zwischen 20 000 bis 40 000 Artikeln entscheiden.

Unsere selektive Konditionierung erlaubt es uns, die Produktvielfalt auf eine kleine, überschaubare Palette zu reduzieren. Viele kulturelle Gewohnheiten (wie z. B. Essen und Trinken) sind konditionierte Verhaltensweisen und tief in unsere Alltagsroutine eingeschliffen. Generell fällt es uns Menschen schwer, jahrelange Routine über Bord zu werfen, um sich mit einer besseren Lösung mit größerem Nutzen anzufreunden.

Produkte für bestimmte Zielgruppen Jeder Mensch lernt im Laufe seines Lebens, welche Produkte für welche Leute bestimmt sind: Spielzeug für Kinder, 4711 für alte Leute, Clearasil für Teenager, Windeln für Babys etc. Diese personelle Zuordnung wird auch oft durch den Namen des Produktes (z. B. Kinderschokolade, Pilotenkoffer) oder durch die Vorbildfunktion der bestehenden Benutzergruppe erzeugt. Sie ist also nicht immer rational begründet, sondern beruht auf einer Konditionierung. Ein Erwachsener kommt in arge Verlegenheit, wenn er dabei ertappt wird, Babynahrung zu essen. Das Gleiche geschieht, wenn ein junger Mann vor dem Zu-Bett-Gehen eine Schlafmütze anzieht oder einen Melissengeist trinkt. Der Mensch ist geradezu blockiert, wenn er Produkte verwenden soll, von denen er glaubt, dass sie eigentlich gar nicht für ihn vorgesehen sind.

Unsere konditionierte Wahrnehmung bedingt,
- **wie wir Produkte wahrnehmen,**
- **wie lange wir sie benutzen und**
- **mit welchen Personengruppen wir sie verknüpfen.**

Wie man einen Elefanten zum Glauben zwingt

In Indien werden junge und nach Freiheit strebende Elefanten mit einer einfachen Methode zu einem lebenslangen Glauben gezwungen. Man bindet ein Hinterbein mit einem dicken Strick an einen großen Baum. Jedes Mal, wenn der Elefant versucht davonzurennen, spürt er sehr schmerzhaft, dass der Baum und der Strick stärker sind als er selbst. Nach einiger Zeit hat der Elefant gelernt, dass es sich nicht lohnt, dagegen anzugehen. Von diesem Tage an reicht es aus, dem Elefanten einen Strick in beliebiger Stärke um das Bein zu binden und ihn an einem winzig kleinen Holzstab zu befestigen, der in den Boden gesteckt wird. Sein Glaube an die Macht eines Strickes und eines Stückes Holz sind für immer programmiert. Sie alle kennen das Bild einer Fliege, die immer wieder an dieselbe Stelle des Fensters fliegt und einfach nicht lernt, dass sie das Glas nicht durchbrechen kann. Leider benehmen sich sehr viele Menschen wie Fliegen oder Elefanten und wiederholen immer dasselbe Verhalten.

Elefanten und Fliegen

Wenn Ihnen bei einer neuen Verwenderzielgruppe eine extrem starke Konditionierung im Wege steht, vermeiden Sie eine Zwangsbeglückung und definieren Sie Ihr Produkt für diese Zielgruppe neu.

Verändern Sie es leicht, geben Sie ihm einen neuen Namen etc. Sie werden es nie schaffen, eine Intimseife als milde Gesichtsseife zu platzieren – außer Sie ändern die Positionierung.

So funktioniert die Konditionierung in der Praxis

Es gibt sehr gute Qualitätsmarken, deren Kernproblem allein ihre allzu enge Verwenderzuordnung ist. Der Pilotenkoffer ist ein typisches Beispiel dafür. Noch vor wenigen Jahren hat sich kaum ein Manager gefragt, ob ein Pilotenkoffer für ihn nützlich sein könnte, denn der Produktname signalisierte ihm bereits die richtige Zielgruppe. Doch irgendwann schaffte es jemand, den Pilotenkoffer ins Management einzuführen, und setzte damit eine ganze Lawine in Gang. Auch andere Markenartikel wurden erst

Problem einer zu engen Produktzuordnung

richtig erfolgreich, nachdem ihre personelle Konditionierung gegen eine vorteilhaftere ausgetauscht wurde.

Oft gelingt es mit einfachen Mitteln, die Kommunikation der Wahrnehmung einer Zielgruppe auf gewünschte Weise neu zu konditionieren.

Beispiele für erweiterte Vewendungskategorien Wenn Sie heute über eine große Messe gehen, begegnen Ihnen immer mehr Besucher, die auf einem kleinen Roller von einem Aussteller zum nächsten fahren. Um den Besuchern von Messen die langen beschwerlichen Fußwege zu vereinfachen, entwickelte ein Hersteller das Skateboard mit Lenker. Mittlerweile ist das Skateboard mit Lenker (Kickboard) *die* Attraktion bei Kindern und Erwachsenen und in fast jedem Supermarkt zu finden.

Märklin Märklin begann 1986, sein Produkt nicht mehr als Kinderspielzeug zu positionieren, sondern als Vater-&-Sohn-Spielzeug. Durch die veränderte Sichtweise war die Anschaffung nicht mehr nur ein Geschenk für die Kinder, sondern ein gemeinsames Hobby, für das der Vater bereit war, mehr Geld auszugeben. Mit dieser neuen Zielgruppe verzeichnete Märklin von 1989 bis 1994 ein Wachstum von 45 %.

Zeit- und Finanzmanagement Die Zielgruppen für das Thema Zeitmanagement waren bisher Angestellte und Manager von Unternehmen. Mit der Zielgruppe der gestressten Schüler und Hausfrauen eröffnete sich ein neuer unerschöpflicher Markt. Nach seinem Bestseller *Der Weg zur finanziellen Freiheit* konzentrierte sich der Autor Bodo Schäfer auf Frauen. Nach der Veröffentlichung seines Buches *Geld tut Frauen richtig gut* waren innerhalb von zwei Monaten über 200 000 Exemplare verkauft und seine Seminare ausverkauft.

Heißluftdämpfer Heißluftdämpfer sind Allroundtalente für das Garen ohne Wasser und wurden für die Großküchen in Restaurants, Kantinen und Hotels entwickelt. Mit der kleinen Ausführung für den privaten Haushalt eröffnete sich zwar ein ebenfalls großer neuer Markt, doch leider wurden die Produkte zu teuer angeboten und haben sich daher nicht durchgesetzt.

Kinderschokolade konditionierte den Verbraucher durch ihren Namen und ihre Verpackung gleich zweifach: Erstens ist Kinderschokolade nicht für Erwachsene gedacht, zweitens erscheinen andere Schokoladensorten verblüffenderweise weniger kindergerecht. Bei einem Test entdeckte man, dass Kinderschokolade den Erwachsenen genauso gut schmeckt wie Kindern. Sogleich machte man sich daran, die bisherige Zielgruppe zu verändern. Die Werbekampagne zeigte plötzlich nur noch Erwachsene, denen Kinderschokolade gut schmeckt.

Kinderschokolade

Nach einer absoluten Marktführerschaft bröckelten in den 90er-Jahren die Umsätze von Wrigley's in den USA gefährlich ab. Rechtzeitig wählte Wrigley's einen neuen Gegner aus: die Zigarette. Der Verbraucher wurde konditioniert, das Kaugummi als Alternative zur Zigarette wahrzunehmen – und zwar in allen Situationen, in denen das Rauchen unerwünscht ist. Wrigley's ging mit dieser Strategie wieder auf Erfolgskurs.

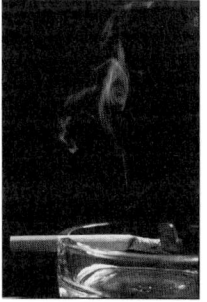

Ein Landwirt z. B. könnte mit seinen etwas teureren Bio-Produkten ohne weiteres neue Zielgruppen finden und seinen Markt vergrößern, wenn er sich mit einer entsprechend fundierten Information auf die Zielgruppen von Allergikern, Rheumatikern oder sonstige Spezialgruppen mit hohem Leidensdruck konzentrierte.

Ungewöhnlich – ein Kaugummi contra Rauchen

> **Das Prinzip der Kategorisierung besteht darin, eine Marke aus einer geistigen Denkschublade herauszunehmen und sie in eine andere hineinzustecken.**

Neue geistige Schubladen (er)finden

Verwendungskategorien sind deshalb so wirksam, weil sie ein Produkt vollständig verwandeln können. Eine solche Strategie besitzt selbst für austauschbare Produkte eine Hebelwirkung, die schon in einigen Fällen den Absatz nachweislich vervielfachen konnte.

Wer kennt nicht die Werbespots von Gervais Obstgarten? Jemand isst eine »schwere« Zwischenmahlzeit und kracht samt Stuhl durch den Fußboden. Nur die wenigsten erkannten hinter dem Spot auf Anhieb die Strategie des Unternehmens. Nachdem die kleine geistige Schublade der Desserts überfüllt mit Joghurt-, Pudding- und Quarksorten war, geriet Gervais Obstgarten unter massiven Druck. Die Positionierung »Geschmack, Gesundheit und Genuss« waren ausgereizt. Nach reiflicher Überlegung entschied man sich, in die »Schublade« der »leichten Zwischenmahlzeit« hineinzugehen, und wählte als Feindbild die schwere und fetthaltige Fastfood-Kost wie Pommes Frites, Hamburger, Döner Kebab, Currywurst und Torten. Die neue Kategorie eröffnete grundlegende Chancen:

1. Gervais Obstgarten war mit einem Schlag in einem viel größeren Markt, denn Zwischenmahlzeiten werden überall und jederzeit konsumiert.
2. Im Vergleich zu kalorienhaltigen Imbissangeboten konnte Gervais eine völlig neue Alleinstellung beanspruchen: die leichte Alternative.
3. Gleichzeitig blieb der Markt der Desserts erhalten. Erfolg: Zwischen 1978 und 1985 stieg der Umsatz um mehr als 150 %.

Milchschnitte Wenn Sie bewusst die Werbestrategien verfolgen, werden Sie feststellen, dass immer mehr Unternehmen versuchen, neue Zielgruppen für ihre Marken zu begeistern, so auch die Hersteller von Süßigkeiten. Eigentlich gehört die Milchschnitte in die geistige Schublade der Süßigkeiten. Ziel der Markenstrategie war es jedoch, das Produkt in die Schublade der Lebensmittel zu verlagern. Mit dieser Positionierung wurde die Milchschnitte zu einer der größten unter den 100 Marken in Deutschland, mit immer noch zweistelligen Zuwachsraten.

Ferrero Das Erfolgskonzept von Ferrero: Verwandle »sündhafte Naschereien« in wertvolle Lebensmittel – natürlich nur in der Wahrnehmung der Verbraucher. Weitere wichtige Erfolgsfaktoren sind die Produktoptik (Vollkornoptik mit weißer Creme), der Name, die Packungsgestaltung (siegelfrische Vollmilch, Kanne Milch und Honigtopf), die Platzierung im Kühlregal (neben Joghurt, Butter und Käse), die Kooperation mit dem Institut für Sporternährung e. V. und die Testimonialwerbung mit Sportlern. Mittlerweile entdecken laut Werbespots immer mehr Erwachsene, dass die Kinderschokolade nicht nur Kindern schmeckt.

Doch nicht alle Strategien sind von Erfolg gekrönt. Für den Erfolg von Verwendungsstrategien ist entscheidend, dass die neue Schublade, in die ein Produkt gelangen soll, genau analysiert wird und Erfolg versprechend ist. Für viele Marken liegt hier eine enorme Chance, aber auch ein Risiko.

Denn wer mit seiner Marke in eine andere Kategorie drängt, muss sich dort mit einer anderen Zielgruppe, anderen Qualitätskriterien, anderen Bedürfnissen und anderen Wettbewerbsprodukten auseinander setzen.

Ein Flop

Ein gutes Beispiel dafür ist *Pocket Coffee* von Ferrero. Rein optisch würde man dieses Produkt in die geistige Schublade der Pralinen einordnen. Ferrero hingegen versuchte, *Pocket Coffee* in der Schublade »der kleine Kaffee für die Jackentasche« zu etablieren. Nach dem Motto: Wer tagsüber einen Durchhänger hat, wird mit *Pocket Coffee* schnell wieder munter. Immerhin ist das Produkt mit echtem italienischen Espresso gefüllt. Doch der Erfolg ließ auf sich warten. Denn die koffeinhaltige Praline hatte der Konkurrenz mit ihren spürbaren Erfrischungseffekten oder dem frischen Kaffee an jeder Ecke nichts entgegenzusetzen.

Wenn Sie keine neue Verwenderzielgruppe finden, dann erhöhen Sie die Verwenderhäufigkeit

Manchmal findet eine neue Zielgruppe selbst eine Verwendungskategorie. So entdeckte eine Künstlerin durch einen nicht näher erklärten Zufall, dass Hämorrhoidensalbe eine sehr wirksame Anti-Falten-Creme ist. Bleibt abzuwarten, in welche Richtung sich langfristig ihr Gesicht verändert. Nachdem Landwirte begeistert das Melkfett als Hautzartmacher eingesetzt hatten, wurde das einfache Euterfett zu einem begehrten kosmetischen Produkt.

Kunden finden selbst neue Kategorien

Schon die alten Ägypter und Römer entdeckten die Milch als Hautzartmacher. Mit über 200 wichtigen Nährstoffen, Vitaminen und Mineralien ist sie eines der natürlichsten Ernährungsprodukte für die Haut und wird demnächst auch als neue Frischmilch-Kosmetik im Markt eingeführt. Mit einer geballten Ladung an wichtigen und natürlichen Nährstoffen ist diese neue Kosmetik *die* Alternative auf dem Markt! Durch das breite Wirkspektrum spricht sie auf Anhieb viele Verwenderzielgruppen an: Babys mit empfindlicher Haut, Menschen mit Allergien, mit trockener Haut, Leute ab 40 zur Vorbeugung gegen Falten und Sonnenbadende zur Anwendung nach dem Sonnenbad.

Milch – auch ein
Produkt für die Haut

Auch durch kleine Veränderungen am Produkt kann man den Weg zu einer neuen Verwenderzielgruppe öffnen.

Wer seinen Umsatz steigern will, sucht entweder neue Kunden, neue Verwender-Zielgruppen, steigert den Umsatz je Kundenbesuch oder – sorgt dafür, dass sein Produkt öfter verwendet wird, indem es zum Beispiel zusätzlich für andere Dinge eingesetzt wird. Nachdem Persil die Superweiß-Grenze erreicht hat, tritt es jetzt gegen die Bakterientöter Sagrotan und Co. an. Ein Spot zeigt, wie ein Kind sein Kuscheltier überall mitnimmt und dieses zwangsläufig mit Tausenden von Bakterien in Berührung kommt. Verständnisvoll wäscht eine verantwortungsvolle Mutter das Kuscheltier mit Persil.

Sind Sie reif für eine neue Verwenderzielgruppe?

Je nachdem, welche Produkte oder Dienstleistungen Sie anbieten, sollten Sie die Möglichkeit prüfen, ob Sie mit einer neuen Zielgruppe Ihren Markt vergrößern können. Auch wenn Sie das Produkt dabei etwas verändern müssen, ist dies in Ordnung, sofern es Ihrer Kernkompetenz entspricht. Bevor Sie jedoch die Entscheidung treffen, sollten Sie sich die Akzeptanz im Markt bestätigen lassen. Am erfolgreichsten können Sie eine neue Zielgruppe erobern, indem Sie darstellen, wie diese Ihr Produkt auf eine möglichst überraschende Art und Weise für sich entdeckt.

1. Welchen Wert misst der Verbraucher Ihrem Produkt bei?

_____

_____

2. Mit welchem Wettbewerbsprodukt vergleicht er Ihr Produkt, oder ist es eine Alternative?

_____

_____

3. Wann, wo und wie häufig benutzt er Ihr Produkt?

_____

_____

4. Welches Wachstumspotenzial hat Ihr Produkt im bestehenden Markt?

_____

_____

5. In welchem Verwendungsumfeld hätte Ihr Produkt außerdem noch Chancen?

_____

_____

6. Welches Wachstumspotenzial hätte Ihr Produkt in dem neuen Verwendungsumfeld?

_____

_____

7. Mit welchen Produkten und Erwartungen konkurriert Ihr Produkt in dem neuen Verwendungsumfeld?

_____

_____

8. Steht hinter dem neuen Verwendungsumfeld ein größerer Markt als der bisherige?

_____

_____

9. Ist die Wettbewerbssituation weniger aggressiv oder aggressiver als in der bisherigen Kategorie?

_____

_____

10. Kann Ihr Produkt ernsthaft in der neuen Kategorie bestehen und ist es den dort herrschenden Qualitätskriterien und Ansprüchen der Verbraucher gewachsen?

_____

_____

11. Kann eine kleine Veränderung den Weg zu einer neuen Verwenderzielgruppe öffnen?

_____

_____

12. »Missbrauchen« vielleicht einige Verwender Ihr Produkt für einen anderen Zweck?

_____

_____

Auf was Sie achten sollten

1. Überlegen Sie, wie und wo Ihr Produkt oder Ihre Dienstleistung noch eingesetzt werden kann. Sammeln Sie in Brainstorming-Sitzungen alles, was an Ideen geäußert wird. Schauen Sie auch in ganz andere Branchen hinein.

2. Wichtig ist, dass die neue Zielgruppe nicht vom Produkt enttäuscht wird. Eine entsprechende Marktforschung wäre hier angebracht.

3. Eine neue Zielgruppe von Ihrem Produkt zu überzeugen, funktioniert umso besser, je überraschter sie darüber ist, dass ihr ausgerechnet dieses Produkt nutzen soll. Je größer die Überraschung, desto tiefer dringt die Botschaft in ihr Unterbewusstsein ein.

Achten Sie darauf: Wenn Sie eine neue Zielgruppe gewinnen, sollte dies nicht dazu führen, die alte zu verlieren.

10. Besetzen Sie eine Marktnische mit einem Pionierprodukt

Ein Pionierprodukt kann ein Produkt oder eine Dienstleistung sein, das oder die in einer Marktnische etwas völlig Neues bietet.

Beispiele Wenn Sie einen Blick in die Vergangenheit werfen, werden Sie viele Pionierprodukte oder Dienstleistungen finden, die fast immer die Ersten waren und die zu Riesenmärkten wuchsen: Hertz bei Leihwagen, IBM bei Computern, Coca-Cola bei colahaltigen Getränken mit 70 % Welt-Marktanteil, Hewlett-Packard bei Laserdruckern mit 45 % Marktanteil, Volkswagen für Billigautos und Mercedes-Benz für die gehobene Klasse, Domino's Pizza für Pizza-Lieferdienste und Rollerblade für Inline-Skater. Tempo war das erste Papiertaschentuch und Gillette der erste Rasierer mit Sicherheitsklinge. Dell verkaufte als Erster den Computer per Telefon, und Charles Schwab war der erste Discount-Broker. Lindbergh war der Erste, der per Flugzeug den Atlantik überquerte, und Armstrong der erste Mensch auf dem Mond.

Der Erste, nicht der Zweite Was haben die beiden letzten Beispiele mit Pionierprodukten zu tun? Alle Beispiele haben eines gemeinsam. Ob Pionierprodukte oder Pionierleistungen, alle waren die Ersten und haben im Kopf ein neues Fenster geöffnet – eines, das vor ihnen noch niemand besetzt hatte. Wissen Sie etwa, wer als Zweiter den Atlantik überquerte oder den Mond betrat, als Zweiter ein Billigauto, einen Computer oder Rollerblades auf den Markt brachte? Sicherlich nicht, warum auch? Der Erste war eigentlich der Interessanteste, alle anderen waren schon »kalter Kaffee« und »Schnee von gestern«.

Es ist immer besser, Erster zu sein, als besser zu sein

Ein Pionierprodukt bietet mit Abstand die beste und idealste Voraussetzung, um erfolgreich zu werden. Denn es startet immer auf einem jungfräulichen Markt. Dagegen ist es bedeutend schwieriger, bei einem bestehenden Produkt Kunden davon zu überzeugen, dass es das beste ist. Vor allem, wenn Sie zum Beispiel gegen größere, finanziell stärkere Unternehmen kämpfen müssen.

Nahe liegend ist es natürlich, sich auf die Verkaufsförderung für die Marke zu konzentrieren und zu kämpfen. Dies ist zwar einfacher, aber bei weitem nicht so effektiv.

> **Es ist erheblich effektiver, mit einem Produkt oder einer Dienstleistung eine neue Nische zu finden und zu besetzen, mit der Sie ein neues Fenster im Kopf der Konsumenten öffnen.**

Schwieriger hingegen ist es, erst den Nachweis erbringen zu müssen, dass das eigene Produkt besser ist als das der Konkurrenz, die auch noch zuerst auf dem Markt war.

Wie findet man ein Pionierprodukt?

Am schwierigsten ist es, etwas völlig Neues zu erfinden und als Patent weltweit zu schützen. Die einfachere Möglichkeit besteht darin, systematisch nach Marktnischen mit konkreten Bedürfnissen einer klar definierten Zielgruppe zu suchen.

Mit einem Pionierprodukt eine Marktlücke schließen

Die erste Voraussetzung ist, dass Sie, auf Ihren besonderen Stärken bzw. Ihrer Kernkompetenz aufbauend, nach Marktnischen

Ausschau halten. Die zweite wichtige Voraussetzung ist eine Änderung der Denkrichtung. Denn das größte Problem bei der Suche nach einem Pionierprodukt ist das Denken in Kategorien des eigenen Vorteils und der Gewinnsteigerung. Ein Pionierprodukt finden Sie nur dann, wenn im Mittelpunkt Ihres Denkens die Frage steht:

Welche Probleme, Ziele und Wünsche, für die noch keiner eine Lösung anbietet, hat meine Zielgruppe? Wie kann ich den Nutzen meiner oder einer anderen Zielgruppe mit meinen Stärken steigern?

Das Denken in Nutzen- statt in Gewinnmaximierung führt Sie zwangsläufig in die Köpfe Ihrer Zielgruppe. Haben Sie am Ende ein Pionierprodukt, das einen zwingenden Nutzen bietet, müssen Sie sich um die Gewinnmaximierung keine Gedanken mehr machen.

Marktnischenorientierung und Nutzenoptimierung

Marktnischenorientierung und Nutzenoptimierung sind die stärksten Waffen der flexiblen kleinen und mittelständischen Unternehmen. Wichtig hierbei ist aber, dass sich jede Verbesserung an den konkreten Marktbedürfnissen orientiert. Jedes Problem Ihrer Zielgruppe kann eine Chance für Ihr Unternehmen sein. Die Definition der Zielgruppen und deren brennendster Probleme sind die wichtigsten Faktoren für Ihre Strategie. Ebenso wichtig ist der kontinuierliche Dialog mit den Zielgruppen. Denn keine andere Quelle kann zuverlässiger Auskunft über die tatsächlichen Bedürfnisse und den Bedarf des Marktes geben als der Markt selbst.

Der direkte Kontakt zu den Zielgruppen ist noch immer das beste Instrument, wenn es darum geht, ein Pionierprodukt zu überprüfen und es gegebenenfalls anzupassen.

Tempo

Zu der Zeit, als es noch keine Papiertaschentücher gab, erhielt man auf die Frage »Hast du mal ein Taschentuch?« nur zwei Antworten: Entweder »Ja, ich hab es noch nicht benutzt« oder »Tut mir Leid, es ist schon hart«. *Tempo* war die erste »hygienische« Alternative zum Stofftaschentuch und verdrängte es fast vollständig vom Markt.

Ein weiteres Nischenbeispiel ist Kölsch in der Flasche. Kölsch ist ein obergäriges, helles Bier, das nur in einer eng begrenzten Region getrunken wurde. Die Kölsch-Trinker waren davon überzeugt, dass es nur frisch gezapft schmeckt, also im Wirtshaus und nicht als Flaschenbier. Dementsprechend wurde auch das Flaschenbier von allen Kölschbrauereien stiefmütterlich behandelt.

Kölsch in der Flasche

Genau in diesem Problemfeld sah eine auswärtige Brauerei ihre Chance, mit dieser neuen Kategorie ihr Einzugsgebiet zu erweitern. Viele begeisterte Kölsch-Trinker vermissten ihr Bier zu Hause vor dem Fernseher und bei sonstigen Gelegenheiten. Unter dem Motto: *»Kölschbier, das aus der Flasche so gut schmeckt wie vom Fass«* wuchs die kleine Brauerei innerhalb von wenigen Jahren von null auf eine Million Hektoliter – und das in einem begrenzten Markt!

Nicht das Produkt, sondern die Produktkategorie steht im Vordergrund

Der Zukunftsmarkt steckt noch voller Nischen für neue Pionierkategorien, die darauf warten, besetzt zu werden. Wenn Sie schon nicht die Nummer eins in Ihrer Produktkategorie sein können, dann halten Sie Ausschau nach einer neuen Kategorie, in der Sie ein Pionierprodukt anbieten können.

Wenn Sie ein Pionierprodukt herausbringen, schlagen Sie zwei Fliegen mit einer Klappe. Zum einen entwickeln Sie eine neue Marke und öffnen im Kopf der Verbraucher ein neues »Fenster« mit Alleinstellungsmerkmal. Zum anderen eröffnen Sie einen neuen Markt mit veränderten Erwartungen, der schnell wachsen kann.

2 Vorteile von Pionierprodukten

Eat Zi's zum Beispiel konzentriert sich auf 1-A-Gourmet-Gerichte mit Esskultur, vor allem zum Mitnehmen. Mit nicht mal einer Hand voll Filialen hat *Eat Zi's* die ganze Branche ins Schwitzen gebracht. Der durchschnittliche Jahresumsatz einer Niederlassung beläuft sich auf sage und schreibe 14 Millionen Dollar. (Das

Eat Zi's

umsatzstärkste Restaurant der Welt ist das *Tavern on the Green* im New Yorker Central Park mit rund 20 Millionen Dollar im Jahr.)

Der beste Weg, eine Marke aufzubauen, besteht darin, eine neue Produktkategorie zu entwickeln, sich zuerst auf ein kleines Marktsegment zu fokussieren und es dann zu erweitern. Idealerweise schaffen Sie es, einen Gattungsnamen wie *Tempo, Kleenex* oder *Tesa* zu etablieren.

Fokussieren Sie den Branding-Prozess nicht auf das Produkt, sondern auf die Vorteile der Produktkategorie.

Wer als Erster kommt, mahlt zuerst und kann die Produktkategorie erfolgreich besetzen. Die neue Produktkategorie ist die einzige Marke, die automatisch mit diesem einmaligen Konzept in Verbindung gebracht wird. Für den Käufer ist nicht so wichtig, ob er seine Pizza bei *Pizza Hut* oder beim Italiener bestellt; wichtig ist für ihn die Frage, ob sie innerhalb einer Stunde geliefert wird. Die Kategorie »schnelle Lieferung« ist für ihn also wichtiger als der Anbieter.

Kann sich aus dem Ausbau Ihrer Stärken eine neue Pionierkategorie entwickeln, mit der Sie eine Marktnische besetzen können?

Prüfen Sie die Möglichkeiten anhand folgender Fragen.

Was sind die größten Probleme Ihrer Zielgruppe (materiell und immateriell)?

_____

_____

Definieren Sie die Probleme auch aus der Fragestellung: Was sind die größten Ziele und Wünsche Ihrer Zielgruppe? Berücksichtigen Sie dabei alle Bereiche, wie z. B. Marktsituation und Wettbewerb, interne Probleme und Vertrieb, Sicherheit und Reklamationen, deren Zielgruppen, Know-how etc.

_____

_____

Mit welcher besonderen zielgruppenorientierten Problemlösung könnten Sie eine Nische besetzen?

_____

_____

Welche grundsätzlichen Verbesserungsmöglichkeiten sehen Sie in Ihrer Kategorie?

_____

_____

Mit welcher Kernstärke könnten Sie eine innovative, brandneue Pionierprodukt- oder Dienstleistungskategorie aufbauen? (Suchen Sie sich am besten ein kleines und überschaubares Marktsegment.)

_____

_____

In welcher Kategorie hätten Sie außerdem noch Chancen?

_____

_____

Was ist das besondere Alleinstellungsmerkmal? Welchen Nutzen bieten Sie
dann für welche Zielgruppe?

_____

_____

Welches Wachstumspotenzial hätte Ihr Produkt in der neuen Kategorie?
Hat die neue Kategorie mehr Potenzial bzw. Gewinnchancen als die bisherige?

_____

_____

Wie ist die Wettbewerbssituation? Mit wem oder womit konkurriert Ihr
Produkt oder Ihre Dienstleistung?

_____

_____

Was könnte Ihre Zielgruppe davon abhalten, Ihr Angebot anzunehmen?

_____

_____

Wann würde Ihre Zielgruppe Ihr Angebot auf jeden Fall annehmen?

_____

_____

11. Markenaufbau zum Nulltarif?

Der Gedanke ist natürlich traumhaft: Die Medien überschlagen **Erfolgsszenarien** sich, alle Welt reißt sich um ein Produkt, die Warteschlangen vor den Läden wollen nicht enden, und das Verfallsdatum ist nicht abzusehen. Dieses Szenario kann man sich ohne weiteres vorstellen, wenn durch eine revolutionäre Erfindung eine Jungbrunnen-Pille auf den Markt kommt oder das Wundermittel, das alle Krankheiten heilt. Im schlimmsten Fall sogar, wenn eine Katastrophe das Trinkwasser verseucht hat und das kostbare Nass nur in rationierten Mengen aus einem sauberen Winkel dieser Erde angeliefert werden muss.

Aber dass man einer bestehenden Marke eine neue Kategorie gibt, die Anziehungskraft verbessert, neue Kunden gewinnt und die Werbeaufwendungen erhöht – und das zum Nulltarif –, ist schon sehr unglaubwürdig. Trotzdem ist es möglich!

99 Tipps und Tricks für Führerscheinneulinge

Als eine führende Mineralölgesellschaft vor Jahren ihre Agentur beauftragte, ein Konzept und ein Kundenbindungsprogramm zu entwickeln, damit die ständig nachwachsende Zielgruppe der Führerscheinneulinge den Start ihrer Autofahrerlaufbahn bei ihrer Tankstelle begann, standen wir vor einem Problem. Wie sollten wir an die damals in keiner Datenbank vorhandenen Zielgruppenadressen kommen?

Wir entwickelten ein kleines Büchlein mit dem Titel: *99 Tipps und Tricks für Führerscheinneulinge,* in dem ungewöhnliche Methoden gezeigt wurden, wie man kleine Pannen selbst meistert. Dieses kleine Büchlein stellten wir den Fahrschulen für ihre Führerscheinneulinge kostenlos zur Verfügung. Eine integrierte Gewinnkarte forderte die Fahrschüler auf, bei einem Wettbewerb mitzumachen. So generierten wir Adressen, um dann gezielt mit Spezialangeboten die neuen Autofahrer an die nächstgelegene Tankstelle zu führen. Das Büchlein war ein durchschlagender Erfolg. Innerhalb von 14 Tagen erreichten 100 000 Exemplare die Zielgruppe, und die Nachfrage war ein Fass ohne Boden! Für viele Fahrschulen war das kleine Büchlein nicht nur ein hochattraktives Geschenk, sondern auch eine zusätzliche Einnahmequelle. Also boten wir das Büchlein gegen einen Unkostenbeitrag an. So profitierten die Fahrschulen, vor allem aber die Mineralölgesellschaft von dieser Idee.

99 Tips und Tricks für Führerschein-Neulinge.

Ein Büchlein mit ungewöhnlichem Erfolg

So trainiert die Weltelite

Am Getränkehorizont zeichnete sich ein viel versprechender Markt im Energiedrink-Segment ab. Als die ersten hochpreisigen und gewinnträchtigen Marken den Markt erstürmten, lag es nahe, dass eine traditionsreiche Marke wie Dextro Energen als Vorreiter für Traubenzucker als Energiespender ebenfalls auf den Zug aufspringen wollte. Der bekannte Slogan *»Gibt verbrauchte Energie sofort zurück«* war gelernt, jetzt musste nur noch ein Konzept her, mit dem das Unternehmen auch mit dem Energiedrink seine Marktposition ausbauen konnte.

Als die Agentur den Auftrag bekam, eine Einführungsstrategie mit entsprechender Positionierung zu entwickeln, analysierten wir sorgfältig die Wettbewerbssituation und suchten Nischen in den wissenschaftlichen Publikationen. Eine großen Erfolg versprechende Zielgruppe waren alle Sportler. Mangelnde Energie bei wichtigen Wettkämpfen entschied über Erfolg oder Niederlage. Eine besondere Messlatte mit hohem Energiebedarf und -verbrauch waren die Spitzensportler – die Elite der Welt.

Da auch andere Energiedrink-Hersteller die Sportler als wichtige Zielgruppe im Blickfeld hatten, suchten wir einen besonderen Nutzen. Sportwissenschaftler waren sich alle einig: Der Erfolg im Hochleistungssport erfordert ein umfangreiches Trainingsprogramm und bedingt eine sehr gute physische und psychische Verfassung. Der Traubenzucker kann nur die physischen Bedingungen verbessern, nicht jedoch die geistigen.

Die Nische, die noch von niemanden besetzt wurde, war die Kombination von Mentaltraining und Energiedrink. Mentaltraining wurde mittlerweile in allen Bereichen, z. B. im Managementtraining, zur Stärkung des Selbstbewusstseins im Showgeschäft, bei Lernschwierigkeiten, in der Psychotherapie, bis hin zum Abbau von Leistungsblockaden und Verbesserung der individuellen Leistung durch spezielle Visualisierungstechniken bei Spitzensportlern erfolgreich eingesetzt. Mit einem Mentaltrainer für Spitzensportler entwickelten wir ein Konzept für ein kleines Büchlein: *So trainiert die Weltelite.* Ziel war es, das kleine, wertvolle Büchlein aus dem Hause Dextro Energen jedem Sportler über Vereine, Verbände, Hochschulen und andere Multiplikatoren gegen einen Unkostenbeitrag oder in einer Kombi-Packung mit einem Energiedrink zugänglich zu machen. Die Interessenabfrage bei Vereinen, Trainern und Verbänden waren mehr als positiv.

Neue Nische durch Kombination

Ein Büchlein, das bisher seinen Weg zur Zielgruppe nicht fand

Als wir aber begeistert das Konzept der damals zuständigen Marketingleiterin vorstellten, merkten wir schon nach einer halben Stunde, dass sie die Tragweite des Konzeptes nicht verstanden hatte. Unter Einbeziehung ernährungswissenschaftlicher Berater hätte das kleine Büchlein die Glaubwürdigkeit von Dextro Energen als Energiespender um ein Vielfaches gesteigert. Mittlerweile interessiert sich ein großer Sportverband für das Büchlein.

Eine neue Marktnische kann auch durch Kombination zweier einzelner, bereits besetzter Nischen entstehen.

Der kleine Muck

Die Historie 1956 gegründet, spezialisierte sich der Schuhhersteller *Der kleine Muck* auf die Herstellung von qualitativ hochwertigen Kinderschuhen mit orthopädischem Anspruch. Durch seine verantwortungsvolle Qualitäts- und Passformpolitik, die gesunde Fußentwicklung von Kleinkindern zu fördern, avancierte *Der kleine Muck* bald zu einer hochwertigen Marke im oberen Preissegment. Der Schuhhersteller wurde zum Inbegriff für fußgerechte Lauflernschuhe und wachstumsgerechte Kinderschuhe. Als Schuh mit großem Stammkundenanteil und hoher Empfehlungsrate wurde der *Der kleine Muck* auch für den Handel eine attraktive Marke. Im Laufe der Jahre wuchs das Unternehmen auf 300 Mitarbeiter und drei Produktionswerke mit stetigen Zuwachsraten.

Als in den 90er-Jahren viele Billigmarken aus dem Ausland den deutschen Markt überrollten, mussten zwei Werke geschlossen, die Produktion rationalisiert und Mitarbeiter entlassen werden. Wurden früher ca. 400 000 Paar Schuhe mit 300 Mitarbeitern sehr aufwendig per Hand gefertigt, so wird die gleiche Menge heute mit 110 Mitarbeitern durch verbesserte Technologie und Verlagerung von Vorarbeiten ins Ausland produziert, ohne auf den traditionell hohen Anspruch zu verzichten. Heute, genau wie früher, werden die Schuhe immer noch per Hand gefertigt, wobei ein Schuh nicht selten aus bis zu 140 Einzelteilen besteht.

Trotz Rezession, steigenden Billigimporten und kleinem Werbebudget verzeichnet das mittelständische Unternehmen durch den Ausbau des Exportes in die europäischen Länder sowie USA, Kanada, Japan, Australien und Kuwait auch weiterhin noch gesunde Zuwachsraten.

Die Marktsituation Ein stärker werdender Wettbewerb, veränderte Machtverhältnisse durch Filialisten, Billigmarken und Preisdruck mit immer geringeren Margen machen dem Handel und den Herstellern im Binnenmarkt immer mehr zu schaffen. Der Kostendruck zwingt viele Händler, ihr Fachpersonal abzubauen und mit Aushilfskräften zu überleben, was letztendlich auf Kosten der fachlichen Beratung geht. Händler, die sich auf gehobene Marken- und Komfortschuhe spezialisiert haben, verzeichnen allerdings nach wie vor noch gute Gewinne – vor allem bei Zielgruppen mit Problembewusstsein und Leidensdruck wegen Fußproblemen.

Um den immer stärker werdenden Problemen entgegenzusteuern, entschloss sich das Management, die Marke *Der kleine Muck* zu stärken. Die Zielgruppen waren nach wie vor problembewusste junge Eltern und Großeltern, für die *Der kleine Muck* immer noch einen hohen Stellenwert hatte, sowie der Fachhandel. Doch was tun, wenn nur ein kleines Werbebudget zur Verfügung steht, teure Anzeigen in Eltern- und Fachhandelszeitschriften nicht oder nur bedingt bezahlbar sind und Werbung im Fachhandel durch die vielen Anbieter nur bedingt möglich ist?

Das Budgetproblem

Der kleine Muck und die Mehrwert-Kategorie

Als die Geschäftsleitung des Unternehmens uns beauftragte, eine Strategie zu entwickeln, schlugen wir als Erstes vor, nach einer Kategorienische zu suchen, um dem Produkt eine neue zusätzliche Bedeutung zu geben. Neben der nach wie vor hochwertigen Qualität und anatomisch durchdachten Passform wird jeder Schuh nach dem WMS-System hergestellt. Das WMS-System berücksichtigt die unterschiedlichen Weiten der Kinderfüße (weit, mittel, schmal), und in jedem gut geführten Fachgeschäft steht ein eigens dafür entwickeltes Messgerät. Außer *dem kleinen Muck* haben sich noch sieben weitere Hersteller das WMS-System auf die Fahnen geschrieben, womit es kein Alleinstellungsmerkmal war. Ein zusätzliches Problem bestand darin, dass das WMS-System zwar im Handel bekannt ist und als das beste Messsystem akzeptiert wird, doch leider bei der Zielgruppe zu wenig Bekanntheit erlangt hat.

Die Nischensuche

Nach eingehender Analyse und Recherche haben wir gemeinsam mit der Geschäftsleitung, der Entwicklungsabteilung, dem Marketing und dem Vertrieb auf Basis des WMS-Systems die »3D-Passform-Garantie«, ein bis dahin einmaliges Mehrwertpaket, definiert. Beratend zur Seite stand ein Orthopädie-Spezialist, der auf Basis neuester wissenschaflicher Untersuchungen durch auf-

Die Positionierung

wendige Analysen das Geh- und Laufverhalten von Hochleistungssportlern und Kindern per Videoaufnahmen analysierte. Durch propriorezeptive Einlagen, mit exakt platzierten kleinen Druckpolstern, konnte durch die Reizung von Nervenendbahnen an den Füßen das unbewusste Bewegungsmuster korrigiert bzw. trainiert werden.

Neue Garantie Das »3D-Passform-Garantie«-Mehrwertpaket berücksichtigt ganzheitlich alle Aspekte eines idealen Schuhs: angefangen von der statisch-dynamischen Funktion der Füße und des Körpers, über die orthopädischen Anforderungen, das propriorezeptive Fußbett und die optimale Abrollbewegung bis hin zu den Materialeigenschaften, die dem Fuß die nötige Freiheit geben und trotzdem seine Spannkraft fördern. Durch die »3D-Passform-Garantie« erhielt der Schuh nicht nur einen virtuellen, sondern auch einen rationellen Mehrwert.

Der kleine Muck und das Zaubermalbuch

Das Zaubermalbuch
des *Kleinen Muck*

Um die Zielgruppen Handel und Eltern zu erreichen, konzentrierten wir uns auf die neugierige und schnell zu begeisternde Zielgruppe Kinder. Die idealen Voraussetzungen in Form eines Key-Visuals waren durch den Namen *Der kleine Muck* und das bekannte Märchen gegeben.

Bei der Suche nach etwas Besonderem kam uns eine Entwicklung entgegen, die wir mit zwei Druck- und Lithographie-Experten in Zusammenarbeit mit einer Druckerei nach fast einjährigen Versuchen abgeschlossen hatten: ein Zaubermalbuch, bei dem die Kinder nur mit Wasser und Pinsel zum Erstaunen aller die tollsten Farben aus dem Papier zaubern konnten. Nachdem ein bekannter Illustrator die Märchenmotive als Strichzeichnung umgesetzt hatte, waren die ersten Tests mit Kindern in unterschiedlichen Altersgruppen mehr als positiv. Selbst Erwachsene waren begeistert.

Damit die neue Kategorie dort ankam, wo sie ankommen sollte – nämlich bei den Eltern –, wurde ein Zaubermalbuch für Kinder und Eltern entwickelt. Auf der linken Seite standen die wichtigen neuen Informationen für Eltern und auf der rechten Seite waren die Zaubermotive mit Texten aus dem Märchen zum Vorlesen. So war die Chance gegeben, dass sich Eltern und Kinder gemeinsam mit dem Zaubermalbuch beschäftigten.

Aus dem Zaubermalbuch: Eltern-Info und Seite für Kinder

Jetzt kam es nur noch darauf an, dem Handel zu beweisen, dass man mit dem neuen Zaubermalbuch und der damit verbundenen Attraktivität die Kundenfrequenz erhöhen und neue Kunden gewinnen konnte. Der Handel sollte das Buch gegen einen Unkostenbeitrag als Werbemittel einsetzen können. Außerdem sollte das Zaubermalbuch ein »Renner« werden, denn das Verteilen ohne Unkostenbeitrag hätte das Unternehmen in wirtschaftliche Schwierigkeiten bringen können.

Bei der Einführung der neuen Kategorie und des Zaubermalbuches waren die anstehende Schuhmesse und die darauf folgenden Vertreterbesuche der erste Schritt, um das Konzept dem Handel vorzustellen. Die Resonanz war so erfolgreich, dass die erste Auflage von 15 000 Zaubermalbüchern wie von »Zauberhand« allein schon von nur einem Vertreter innerhalb einer Woche erfolgreich verkauft wurde und weitere Bestellungen vorlagen. Somit waren die Kosten für die nächste Produktion und die Einführung der neuen Kategorie zum Selbstkostenbeitrag schon gesichert!

Das Beteiligungskonzept

Die Strategie der kleinen Schritte

Strategie der Zangen

Nach der ersten erfolgreichen Einführung galt es zum einen, das Konzept zu einem Dauerläufer zu machen, und zum anderen, die Abverkaufszahlen zu steigern. Damit nicht der Zufall seine Finger im Spiel hatte, wurde dann ganz gezielt die Strategie der Zangenbewegung geplant. Das bedeutet, dass die Aktivitäten nicht nur vom Handel ausgingen, sondern eine gezielte Nachfrage von Seiten des Marktes bzw. der Zielgruppe sowie Öffentlichkeitsarbeit den Erfolg sicherstellten.

Die Nachhaltigkeit

Trotz der Schwierigkeiten des Handels besitzt er auch eine gewisse Machtstellung. Entweder er macht mit oder nicht. Ob und wie lange er mitmacht, hängt davon ab, inwieweit eine Investition ihm neue Kunden bringt, den Abverkauf steigert und er sich mit einer attraktiven Idee von Wettbewerbern absetzen kann. Also musste sichergestellt werden, dass die Nachfrage nach Zaubermalbücher von Kindern und Eltern als Türöffner bei den beteiligten Händlern nachhaltig gegeben war und die Marke dauerhaft an Anziehungskraft gewann.

> **Für die Repositionierung der Marke und den Branding-Prozess war das Zaubermalbuch nur ein Türöffner, um im Kopf der Zielgruppen ein neues Fenster zu öffnen und als Erster zu besetzen.**

Das Händler-Informations- und Unterstützungspaket

Da der Vertrieb zuerst seine Kunden besuchte und dann erst neue Kunden akquirieren konnte, wurde geplant, alle weiteren potenziellen Fachhändler über das neue Konzept per Mailing zu informieren. Für die Händler wurde ein Werbepaket konzipiert, mit dem sie vor Ort ihre Käufergruppen gezielt mit dem Zaubermalbuch ansprechen konnten. Angefangen von kleinen Aufstellern, Postern und Aufklebern für das Schaufenster bis hin zu Anzeigen, Handzetteln, Zeitungsbeilagen und PR-Artikeln wurde alles bereitgestellt. Das Zaubermalbuch bot eine gute Gelegenheit, Kinder im Laden zu beschäftigen oder über die Kindergärten verteilt ohne Streuverluste die wichtigste Zielgruppe Eltern und Kinder zu erreichen.

Jeder Schuhkarton enthielt als kleine Überraschung eine Zaubermalkarte zum Testen mit dem Hinweis, im Fachhandel nach dem Zaubermalbuch zu fragen; auch ein kleiner Informations- und Kaufbestätigungsfolder lag bei. PR und Anzeigen in den Fachzeitschriften des Handels sowie eine Information an Publikumszeitschriften waren in Planung.

Die Finanzierung

Der Markenaufbau zum Nulltarif muss an dieser Stelle insoweit relativiert werden, als dass die gesamte Entwicklung vom Unternehmen vorfinanziert werden musste. Die Beteiligung des Handels im ersten Stadium deckte zum größten Teil die Selbstkosten. Erst in der dritten Phase, wenn das Zaubermalbuch mit den Geschichten des kleinen Muck mit Kassetten und neuen Geschichten zum Selbstläufer und vom Handel sogar verkauft wird, kann der Branding-Prozess Gewinne abwerfen. Bei Abgabe des Buches war die wichtige Phase der Nachhaltigkeit noch nicht erreicht.

Vorfinanzierung durch das Unternehmen

> **Diese Art des sich selbst finanzierenden Branding-Prozesses ist sicherlich nicht für jedes Produkt oder Unternehmen geeignet. Trotzdem lohnt es sich, darüber nachzudenken.**

Wichtig ist, dass Sie nach Möglichkeiten Ausschau halten. Wenn nicht jetzt, so wird Ihnen vielleicht irgendwann eine Idee über den Weg laufen, von der Ihr Kunde und Sie selbst profitieren können. Wichtig ist immer, dass beide dabei gewinnen. Besonders im Weiterbildungsbereich bieten sich viele Möglichkeiten, tagtäglich in Kontakt mit seiner Zielgruppe oder potenziellen Zielgruppe zu kommen. Sei es, dass man z.B. einen Bildschirmschoner mit täglich abwechselnden bewusstseinsfördernden Themen zu einem Seminar oder ein Coaching-Programm per Internet als Abonnement anbietet.

Fragen, die Ihnen bei der Suche nach einem selbst finanzierenden Markenaufbau weiterhelfen können

Überlegen Sie, welche Marktnische für Sie infrage kommt und ob sich für Sie eine neue Nische aus der Kombination zweier alter ergeben könnte.

Schauen Sie im Markt, was es Neues gibt und wofür der Kunde bereit wäre, sich an den Kosten zu beteiligen.

Wenn Sie eine Idee entwickelt haben, überlegen Sie, wie Sie die Vorteile Ihres Produktes, Ihrer Dienstleistung oder Ihres Unternehmens mit der Idee transportieren können.

Welche Vorteile hätten die Händler von Ihrer Positionierung? In welcher Weise könnten Sie sie an den Kosten beteiligen?

Sprechen Sie mit Ihrer Zielgruppe und den Händlern, und lassen Sie sich die Attraktivität Ihrer Idee bestätigen.

Weitere Hinweise zum Aufspüren attraktiver Ideen finden Sie in Kapitel 13 über Key-Visuals.

12. Vier Techniken zur Platzierung einer Marke

Der Markterfolg eines Produktes oder einer Dienstleistung hängt nicht immer von einer faktischen Qualität ab. Diejenigen, deren Produkte austauschbar oder sogar schlechter sind, haben trotzdem eine Chance, sich im Markt zu behaupten. Die »virtuelle« Qualität von Produkten ist oft stärker als die »faktische« Qualität.

Manche qualitativ hervorragenden Produkte fristen ein geduldetes Schattendasein. Andere Produkte mit durchschnittlicher Qualität hingegen werden erfolgreich. Woran liegt das? Vermutlich daran, dass Qualität bei den meisten Produkten sehr schwer wahrnehmbar ist. Der Verbraucher kann mit seinen fünf Sinnen die geringfügigen Qualitätsunterschiede der meisten Warengruppen immer weniger beurteilen. So ist es nicht verwunderlich, dass die meisten Benutzer der Zahncreme Elmex beispielsweise felsenfest davon überzeugt sind, dass ihre hochpreisige Zahncreme die Zähne besser schützt als ein günstigeres Wettbewerbsprodukt. Wissenschaftlich ist das jedoch umstritten.

Nicht immer ist Qualität nachgewiesen

Die treuen Persil-Käufer glauben, dass sie für den von ihnen geleisteten Aufpreis auch ein besseres Waschergebnis erzielen als mit einer günstigeren Marke. Beweise gibt es aber dafür nicht. Die Freunde von Kelts-Pilsener oder der Zigarettenmarke Marlboro sind davon überzeugt, dass ihre Marke besser schmeckt als andere. Aber im Blindtest erkennt kaum jemand seine eigene Marke. Dies führt zu der wichtigen Erkenntnis:

In den Köpfen der Verbraucher ist ein virtueller Produktnutzen häufig genauso real und genauso befriedigend wie ein faktisch nachweisbarer Produktnutzen, und zwar nicht nur kurzfristig, sondern auch auf Dauer.

Nicht überall führt fehlende Qualität zu Umsatzrückgang

Selbst mit Fakten und Beweisen kommt man gegen den virtuellen Qualitätsglauben nicht an. Zwei Beispiele: Als Stiftung Warentest nachwies, dass eine billige Gesichtscreme aus dem Supermarkt faktisch von besserer Qualität ist als diverse hochwertig positionierte Wettbewerbsprodukte zum vielfachen Preis, führte dies nur zu geringfügigen Marktanteilsveränderungen, aber nicht zu einem Niedergang der teuren Marken. Umgekehrt wird ein billiges No-Name-Papiertaschentuch, dem die Stiftung Warentest eine sehr gute faktische Qualität bescheinigt, kaum die Chance haben, den Marktführer Tempo zu verdrängen.

Wie stark ein virtueller Vorteil sein kann

Coca Cola und Pepsi

In der Vergangenheit gab es immer wieder verblüffende Beispiele dafür, dass der virtuelle Nutzen stärker war als der faktische. Eines der ungewöhnlichsten Beispiele ist das von Coca Cola und Pepsi-Cola. Nachdem Pepsi durch Marktforschung festgestellt hatte, dass den Verbrauchern im Blindtest Pepsi besser schmeckte als Coca Cola, begann das Unternehmen unter dem Motto *»Mach den Pepsi-Test«* einen der größten Feldzüge in seiner Geschichte. Millionen Verbraucher wurden auf der Straße aufgefordert, den Blindtest durchzuführen. Sie entdeckten, dass ihnen die Pepsi tatsächlich besser schmeckte. Der Erfolg: Nach 100 Jahren auf Platz zwei avancierte Pepsi auf Platz eins.

Die Coca Cola-Manager vertrauten ihrem virtuellen Vorsprung mit ihrem »Original« nicht mehr und brachten eine süßere Cola auf den Markt. Die Verbraucher jedoch liefen Amok, denn sie wollten ihr »Original« zurück und horteten palettenweise ihre Coca Cola. Daraufhin zogen die Coca Cola-Manager schnellstmöglichst ihre süße Cola vom Markt.

Mit der neuen Werbekampagne appellierten sie an die Ehre der Verbraucher, sich nicht mit einer Kopie zufrieden zu geben, und wurden damit noch stärker als zuvor. Der virtuelle Nutzen schlug den faktischen Nutzen um Längen.

Die Zukunft gehört sicherlich den virtuellen Nutzenstrategien. Um sie zu entwickeln, wird die Schlüsselfrage nicht mehr lauten: »Wie unterscheidet sich mein Produkt von dem der Wettbewerber?«, sondern: »Welches ist der relevanteste virtuelle Nutzen, der in den Köpfen der Verbraucher noch nicht besetzt ist?« Dabei werden emotionale, persönliche und soziale Nutzenkonzepte gleichermaßen berücksichtigt.

Zukunft des virtuellen Nutzens

Wieso der virtuelle Nutzen dem faktischen überlegen sein kann

Der virtuelle Nutzen ist oft glaubwürdiger und stabiler als ein faktischer Produktvorteil! Letzterer wird, da in der Regel überprüfbar, misstrauisch und kritisch vom Verstand des Verbrauchers analysiert, bevor er seine Wirkung entfalten kann. Der virtuelle Nutzen hingegen umschifft den Verstand und schlägt seine Wurzeln im Unterbewusstsein.

Virtuell = ohne Misstrauen

Nehmen Sie einen virtuellen Nutzen genauso ernst wie einen faktischen.

Die Feindbild- und die Spätfolgetechnik

Die Spätfolgetechnik eignet sich besonders gut für Produkte und Dienstleistungen, bei denen bereits ein Problembewusstsein der Verbraucher vorhanden ist, während die Feindbildtechnik neue Positionierung und Marktnischen eröffnen kann. Die Feindbild- und die Spätfolgetechnik wurden in der Politik schon zu Urzeiten gerne und erfolgreich eingesetzt. Auch heute noch benutzen Politiker, Organisationen, Interessengruppen, Drehbuchautoren und Schriftsteller die Feindbildtechnik. Selbst die Märchenwelt

Einsatz der Techniken

kommt ohne Feinde nicht aus. Ein typisches Beispiel ist das Buch *Animal Farm* von George Orwell.

Besonders stark wirken diese Techniken, wenn man ihr sich selbst erklärende Namen gibt, zum Beispiel Begriffe wie »Waldsterben«, »Zahnbelag«, »Gefrierbrand«, »Parodontose« usw. für das Feindbild. Denken Sie bei der Spätfolgetechnik an Begriffe wie »verhindert Hautirritationen«, »gegen spröde Haare«, »Kinderschuhe, die Bonsaifüße verhindern«, »Krampfadern oder Rückenschmerzen durch falsche Schuhe« etc. Nicht nur Versicherungen benutzen die Feindbild- und die Spätfolgetechnik in ihrer Werbung und in Verkaufsgesprächen gerne, um Ängste zu schüren, indem sie Sicherheit gegen Bares bieten.

Viele Marken haben mit der Feindbild-Strategie erhebliche Markterfolge erzielt. Wenn eine Marke ein bestimmtes Problem für sich besetzen kann, dann traut man ihr, auch ohne echten Beweis, die beste Problemlösungskompetenz zu.

Was die Feindbild-Technik besonders interessant macht, ist die Tatsache, dass man über das Problem indirekt eine virtuelle Alleinstellung erreicht, die sich gegenüber dem kritischen Urteil des Verbrauchers nicht behaupten muss.

Schnelle Lösungen präsentieren

Achten Sie in Zukunft ganz bewusst auf Spätfolge- und Feindbildstrategien. Sie werden ihnen an jeder Ecke begegnen. Gehen Sie jedoch selbst mit den beiden Strategien sehr sensibel um. Vor allem in Anzeigen und Broschüren sollten Sie schnell auf die Lösung kommen. Am besten und intelligentesten ist die Umsetzung, wenn Sie in der Headline das Feindbild erwähnen und das Bild die positive Lösung zeigt.

Für den Vertrieb sind diese Techniken eine besonders gute Möglichkeit, das Produkt von Mitbewerbern abzugrenzen. Sammeln Sie dazu alle Werbeunterlagen und vor allem die technischen Datenblätter Ihrer Mitbewerber. Dort finden Sie bei den Warnhinweisen eine Menge Feindbild- und Spätfolgetechnik-Nischen. Bei der Analyse der technischen Datenblätter von Ölheizungsherstellern fand ein Gaslieferant eine Unmenge an Verkaufsargumenten für seine Partner.

Die Technik der Analogien

Die Technik der Analogien ist ebenfalls eine bekannte und erfolgreiche Strategie der Positionierung. Sie hat den Vorteil, dass sie auf etwas zurückgreift, was jedermann bekannt ist, sowie klare Bilder und Vorstellungen der Problemlösung glaubhaft demonstriert. Besonders Analogien aus der Natur genießen das gewisse »göttliche Urvertrauen« und haben eine besonders hohe Glaubwürdigkeit.

Die bekanntesten Beispiele, wie man sich mit einer Analogie aus der Natur gegen seine Mitbewerber abgrenzen kann, sind *Litamin* und *Dr. Best*-Zahnbürsten. *Litamin* setzte ein verdorrtes, staubtrockenes Laubblatt als Analogie für trockene Haut ein. *Dr. Best* führte den technisch unspektakulären Schwenkhals ein, der zwar die Putzleistung nicht verbessert, aber das Zahnfleisch schonend behandelt. Bis zu diesem Zeitpunkt waren die wenigsten besorgt, dass eine Zahnbürste das Zahnfleisch verletzen könnte. Das änderte sich, als die berühmte »Tomaten-Analogie« eingeführt wurde. Eine herkömmliche Zahnbürste verletzt die zarte Haut der Tomate, während die *Dr. Best*-Zahnbürste mit dem Schwenkhals die Tomate nicht verletzt. Der Erfolg dieser Analogie: Im ersten Jahr erreichte *Dr. Best* 52 % Wachstum und im zweiten Jahr 154 %. Heute ist *Dr. Best* eindeutig Marktführer in diesem Segment.

Litamin und Dr. Best

> **Über Analogien lassen sich Kompetenz, Know-how, Erfolg oder Innovationsfähigkeiten glaubwürdig ableiten.**

Eine aufgeplatzte Kastanie als Analogie kann z.B. dramatisieren, dass Kinderfüße in zu kleinen Kinderschuhen sich nicht entfalten können oder dass ein Unternehmen expandiert. Ein Spinnennetz kann z.B. die Flexibilität und Haltbarkeit einer freitragenden Konstruktion oder eine besondere Produkteigenschaft dramatisieren.

Vier wichtige Techniken, die Sie bei der Platzierung einer Marke verwenden können:

Zusammenfassung

1. **die Vermittlung virtueller (nur in den Köpfen der Verbraucher existierender) statt faktischer Qualität,**
2. **der Aufbau eines Feindbildes,**
3. **die Demonstration von Spätfolgen, wenn das Produkt nicht benutzt wird,**
4. **der Einsatz von anschaulichen Analogien, vor allem aus der Natur.**

So entwickeln Sie ein Feindbild

Listen Sie alle Problemlösungen auf, für die Ihr Produkt besonders geeignet ist.

_____

_____

Achten Sie darauf, welche Feindbilder Ihre Wettbewerber bereits mit welchen Argumenten und wie besetzt haben.

_____

_____

Welche Feindbilder sind bisher noch unbesetzt und möglicherweise für Ihre Marke attraktiv?

_____

_____

Geben Sie dann dem Problem einen schrecklichen Namen und ein schreckliches Gesicht oder zeigen Sie es in seiner schlimmsten Form. Konzentrieren Sie sich dabei auf ein einziges Merkmal (z. B. wie Name, Farbe, Symbol, Bild oder Form).

_____

_____

Bewerten Sie dann, wie viel Angst der gewählte Feind suggeriert. Traut der Verbraucher dem Produkt zu, dass es das Problem zuverlässig löst?

_____

_____

_____

So entwickeln Sie ein Spätfolgenszenario

Entwickeln Sie eine unheilvolle Situation, in die der Verbraucher zwangsläufig gerät, wenn er ein vordergründig harmlos erscheinendes Problem nicht löst.

_____

_____

_____

Dramatisieren Sie die Gefährlichkeit der Spätfolge (z. B. durch Name, Farbe, Symbol, Bild oder Form).

_____

_____

_____

Prüfen Sie die Glaubwürdigkeit der Spätfolge.

_____

_____

_____

So entwickeln Sie eine Analogie

Schauen Sie sich zuerst die Fragen und Antworten aus der Feindbild- und Spätfolgetechnik an. Lassen sich aus den Ideen auch Analogien finden?

_____

_____

_____

Vergleichen Sie die Vorteile Ihres Produktes mit Parallelen aus der Natur. Lassen Sie sich inspirieren von den Motiven der Bildbände der Bildagenturen.

_____

_____

_____

Überlegen Sie, welche vielleicht kleine Veränderung am Produkt den virtuellen Nutzen stärkt.

_____

_____

_____

13. Wie ein Key-Visual zu einem Markenzeichen wird

Ein Key-Visual (Schlüsselbild) kann eine grafische, bildliche, farbliche oder dreidimensional visualisierte Idee bzw. Figur sein, die eng mit einer Marke verknüpft wird.

Ein Key-Visual hat den Vorteil, dass es in jeder Form der Kommunikation als Symbol für eine Marke eingesetzt werden kann und dann zum Markenzeichen wird. Es wird zum Schlüsselbild einer Botschaft, das auch stellvertretend für ein Produkt stehen kann und auf Dauer eine einmal gelernte Botschaft automatisch transportiert bzw. das Original der Marke bestätigt.

Verwendung von Key-Visuals

Markenzeichen werden in der rechten Gehirnhälfte abgespeichert, Markennamen in der linken. Manche Markennamen – wie beispielsweise Coca Cola – werden als Ganzes wahrgenommen und gespeichert. Ein Markenzeichen kann aber auch eine bestimmte Verpackung sein. L'Oreal beispielsweise nutzt ein an Mondrian angelehntes Motiv, um sich von Mitbewerbern abzusetzen. Auch die Kleidung *(UPS)*, Werbemelodien oder ein Slogan können zu einem Markenzeichen werden: *»Ich will so bleiben wie ich bin (Du Darfst)«, »Ich bin doch nicht blöd (Media Markt)«.*

Ein erfolgreiches Key-Visual ist ein sichtbares Zeichen für Einzigartigkeit, Identität und Qualität.

Beispiele erfolgreicher Key-Visuals

Überall in unserer Konsumwelt finden wir erfolgreiche Beispiele, die sich zum Teil unauslöschlich in unserem Gedächtnis in Verbindung mit einer Marke eingebrannt haben. Dazu gehören z. B. die berühmten drei Streifen auf den Turnschuhen von adidas, die blaue Dose von Nivea, der Stern von Mercedes. Oder denken Sie an Pelikan, das Michelin-Männchen, Meister Propper, Bärenmarke, Ferrari (Pferd), die Milka-Kuh, den Swarowski-Schwan, Jaguar, den rosaroten Panther (Telekom), Chiquita, Frosch, Steiff-Knopf, Porst König-Bild, Ado Goldkante, den Lufthansa-Kranich, die Shell-Muschel, den Esso-Tiger. Die Liste ließe sich unendlich fortsetzen. Key-Visuals stehen für Kontinuität und stellen oft den Schlüssel zum Markenbewusstsein dar.

Key-Visuals mit Kultstatus

Viele Key-Visuals bzw. Markenzeichen haben mittlerweile einen Kultstatus erreicht oder werden stellvertretend für eine Gattung assoziiert. Wenn heute ein Kind an eine Kuh denkt, denkt es automatisch an die Lila Kuh von Milka. Besonders erfolgreich nutzt die Pharmaindustrie den Einsatz von Key-Visuals. So gut wie jeder Arzt hat auf seinem Schreibtisch eine dreidimensionle Abbildung eines Organs oder Knochens mit dem Aufdruck eines Medikaments.

Ein Key-Visual kann auch Farbe sein

Den Erdbeergeschmack sichtbar machen

Ein gutes Beispiel für ein Produkt, das man nicht sehen oder anfassen kann, ist Strom. Die neue Wettbewerbssituation der Stromversorger erfordert intelligente Marketingstrategien und psychologische Alleinstellungsmerkmale. Strom ist zwar die spannungsreichste Selbstverständlichkeit der Welt, aber ohne ein sichtbares Unterscheidungsmerkmal. Strom mit »Erdbeergeschmack« ist zwar nicht möglich, die Frage jedoch ist, wie man den »Erdbeergeschmack« um das Produktangebot herum als Unterscheidungsmerkmal sichtbar machen kann, zum Beispiel bei Themen wie Vertrauen, Sympathie, Zuverlässigkeit, Sicherheit, Service, Kundennähe etc.

Ein erfolgreiches Beispiel ist *Yellow-Strom*. *»Strom ist gelb«* be- **Yellow-Strom**
haupten bei Interviews die Menschen auf der Straße. Mit dieser
einfachen, aber einprägsamen Kampagne hat es *Yellow-Strom*
»Gelb. Gut. Günstig.« geschafft, die Nr. 1 im Kopf seiner Zielgruppe
zu werden.

**Farben können als optisches Unterscheidungsmerkmal
zu Mitbewerbern eingesetzt werden. Farben, mit
einer Werbebotschaft verknüpft, eignen sich außerdem
besonders gut zur Visualisierung eines abstrakten
Produktes oder einer Dienstleistung oder auch als
Symbol für eine Marke.**

Key-Visuals sind in unserer überreizten Welt, in der wir nur
durch radikale Selektion bei Verstand bleiben können, eine der
tragenden Speerspitzen, um im Kopf unserer Zielgruppen wahrgenommen zu werden. Verbunden mit einer neuen Kategorie,
die einen realen oder virtuellen Mehrnutzen verspricht, können
wir uns mit Key-Visuals um ein Vielfaches leichter im Gedächtnis
unserer Zielgruppe dauerhaft verankern.

Das Ei des Columbus

1493 wurde zu Ehren von Christoph Columbus
ein Festbankett veranstaltet. Columbus hatte
sich dort der Kritik einiger seiner Zeitgenossen
zu widersetzen, die behaupteten, die Entdeckung
Amerikas sei gar nicht so schwierig gewesen. Columbus jedoch konterte geschickt: »Wenn man
die Antwort kennt, ist jedes Problem leichter
lösbar.« Und um seine Aussage zu beweisen, bat
er die Kritiker, ein Ei »zum Stehen« zu bringen.
Doch nur Columbus selbst gelang dieses Kunst-
stück in der allbekannten Weise.

Als Hewlett Packard ein umfangreiches Paket für
die Installation und Vernetzung von Computer-
systemen für die Zielgruppe kommunaler Verwal-

Titelseite der
HP-Broschüre

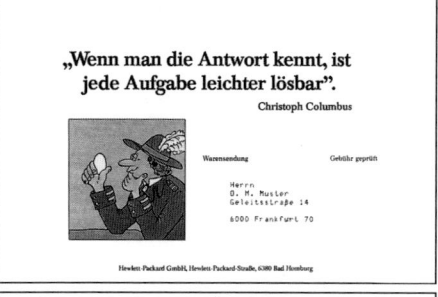

Eine Messeeinladung von HP

Auszüge aus einer HP-Broschüre

tungen einführen wollte, erhielt die Agentur den Auftrag, ein Einführungskonzept zu entwickeln. Neben einer Neupositionierung, mailingunterstützenden Markt- und Bedarfsanalyse und außendienstunterstützenden Maßnahmen musste auch eine Messeeinladung für die Cebit entwickelt werden. Als Key-Visual-Idee setzten wir das *Ei des Columbus* in Sachen kommunale Datenverarbeitung ein.

Die Messeeinladung bestand in einem Anschreiben und einem kleinen Karton mit einer Illustration, der Geschichte und einem Plastikei mit einem dreidimensionalen Puzzle, einer kurzen Erklärung der Geschichte und einer Gewinnnummer für ein wertvolles Geschenk. Das Motto lautete: *»Wie einfach es ist, scheinbar unlösbare Aufgaben zu lösen, wenn man die Antwort kennt, sehen Sie auch an dem Beispiel in diesem Ei.«*

Das *Ei des Columbus* transportierte als Key-Visual auf einfache Weise die Kompetenz von Hewlett Packard als Problemlöser auch für scheinbar unlösbare Aufgaben. Bei allen weiteren Werbeunterlagen stand das *Ei des Columbus* als Symbol für die Lösung im Vordergrund und zog sich wie ein roter Faden durch alle Vorteile und Beispiele. Für eine Broschüre fotografierten wir den Landrat von Passau und Schwester Angelika aus dem Theresien-Krankenhaus mit einem Ei in der Hand. Die Headlines: *»Seit Landrat Kitzlinger das ›Ei des Columbus‹ im Haus hat, ist Bürgernähe in Passau amtlich.«* und *»Seit Schwester Angelika mit dem ›Ei des Columbus‹ arbeitet, geht es im St.Theresien-Krankenhaus himmlisch unbüro-*

kratisch zu.« Die Positionierung über das *Ei des Columbus* war ein großer Erfolg und der Einstieg in ein neues Geschäftsfeld.

Auch kleine und mittelständische Unternehmen können mit Key-Visuals einen Anker im Kopf ihrer Zielgruppe platzieren. **Praktische Nutzbarkeit** Zum Beispiel als Dekoration, als Geschenk bei erfolgreichem Geschäftsabschluss, als nützlicher Gebrauchsgegenstand für die tägliche Arbeit oder als wertvolles Sammlerobjekt wird ein Key-Visual zum sympathischen Dauerwerbeträger. Ein intelligentes, kreatives oder ungewöhnliches Key-Visual muss nicht viel kosten, kann aber sinnvoll eingesetzt eine Menge Werbegelder einsparen.

> **Ein Key-Visual bietet besonders im Kommunikations-Mix von Events, Messen, Anzeigen, Direktmarketing-Aktionen, Preisausschreiben etc.**
> **eine sichtbare Alleinstellung, hohe Aufmerksamkeit, eine schnelle Zuordnung der Marke und Raum für kreative Ideen.**

Der Guru und die Bären

Bücher in Millionenauflage in über 20 Sprachen und seine begehrten Seminare haben Prof. Dr. Lothar J. Seiwert zum Papst der Zeitberater-Branche gemacht. Mehr als 100 000 Menschen haben seine Seminare und Vorträge bereits besucht. Seine Kundenliste liest sich wie ein Who-is-who der Konzern-Giganten: Daimler-Chrysler, IBM, SAP, Hewlett-Packard, Motorola, Rewe, Porsche etc.

Prof. Dr. Lothar J. Seiwert ist laut *Focus* Deutschlands tonangebender Zeitmanagement-Experte und gilt als führender Experte für Zeitsouveränität und Life-Leadership. Weltweit bekannt wurde er mit seinem sehr einprägsamen Key-Visual zum Thema Zeitmanagement, der »Hand mit der zerfließenden Uhr«.

Doch auch das Zeitmanagement unterliegt einer ständigen Weiterentwicklung. Unter dem Markennamen *Life-Leadership* läutete Seiwert eine neue Ära im Zeit- und Lebensmanagement ein. Die Medien berichteten sehr ausführlich über das Thema, und sein Buch *Wenn Du es eilig hast, gehe langsam* war lange Zeit auf der Bestsellerliste. Ein weiterer Baustein ist das Thema »Erfolg ist eine Frage der richtigen Strategie«, wozu er den Buch-Bestseller *Das Märchen vom König Kunde* herausgebracht hat.

Person mit Key-Visual verbinden

Bei diesem ganzheitlichen Buch- und Seminaransatz tauchten zwangsläufig die Fragen auf: Sollte jedes Thema ein eigenes Key-Visual haben? Welches Key-Visual ist oder welche Key-Visuals sind richtig? Was ist zu tun, wenn wieder eine Weiterentwicklung ansteht? Die intelligenteste Lösung bestand darin, die Person als Marke mit einem persönlichen Key-Visual zu verbinden, das Seiwert unverwechselbar macht, das jeder nachhaltig mit ihm in Verbindung bringt und das sich idealerweise mit den Inhalten seiner Managementthemen und Lebensstrategien verbinden lässt.

Die Bären

Seiwerts heimliche Leidenschaft gilt den Bären. Er besitzt eine große Sammlung an Skulpturen, Stofftieren und Büchern über Bären. Sein Haushalt und sein Büro gleichen einem Bären-Zoo. In jedem Winkel stehen, liegen und sitzen Bären. Insider wissen, dass selbst auf seinen Handtüchern, seiner Bettwäsche, sogar auf seinen Strümpfen Bärenmotive sind. In seiner neuen »bärenstarken« Informationsbroschüre verspricht er sogar, dass er jeden, der ihm irgendwo einmal begegnet, ohne dass er einen Bären bei sich hat, zu einem Gläschen Champus einlädt. Online ist er weltweit in Kontakt mit Händlern und Bärenfans und fahndet nach raren Exemplaren von Skulpturen und kuschligen Teddys. Jeder Freund, Kunde oder Seminarbesucher, der ihm etwas Besonderes schenken will, überrascht ihn mit einem bärigen Etwas. Als begeisterter Bärenfan übernahm er gerne eine Braunbären-Patenschaft bei der »Stiftung Europäisches Naturerbe«.

Je länger sich Seiwert mit den Besonderheiten seiner Lieblingstiere beschäftigte, desto mehr fand er Parallelen zu den Themen seiner Seminarinhalte: Bären sind intelligente, individuelle und hoch entwickelte Tiere. Sie sind stark, können schnell reagieren

und laufen, aber auch faul herumliegen. Für Seiwert sind Bären das Symbol für Werte, die wir alle
erhalten sollten: »In unserer hektischen Welt merken wir oft gar nicht, dass wir ein Second-Hand-
Leben führen. Statt zu agieren, re-agieren wir und
lassen uns von anderen leben. Nur wer immer im
Hier und Jetzt lebt, kann die wirkliche Tiefe des
Augenblicks wahrnehmen und genießen«.

Seiwert und Bären –
das neue
Markenzeichen

Aus diesen Gründen wählten wir für Seiwert als Key-Visual einen roten Eisbären, der in Zukunft zu seinem Markenzeichen
werden wird. Der rote Bär kann z. B. als Miniatur zum dekorati-
ven Streuartikel oder als Kundengeschenk eingesetzt oder in li-
mitierter Auflage zum prestigeträchtigen Sammelobjekt angeboten werden. In einer ungewöhnlichen Ruheposition soll er als
Symbol das Thema »Wenn Du es eilig hast, gehe langsam« vi-
sualisieren. Als Give-away und Erinnerung soll der rote Bär,
platziert im Lebensumfeld der Seminarteilnehmer, helfen, die
gelernten Inhalte im täglichen Leben (bewusst und unbewusst)
umzusetzen und eine positive Veränderung zu fördern.

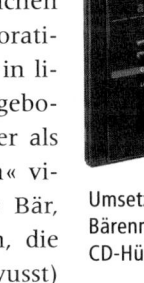

Umsetzung des
Bärenmotivs auf einer
CD-Hülle

Ob im Fernsehen, auf Plakaten, in Zoos oder auf Anzeigen –
überall begegnet man Bären. Wenn jeder, der Seiwert kennt,
beim Anblick eines Bären an ihn denkt, ist das Key-Visual zu einem nachhaltigen Markenzeichen geworden. Seiwert und der
rote Bär wird dann wie die Lila Kuh von Milka zu einem Anker
im Gedächtnis seiner Zielgruppe. Für die Medien ist die Marke
»Seiwert & Bären« eine willkommene Kombination, die hilft, in
einer rationalen Welt eine Verbindung zwischen Seiwert als
emotionalem Menschen und seinen Lehren herzustellen.

Die neue »bären-
starke« Informations-
broschüre

Weiteres Beispiel

Ein Müllheizkraftwerk (ZAS), eine monumentale Müllvernich-
tungsanlage mit Wärmerückkopplung sowie Strom- und Gaser-
zeugung aus Müll, mit einem 100 Meter hohen Kamin mitten in
Darmstadt hatte in der Vergangenheit zu mancher unbegründe-
ten emotionalen Diskussion geführt. Nach wie vor glaubten immer noch einige Bürger, trotz massiver Aufklärung, dass der wei-

ße Rauch, der aus dem Kamin austrat, die Umwelt belastete. Fakt ist aber, dass das, was dort austritt, bei weitem sauberer ist als die Luftverschmutzung durch Abgase von Schornsteinen und Autos.

Jubiläum mit Aufklärungsveranstaltungen

Dies war ein Grund mehr, zum 25-jährigen Jubiläum von ZAS die Bevölkerung einzuladen, aufzuklären und für Sympathie und Verständnis zu werben. Trotz vieler parallel laufender attraktiver Veranstaltungen gelang es mit einem abwechslungsreichen Programm, fast 8000 Menschen für das Jubiläum zu begeistern!

ZAS – Zassi mit Claim

Die Jubiläumsfeier war eine gute Gelegenheit, der Presse und den Bürgern das neu gestaltete Corporate Design mit einem Key-Visual vorzustellen. Der Darmstädter Illustrator Matthes hatte als Symbolfigur für das Müllheizkraftwerk den Zassi entwickelt, einen kleinen Feuerdrachen. Der Claim »Aus Müll wird Energie – der Umwelt zuliebe« brachte das Besondere des Müllheizkraftwerks auf den Punkt.

Ein Sympathieträger für Kinder

Am Eingang, auf den Aktionspostern, in der Kindererlebniswelt, als Aufkleber, auf Luftballons, sogar auf der Speisekarte war der kleine Drachen Zassi präsent, kommentierte in einer Sprechblase die jeweiligen Aktionen und wurde so schnell bekannt. Ein Zaubermalblatt mit dem Zassi und eine illustrative Kurzerklärung des Müllheizkraftwerks verführten Erwachsene und Kinder, sich mit dem »Wunderwerk« Müllverbrennung zu beschäftigen.

Erwachsene und vor allem die Kinder ließen es sich nicht nehmen, sich mit Aufklebern und Zaubermalblättern einzudecken. Jeder hatte »furchtbar viele« Kinder oder Geschwister, die leider nicht mitkommen konnten ... – für den Veranstalter kein unwillkommenes Argument. In Zukunft soll Zassi als Botschafter und Sympathiefigur in allen Broschüren, Geschäftspapieren und sonstigen Kommunikationsmitteln eingesetzt sowie als dreidimensionaler »Oskar« an besonders umweltbewusste Menschen und Firmen öffentlich verliehen werden.

Unberührtes Gebiet

Wenn Sie mit Key-Visuals arbeiten, bewegen Sie sich auf einem fast jungfräulichen Boden. Statt jedes Jahr zu Weihnachten über eine neue Uhr oder ein Handtuch mit Firmenlogo nachzudenken, sollten Sie lieber ein Key-Visual suchen, das Sie immer wieder in veränderter Form und Ausführung als besonderes Präsent überreichen. Jeder freut sich über ein kleines Geschenk. Ideen finden sich fast für jedes Unternehmen, jede Dienstleistung und jedes Produkt.

Achten Sie darauf, dass bei Einsatz von Key-Visuals Ihre Eigenwerbung bzw. Ihr Firmenlogo nicht zu dominant im Vordergrund steht. Denn dann haben Sie eine größere Chance, dass Ihr Markenzeichen auch einen sichtbaren Platz im Umfeld Ihrer Kunden erhält.

Kunden möchten nämlich nicht gerne als Werbeträger missbraucht werden.

Die 11 Vorteile eines Key-Visuals

1. Verknüpft mit einer Werbebotschaft, ist es um ein Vielfaches leichter und kostengünstiger, einen Anker im Gedächtnis seiner Zielgruppe zu setzen.
2. Idealerweise besteht das Key-Visual aus einem Motiv, das den direkten Bezug zum Angebot herstellt.
3. Als Geschenk (Give-away) im Lebens- und Arbeitsumfeld der Zielgruppe platziert, ist ein Key-Visual ein idealer stummer Verkäufer und Imageträger.
4. Durch wechselnde Aktionen wird dies immer wieder aktuell im Bewusstsein der Zielgruppe verankert.
5. In Verbindung mit einem sozialen Engagement oder Sponsoring und engagierten Promis ist PR automatisch gegeben.
6. Je nach Ausführung und Farbe kann ein Key-Visual die Wertigkeit einer Positionierung steigern. Abwechselnd von Künstlern gestaltet, kann es sogar zu einem Sammelobjekt mit Wertsteigerung werden.
7. Ein Key-Visual lässt sich auf allen Kommunikationsmitteln einsetzen, wie Geschäftspapieren, Preisschildern und Verpackungen, Angeboten, Anzeigen etc.
8. Mit einer sympathischen Figur finden Sie besonders leichten Zugang zu der Zielgruppe Kinder (mit Aufklebern, Tattoos, Kuscheltieren etc.).

9. Mit einem Sympathieträger können Sie über eine dritte Person Ihre Werbebotschaft kommunizieren.
10. Key-Visuals lassen sich einsetzen als »Oskar« für den liebsten Kunden, den besten Lieferanten und den geschätztesten Mitarbeiter;
11. als soziale Anerkennung für Institutionen und Vereine, die sich durch ein besonderes soziales Engagement verdient gemacht haben usw.

Der Fantasie für den weiteren Einsatz sind hier keine Grenzen gesetzt. Wichtig ist, dass das Key-Visual immer wieder mit Ihrer besonderen Leistung und Positionierung in Verbindung gebracht wird.

Wie finden Sie das geeignete Key-Visual?

Listen Sie zuerst alle wichtigen und besonderen Stärken und Leistungen Ihrer Marke auf.

Markieren Sie diejenigen, die Ihnen am wichtigsten sind und mit denen Sie sich von Ihren Mitbewerbern unterscheiden.

Sammeln Sie wahllos alle Key-Visual-Ideen. Tierwelt, Natur, Geschichte oder Märchenwelt bieten einen Fundus an Möglichkeiten. Auch aus der Technik lassen sich Ideen ableiten.

Fragen Sie bei einigen Incentive-Agenturen an. Diese haben in der Regel eine große Auswahl auf Lager oder in Katalogen. Ein kreatives Potenzial finden Sie auch in Fachhochschulen für Kunst und Gestaltung. Durchforsten Sie ebenfalls die Incentive-Kataloge.

Eine zwar teure, aber erfolgreiche Möglichkeit besteht darin, die Rechte von bekannten Figuren aus der Zeichentrick-Welt exklusiv für eine bestimmte Zeit zu erwerben, wie es die Telekom mit dem Rosaroten Panther getan hat.

14. Stecken Sie Ihren Claim ab

Das Abstecken eines Claims kann man mit Goldgräbern vergleichen, die meist gegen eine Gebühr die Schürfrechte erwarben und ihre Reviere absteckten, um sich vor anderen zu schützen.

Wenn Sie das Potenzial einer Marke voll entwickeln wollen, müssen Sie Ihre Aktivitäten darauf konzentrieren, im Gedächtnis des Käufers einen Claim bzw. ein Schlagwort zu verankern – einen Claim, der auf Anhieb und unauslöschlich mit Ihrer Marke assoziiert wird und den Ihnen keiner mehr nehmen kann.

Ein Claim kann eine Zusammenfassung und Beschreibung des Nutzens, der Positionierung, der besonderen Anstrengung und des Service, der Zielsetzung, der Zielgruppe oder des Produktes sein. Ein Schlagwort ist die kürzeste Form der Positionierung bzw. des Claims.

Die wirkungsvollsten Worte sind einfach und nutzenorientiert

- Miele schreibt den Begriff »Langlebigkeit« auf seine Fahnen mit dem Claim »*Die Entscheidung fürs Leben*«
- Alka-Selzer steht für »Feiern ohne Reue« mit dem Claim »*Hilft Feste feiern*«

Beispiele für Claims

- Apollinaris steht für »hochwertig« mit dem Claim *»The Queen of Table Waters«*
- Mercedes hat den Begriff »Prestige« besetzt mit dem Claim *»Ihr guter Stern auf allen Straßen«*
- Volvo steht für »Sicherheit« mit dem Claim *»Qualität und Sicherheit«*
- BMW steht für »sportliches Fahren« mit dem Claim *»Freude am Fahren«*
- Porsche steht für Sportwagen mit dem Claim *»Fahren in seiner schönsten Form«*
- Ikea steht für preiswerte Möbel mit dem Claim *»Entdecke die Möglichkeiten«*

Logo und Claim von ProPlast

Logo und Claim von Theresia

ProPlast, ein mittelständisches Unternehmen, das sich auf die Vermarktung von Kunststoffrestmengen spezialisierte, annektierte das Schlagwort »Restmengenbörse« und wir entwickelten den Claim *»Wir kümmern uns um den Rest«*. Saeilo, ein Maschinenhandel für Drehen, Fräsen und Bohren, besetzte das Schlagwort »Technik ohne Kompromisse« mit dem Claim *»Wir laufen für Sie auf Hochtouren«*. Der Schuhhersteller Theresia besetzte den Begriff »bequem« mit dem Claim *»DerVerwöhnDichSchuh«*.

Sobald eine Marke ein Schlagwort besitzt, hat die Konkurrenz das Nachsehen, denn es gelingt fast niemanden, ihr diesen Besitz streitig zu machen. Viele Autohersteller wären gewiss in der Lage, ein Auto herzustellen, das sicherer ist als ein Volvo. Viele Marken haben diese Behauptung aufgestellt, einschließlich Saab und Daimler-Benz. Doch keiner hat es geschafft, das Schlagwort in den Köpfen der Käufer glaubhaft zu besetzen.

Mit dem Grundprinzip: »Du sollst dich mit *einem* Schlagwort zufrieden geben« ist keine der zwei großen Schlagwort-Marken Mercedes und Volvo zufrieden. Seit einigen Jahren haben beide ihren Expansionstrieb nicht bremsen können und begeben sich auf fremde Territorien. Mercedes bemüht sich um die Käufer mit kleinem Budget und Volvo will sich mit Sportwagen ins rechte Licht setzen. Es bleibt abzuwarten, wie die Kunden reagieren.

Jedes Unternehmen sollte seinen Claim abstecken. Selbst ein kleiner Betrieb kann in seinem Umfeld sein Revier mit einem Schlagwort bzw. Claim abstecken und für etwas stehen. Wichtig ist, dass man eine Nische entdeckt und sie konsequent und kontinuierlich kommuniziert.

In der Beschränkung liegt die Stärke

Die Konzentration auf nur ein Schlagwort ist das größte »Opfer«, das Unternehmen im Marketing- und Branding-Denken abverlangt wird. Dahinter steckt die allgemeine Angst, dass man sich in eine Ecke manövriert, die eine Diversifikation erschwert. Diversifikation ist jedoch gar nicht sinnvoll, denn, wie im Kapitel 4 ausgeführt, es ist die Spezialisierung, die zum Erfolg führt.

Das notwendige Opfer

Um sich einen Platz im Gedächtnis der Käufer zu sichern, müssen Sie jedoch bereit sein abzuspecken. Sie sollten einen einzigen Gedanken oder ein charakteristisches Merkmal aus der Essenz Ihrer Marke herausfiltern und damit Ihren Claim abstecken. Es sollte ein Merkmal sein, das noch kein Mitbewerber in Ihrer Produktkategorie für sich in Anspruch genommen hat.

Erwachsene haben im Durchschnitt die Bedeutung von 50 000 Begriffen in ihrem Gedächtnis gespeichert. Wenn man bedenkt, dass es mehr als eine Million eingetragener Warenzeichen gibt, so ist das eine sehr geringe Kapazität. Auch deshalb ist die Konzentration auf *ein* Merkmal wichtig. Wissen Sie, wie viele verschiedene Stärken bzw. Merkmale Ihre Kunden sich merken sollen? Testen Sie doch mal Ihre Mitarbeiter. Kennen sie alle besonderen Stärken und Merkmale?

Nur ein Merkmal

Was ein Claim ausdrücken soll

Außer sich von Ihren Mitbewerbern abzusetzen, sollte Ihr Claim auch noch die Stärke und Vorteile Ihrer Marke für Ihre Zielgruppe beschreiben. Wenn Sie einen Claim gefunden haben, sollten

Sie ihn zum Mittelpunkt Ihrer Kommunikation machen, bis er unauslöschlich im Kopf Ihrer Zielgruppe verankert ist. Dann sollte er zum festen Bestandteil Ihres Absenders werden – nämlich direkt neben oder unter Ihrem Logo. Platzieren Sie ihn auf jeder Visitenkarte, auf Briefpapier, Broschüre, Rechnung, Produkten, Verpackung etc. stehen.

Sie werden mit einem Claim oder Schlagwort nicht immer eine Nische besetzen können. Versuchen Sie aber immer einen Claim zu finden, der aus Ihrer Sicht oder aus Sicht des Kunden direkt oder indirekt ein bestimmtes Versprechen, ein Gefühl, eine Qualität etc. ausdrückt, wie in den folgenden Beispielen.

Herrenwald-Türen

Tür an Tür mit

Logo von Röse

- Alfa Romeo – *»Fahren aus Leidenschaft«*
- Nescafé – *»Ich bin so frei«*
- Licher Bier – *»Aus dem Herzen der Natur«*
- Dr. Oetker – *»Qualität ist das beste Rezept«*
- Commerzbank – *»Die Bank an Ihrer Seite«*
- Lucky Strike – *»Lucky Strike – Sonst nichts«*
- Osram – *»Hell wie der lichte Tag«*
- Otto *»... find ich gut«.*

Beispiele von kleinen und mittelständischen Unternehmen, die ihren Claim abgesteckt haben:

- Müllheizkraftwerk Darmstadt – *»Aus Müll wird Energie – der Umwelt zuliebe«*
- Türenhersteller Röse – *»Tür an Tür mit der Natur«*

Das wirkungsvollste Schlagwort ist ein Gattungsname

Kleenex   Kleenex war das erste Papiertaschentuch auf dem amerikanischen Markt. Bevor Kleenex kam, gab es keinen Markt für Papiertücher. Wer als Erster kommt, mahlt zuerst. Kleenex wurde uneingeschränkt zum Gattungsnamen für Papiertaschentücher in Amerika. Keiner der zahlreichen Konkurrenzmarken hat es bisher geschafft, Kleenex den Markt streitig zu machen. Wenn jemand eine Packung einer anderen Marke auf dem Tisch liegen sieht und trotzdem sagt: »Kannst du mir bitte ein Kleenex geben«, wird deutlich, dass die Marke sich als Gattung in den Köpfen der Verbraucher fest verankert hat.

Was in Amerika Kleenex ist, ist in Deutschland das *Tempo*-Taschentuch. Kleenex hat es zwar nicht geschafft, in Sachen Papier*taschen*tücher *Tempo* den deutschen Markt streitig zu machen, aber in Sachen Papier*hand*tücher ist Kleenex in Deutschland ein Gattungsbegriff geworden.

Tempo

Viele Produktnamen benutzen wir ganz selbstverständlich stellvertretend für eine ganze Produktgattung: »Bring mir mal Tesa mit.«, »Wo sind die Q-Tipps?«, »Haste mal 'ne Coke?«, »Jetzt 'nen kühles Selters.«, »Bestell mal den Overnight!« usw. Das Erfolgsgeheimnis dieser Marken liegt auf der Hand: Sie waren zuerst auf dem Markt, und wer zuerst kommt, steckt seinen Claim ab. Ein weiterer Vorteil:

Wenn ein Gattungsname stellvertretend für eine ganze Produktgattung benutzt wird, ist das die beste und billigste Werbung der Welt.

Federal Express hat als erstes Luftfrachtunternehmen erfolgreich seine Angebotspalette eingegrenzt und sich auf die Haus-zu-Haus-Lieferung von Dokumenten- und Paketsendungen »spätestens bis zum nächsten Morgen« konzentriert. Mit diesem Coup gelang es ihm, das Schlagwort »Overnight« für sich zu pachten und im Gedächtnis der Käufer zu verankern. FedEx ist inzwischen zum Synonym für Blitzzustellungen geworden.

Federal Express

Mit einem neuen Claim stecken Sie das »Gebiet« Ihrer Marke ab. Daher sollte er sich auf ein wesentliches Merkmal konzentrieren und durch ständige Wiederholung in den Köpfen der Kunden verankert werden. Wer in einem Marktsegment als Erster seine Marke mit einem Claim etabliert, hat die Chance, dass der Produktname zum Gattungsnamen wird.

Zusammenfassung

Wie Sie einen Claim bzw. ein Schlagwort finden

1. Listen Sie all Ihre besonderen nutzenorientierten Alleinstellungsmerkmale Ihres Produktes oder Ihrer Dienstleistung auf.

_____

_____

2. Bewerten Sie diese jetzt aus der Sicht Ihrer Zielgruppe.
Welche Alleinstellungsmerkmale könnten für Ihre Zielgruppe eine besondere Relevanz haben?

_____

_____

3. Listen Sie alle Alleinstellungsmerkmale Ihrer wichtigsten Mitbewerber auf.

_____

_____

4. Vergleichen Sie jetzt Ihre mit denen des Wettbewerbs, und markieren Sie diejenigen, die noch nicht besetzt sind.

_____

_____

5. Achten Sie darauf, dass Ihr Schlagwort sich besonders scharf auf einen einzigen Brennpunkt konzentriert.

_____

6. Holen Sie sich ein Feedback Ihrer Zielgruppe, bevor Sie mit Ihrem neuen Schlagwort eine Nische in Anspruch nehmen.

_____

15. Ihr Erscheinungsbild entscheidet, was andere von Ihnen denken

Jede Person kleidet sich nach einem bestimmten Stil und hat dadurch ein unverwechselbares Erscheinungsbild. Wenn wir einem anderen Menschen begegnen, entscheiden wir ganz unbewusst, in welche Schublade wir jemanden stecken. Ist der andere sympathisch oder unsympathisch, seriös oder unseriös usw.? Dieser erste Eindruck bleibt so lange gültig, bis uns jemand vom Gegenteil überzeugt hat – und das kann für manchen ganz schön aufwendig sein. Wir alle können uns diesem unbewussten Schubladendenken nicht entziehen.

Der erste Eindruck

So wie wir Menschen vor-urteilen, so vor-urteilen wir auch Unternehmen und Produkte.

Das Sprichwort »Kleider machen Leute« kann man in der Unternehmensdarstellung mit dem Sprichwort »Corporate Designs machen Unternehmen« ergänzen. Corporate Design macht Ihr Unternehmen glaubhaft. Ein Unternehmen sollte ein unverwechselbares Erscheinungsbild und einen stimmigen Auftritt haben. Dieses Erscheinungsbild besteht in den Köpfen all derer, die mit dem Unternehmen oder der Organisation zu tun haben, einschließlich der Belegschaft, der Kunden, potenziellen Kunden und der Medien.

Tedia-Net in gängiger Schrift und als Wortmarke

Ein Unternehmen wird immer in seiner Gesamtheit wahrgenommen

Das Logo der EKS wirkt klar und auf Wesentliches reduziert

Logo eines Patentvermarktungsunternehmens

ZAS – ein Müllheizkraftwerk wirkt durch das neue Logo jünger

Schlechtes Design = schlechtes Image

Das gesamte Erscheinungsbild wird immer in Beziehung gesetzt zu der Frage: »Was ist das für ein Unternehmen?« Das Design kann ein Unternehmen groß oder klein, professionell oder unseriös erscheinen lassen. Durch einen professionellen Auftritt ist schon so mancher Zwei-Mann-Betrieb als große Firma erkannt worden, und so manche mittelständische Firma musste ihre Glaubwürdigkeit erst beweisen.

Wie beurteilen Sie ein Unternehmen, dass Ihnen in einem Mailing glaubhaft machen will, es könne Ihre Probleme als erfolgreicher Experte lösen, obwohl das Logo aus einer ganz normalen Schrift schwarzweiß gesetzt ist und sich von der Kopie nur darin unterscheidet, dass es etwas größer ist? In welcher geistigen Schublade landet dieses Anschreiben? Kürzlich erhielt ich einen ganz persönlichen Brief von dem Vorstand eines Inkasso-Unternehmens: ein Paradebeispiel persönlicher Missachtung und mangelnder Wertschätzung. Der »Vorstands-Brief« war samt Unterschrift eine Schwarzweiß-Kopie des farbigen Originalbriefbogens, nur mein Name wurde nachträglich eingesetzt. Mir war sofort klar, dass dieses Unternehmen kurz vor dem Konkurs stand.

Eine wichtige und tragende Säule in der Positionierung und Kommunikation ist Ihr Erscheinungsbild. Unterschätzen Sie diesen Faktor nicht!

Wer seinem Erscheinungsbild keine Qualität abverlangt, darf auch nicht erwarten, dass man seinem Produkt glaubt. Was aber noch viel bedeutender ist: Bei einem minderwertigen Erscheinungsbild liegt die Vermutung nahe, dass man sich um das Unternehmen Sorgen machen muss.

Die Sorgfalt, die Sie Ihren Geschäftspapieren widmen, spiegelt die Sorgfalt wider, die Sie Ihrem Geschäft widmen.

Verwenden Sie deshalb das teuerste Papier, das Sie sich leisten können. Ihr Briefbogen und Ihre Visitenkarte sollten Ihren Namen sowie Ihre Adresse, Telefonnummer, Faxnummer, Email- und Internetadresse angeben. Ihre Papiere sollten auch Ihre Positionierungsaussage bzw. Ihren Claim und das, was Sie anbieten, enthalten. Ergänzend zu einer Positionierungsaussage können Sie Ihre Dienstleistungen oder wichtigsten Produkte in Kurzform auflisten. Vermeiden Sie jedoch unnötige Werbung auf dem Versandumschlag. Wir werden täglich mit Mailings bombardiert und das, was zum tausendsten Mal nach Werbung aussieht, landet sehr schnell ungeöffnet im Papierkorb – auch wenn eine Rechnung beiliegt.

Was sind Corporate Design (CD) und Corporate Identity (CI)?

Das Corporate Design umfasst die Gesamtheit der visuellen Gestaltungselemente eines Unternehmens vom Logo und typographischen Stil bis hin zu Beschriftung und räumlichem Design.

Das Visuelle und das Verhalten

Corporate Identity oder auch Corporate Image dagegen umfasst nicht nur diese visuelle Erscheinungsform, sondern auch die unsichtbaren Elemente: das Verhalten im Hinblick auf soziale, geschäftliche und politische Angelegenheiten, z.B. das Verhalten der Mitarbeiter untereinander und im Kontakt mit dem Kunden, der Stil der Korrespondenz und der Auftritt des Unternehmens nach außen.

Das Logo

Das Logo oder Signet als Teil der Corporate Identity hat einen hohen Wiedererkennungs- und Erinnerungswert. Es steht ebenso für die Unternehmensleistung bzw. das Produkt wie für die Unternehmenspersönlichkeit als solche. Um das »richtige« Logo zu entwickeln, müssen im Vorfeld die wichtigsten Kriterien bekannt sein. Kenntnisse über die Firmenphilosophie sind dabei ebenso bedeutsam wie Kenntnisse über die angebotenen Produkte, Dienstleistungen und Zielgruppen des Unternehmens.

Wichtige Voraussetzungen

Eingefügt in das Gesamtkonzept der Corporate Identity bzw. des Corporate Designs ist das Logo auch ein Instrument, um die gegebenen sowie beabsichtigten Imagefaktoren des Unternehmens transparenter zu machen.

Eindeutigkeit und Originalität

Das Logo sollte eine einfache Struktur aufweisen und keine Rätsel aufgeben, im Sinne von: »Was wollte der Künstler uns damit sagen?« Es sollte also eindeutig in seiner Aussage und somit auch leicht erkennbar sein. Dennoch muss das Logo sich gegen Konkurrenzbilder abgrenzen. Dies kann durch Originales erreicht werden, das aber nicht mit Originellem verwechselt werden darf, sondern sich im Sinne von Unverwechselbarkeit versteht – unverwechselbar im Vergleich zur Konkurrenz und auch in Hinsicht auf die unternehmenseigenen Begleitsymbole.

Nicht zuletzt sollte ein Logo auch noch leicht zu realisieren sein (z. B. über Druck- oder Computer-Technik), und zwar zum einen, um die Produktionskosten im Rahmen zu halten, zum anderen, um seine Wirksamkeit auch bei Abwandlungen (Verkleinerungen / Vergrößerungen, farbigen oder schwarzweißen Reproduktionen) noch erhalten zu können. Ebenso sollte eine gute Übertragbarkeit auf Geschäftspapiere gegeben sein.

Die Umsetzung hierfür kann sowohl in Wort als auch in Bild bzw. einer Kombination beider erfolgen: Reine Wortmarken bieten die Möglichkeit der grafisch-typographischen Originalität und beschränken sich im Wesentlichen auf das Gelesenwerden.

Bildmarken erreichen ihre Akzeptanz über symbolische Vorstellungsvorgaben (ein Bild sagt mehr als tausend Worte). Bei der Verknüpfung von Wort- und Bildmarken können beide Wirkungsfaktoren genutzt werden. Weitere Informationen finden Sie in Kapitel 13: »Wie ein Key-Visual zu einem Markenzeichen wird«.

Verschiedene Logos

Corporate Design – die Visualisierung einer Unternehmensphilosophie

Besonders im Zeitalter der Reizüberflutung ist es wichtig, eine Firmen- bzw. Markenpersönlichkeit aufzubauen, die anhand ihres Auftritts in Sekundenschnelle zu identifizieren ist.

Eine durchgängige CI-/CD-Botschaft macht Ihr Unternehmen unverwechselbar und verbessert die Wiedererkennung und das Erinnerungsvermögen.

Das Corporate Design symbolisiert den Zeitgeist, der durch die CI der Zeit angepasst wird und durch die Visualisierung Kontinuität und Wiedererkennbarkeit erhält. Ein Logo wird nicht als geometrische Form wahrgenommen, sondern als Symbol einer Philosophie. Auch das gesamte formale Gestaltungsraster trägt zur Wiedererkennbarkeit bei und gibt jedem eine gewisse Orientierungshilfe. Eines der herausragenden Beispiele für konsequente CI/CD ist Mercedes. Mit dem unverwechselbaren Gestaltungsraster und der typographischen Anordnung ist der Absender in einer Anzeige auch ohne Logo erkennbar.

CI und CD können Kaufentscheidungen beeinflussen und das Selbstbild erweitern

Jede Begegnung mit dem Corporate Design / der Corporate Identity eines Unternehmens kann zu einem positiven Erlebnis der Kompetenz und des Charakters des Unternehmens werden. CD und CI können Kaufentscheidungen bestätigen und helfen der Zielgruppe, ihr persönliches Image / ihr Selbstbild zu erweitern.

Verschiedene Logos

Überprüfen Sie Ihr Corporate Design

	ja	nein

1. Ist Ihr Logo unverwechselbar, und entspricht es dem Zeitgeist?

2. Haben Sie alle wichtigen Informationen auf Ihren Geschäftspapieren (Adresse, Telefonnummer, Faxnummer, Email- und
Internetadresse)?

3. Ist die Gestaltung Ihres Logos klar und einfach, so dass es auch,
per Fax versendet, keine neue Form ergibt und erkennbar bleibt?

4. Könnte eine Wort-Bildmarke als Symbol die Wirkung verstärken,
die Sie erreichen wollen?

5. Haben Sie Ihr Logo als Marke und Domainname national und
international schützen lassen? (Vgl. dazu Teil 2 des Buches)

6. Zieht sich Ihr Logo konsequent wie ein roter Faden durch alle
Kommunikationsmittel wie die Ausstattung Ihrer Geschäftsräume,
Außenreklame, Druckwerke, Messeauftritt, Verpackungen etc.?

7. Korrespondiert Ihr Logo mit der Unternehmensfarbe, ohne an
Bedeutung zu verlieren?

8. Haben Sie eine Typographie gewählt, die auch im nächsten
Jahrzehnt noch Bestand hat?

9. Symbolisiert Ihr Corporate Design ein großes und erfolgreiches
Unternehmen?

10. Haben Sie eine Philosophie, einen Leitsatz, ein Credo entwickelt, die
über der Geschäftspolitik, den ethischen Grundwerten und dem
Umgang mit den Partnern nach außen wie auch nach innen stehen?

11. Entspricht der Kontakt zu Kunden, Ihrer Mitarbeiter untereinander,
der Stil der Korrespondenz und die Reaktion bei Beschwerden den
gesetzten CI-Zielen?

12. Steigert Ihr CD und Ihre CI die Glaubwürdigkeit und Kompetenz des
Unternehmens?

13. Ist Ihre Positionierungsaussage bzw. Ihr Claim und das, was Sie
anbieten, implizit im Logo enthalten?

Was ist das für ein Unternehmen?

Wenn Sie eine unabhängige und neutrale Rückmeldung erhalten wollen, empfehle ich Ihnen einen Test. Erstellen Sie ein Blatt mit Ihrem Logo und sonstigen gestalterischen Elementen, ohne dass Ihre Tätigkeit erkennbar wird, und fragen Sie Menschen, die Ihr Unternehmen nicht kennen. Studenten, Schüler und Menschen auf der Straße lassen sich gerne auf solch einen Test ein. Erstellen Sie eine Bewertungsliste mit möglichen geschlossenen oder offenen Antworten. **Test**

- Wie groß ist das Unternehmen Ihrer Schätzung nach?
- Was stellt es her bzw. welches Produkt passt zu dem Unternehmen?
- Wirkt es kompetent?
- Ist es ein erfolgreiches Unternehmen?
- Ist es sympathisch oder unsympathisch?

Achten Sie auch in Zukunft ganz bewusst auf das Erscheinungsbild anderer Unternehmen, vor allem solcher, die Sie nicht kennen. Stellen Sie sich selbst die Frage: »Was ist das für ein Unternehmen?«

Wenn Sie im Kopf Ihrer Zielgruppe die Nummer eins werden wollen, sollten Sie nicht beim ersten Kontakt schon als die zweite Wahl auftreten.

16. Unterscheiden Sie sich durch Farben

Farben identifizieren Produkte

Die Kontinuität der Farbgebung unterstützt in einer nicht zu unterschätzenden Weise den Markenprozess. Die Farbe hilft nicht nur, ein Produkt schneller von anderen zu unterscheiden, sondern kann langfristig ebenfalls dazu beitragen, dass sich eine Marke unauslöschlich in unseren Köpfen verankert. Vor allem bei Produkten wie Strom oder Gas oder bei Dienstleistungen, die man nicht anfassen kann, bieten Farben eine ideale Möglichkeit zur Unterscheidung. Manche Unternehmen, deren Produkt man nicht sehen oder anfassen kann, gehen noch einen Schritt weiter: Sie identifizieren ihr Produkt mit einer Farbe, so wie *Yellow-Strom* Elektrizität mit der Farbe Gelb verknüpft hat.

Die Wirkung der Farben ist tief in uns verwurzelt

Die Reaktion auf Farben

Der Mensch reagiert nicht nur rational, sondern in sehr starkem Maße auch emotional auf Farben. Die Wirkung von Farben auf den Menschen ist dabei evolutions- und naturbestimmt. Über Jahrtausende hat der Mensch in natürlicher Umgebung farbige Sinnzusammenhänge gelernt, neu interpretiert und durch kulturelle Einflüsse verändert. Wir verfügen dadurch über ein farbiges Vokabular, das uns als schnelle Orientierungshilfe im täglichen Leben dient. Farben lösen in uns Stimmungen und Gefühle aus. Angefangen von den täglichen Reizen bis hin zu den vier Jahreszeiten unterliegen wir ständig einem Wandel an Gefühlen und Stimmungen. In den farblich armen Jahreszeiten leiden mehr

Menschen an Depressionen als in den farbigen Zeiten wie Frühjahr und Sommer. Durch Farben wird der Mensch manipulierbar im positiven wie im negativen Sinn.

Welche gewichtige Rolle Farben als Signal, Gestaltungselement, Verhaltenssteuerung und Manipulationsinstrument spielen, wird daran deutlich, dass etwa 80 % aller Informationen optischer Natur sind. Die Welt ist nicht nur bunt – Farben sind vielmehr »visualisierte Gefühle«. In der modernen Kommunikation spielen neben der Idee und der inhaltlichen Aussage die psychologische Anmutungsqualität und die erreichbaren Wirkungen von Farb- und Gestaltungsprozessen eine wichtige Rolle beim Aufbau einer Marke.

Eine Marke sollte sich grundsätzlich von ihrem größten Konkurrenten farblich abheben.

Ein Tiffany-Schmuckbehältnis hat ein unverwechselbares Blau. Mit dieser klaren und einfarbigen Entscheidung hat Tiffany eine erstklassige Chance genutzt, den Markennamen durch seine weithin bekannte Farbe hervorzuheben.

Mit dem Merkmal Farbe zu arbeiten ist ein sensibler Prozess und erfordert ästhetisches Feingefühl. Unser Wortschatz bietet uns eine Fülle an Möglichkeiten, um einen einzigartigen, unverwechselbaren Namen zu schaffen. Farben gibt es leider jedoch nur eine Hand voll. In der Regel werden hauptsächlich die fünf bunten Farben (Primärfarben) wie Gelb, Orange, Rot, Grün und Blau sowie die unbunten Farben wie Schwarz, Weiß und Grau genutzt. Schattierungen oder Farbmischungen erfordern ein besonderes Fingerspitzengefühl.

Die Farbwahl erfordert Feingefühl

Die Bedeutung der Farben

Farben haben eine bestimmte und tief verwurzelte symbolische Bedeutung und beeinflussen unsere physische Empfindung. Rot z. B. ist eine aggressive Farbe. Sie ist die Farbe der Energie, Dominanz und Affekte. Bei etwa 45 Prozent aller Nationalflaggen hat

Rot und Blau

Rot eine dominante Stellung. Blau hingegen finden wir gerade bei 20 Prozent aller Nationalflaggen. Die Kontrastfarbe zu Rot ist Blau. Nivea hat beispielsweise die Farbe blau für sich reserviert. Blau strahlt Ruhe, Vertrauen und Frieden aus. Blau ist auch eine zurückhaltende Farbe. Blau ist die Farbe von Unternehmen wie IBM, Hewlett Packard, Hoechst etc. und soll das Gefühl von Stabilität und Sicherheit vermitteln.

In der Welt der Marken dominiert die Farbe Rot (Coca-Cola, Marlboro etc.). Sie ist die Farbe des Handelns und soll die Aufmerksamkeit auf einen bestimmten Punkt fokussieren. Vor allem bei Sonderangeboten, wichtigen Hinweisen und Displays wird die Farbe Rot gerne eingesetzt.

Gelb Gelb gehört zwar zu den grellsten Farben, gilt aber auch als neutral. In der Kombination mit schwarzer Schrift ist Gelb die kontrastreichste Farbe. Deshalb wird sie bei Orts- und Richtungsschildern eingesetzt oder um auf Gefahren aufmerksam zu machen, beispielsweise bei Ampeln, Markierungslinien auf den Straßen, Warnschildern usw.

Farben sind Sinnbilder für bestimmte menschliche Attribute, Ereignisse und politische Bewegungen.

Weiß und Schwarz Weiß steht für Unschuld und Reinheit, wie an Brautkleidern erkennbar. Schwarz ist die Farbe des Luxus. In der Kombination mit Gold steigert es die Wertigkeit. Blau ist die Farbe der Sieger, und Purpur ist die Farbe der Könige und hoher kirchlicher Würdenträger. Grün ist die Farbe der Umwelt und Gesundheit, wie sich an Greenpeace oder am Grünen Punkt zeigt.

Der Kontrast zum Wettbewerb

Wenn Sie ein neues Pionierprodukt oder eine neue Kategorie auf den Markt bringen, haben Sie freie Auswahl und können sich für eine Farbe mit dem größten Symbolgehalt entscheiden. Hertz, die erste Marke und die Nummer eins im Mietwagenbereich, entschied sich für die Farbe Gelb. Avis, die Nr. 2, wählte als Kontrast Rot. Kodak ist gelb, und Fuji ist grün. Aral ist blau, und Esso ist rot.

Die Zweiten in einer Branche folgten der zwingenden Logik, sich farblich vom Produkt ihres größten Konkurrenten abzuheben. Pepsi-Cola brauchte fast ein halbes Jahrhundert für diese Entscheidung. Cola ist ein rötlich braunes Getränk, was der Grund sein dürfte, warum Coca Cola seit mehr als hundert Jahren mit der Farbe Rot für seine Produkte wirbt. Pepsi-Cola machte anfangs den Fehler, ebenfalls die Farbe Rot in Kombination mit Blau zu benutzen: Rot als Symbol des colahaltigen Getränkes und Blau, um sich deutlich von Coca Cola zu unterscheiden. Erst nach fünfzig Jahren harten Wettbewerbs entschied man sich im Konzern, auf Kontrastkurs zu gehen. Pepsi-Cola wurde blau.

Kampf um die Farbe

Burger King hat es bis heute nicht geschafft, sich mit einem klaren Farbkontrast von seinem stärksten Konkurrenten und Marktführer McDonald's abzusetzen. Gelb und Rot sind die Farben, mit denen die meisten McDonald's und Burger King beschreiben. Burger King kombinierte das Goldgelb des Hamburger-Brötchens mit dem Orangerot von Hackfleisch.

Eine einzige Farbe ist immer eine sehr gute Voraussetzung, um eine Marke nachhaltig im Kopf der Zielgruppe zu platzieren. Die begrenzte Auswahl an Farben lässt aber durchaus stichhaltige Gründe für ein mehrfarbiges Design zu. Um seine Lieferungen auf dem Schreibtisch der Empfänger schon von weitem kenntlich zu machen, entschied sich Federal Express, der erste Overnight-Paketzusteller, die beiden grellsten Farben, Orange und Violett, zu kombinieren.

Ein- oder mehrfarbig?

In einer Welt, in der allerorts Chaos herrscht, ist die Kontinuität der Farbgebung eine wichtige Orientierungshilfe und kann langfristig dazu beitragen, den Weg einer Marke in die Köpfe der Käufer zu festigen.

Indem man eine Farbe standardisiert und sie im Laufe der Jahre konsequent verwendet, baut man eine starke visuelle Präsenz auf. Verleihen Sie Ihrer Marke Größe, indem Sie ihr Farbe geben.

Bekennen Sie Farbe

Welche Farbe hat Ihr Unternehmen, und wie dominant wird sie eingesetzt?

_____

_____

Steht Ihre Farbe unverwechselbar in Kontrast zu der Ihrer Konkurrenten?

_____

_____

Welche Farben haben Ihre Konkurrenten und wie stark und deutlich werden
sie eingesetzt?

_____

_____

Welche Symbolwirkung hat Ihre Firmenfarbe?

_____

_____

Wie und wo könnten Sie in Zukunft Ihre Firmenfarbe als Unterscheidungsmerkmal und starke visuelle Präsenz noch besser nutzen?

_____

_____

Könnte Ihre Farbe auch zu einem Markenzeichen werden? (Ytong ist gelb,
UPS ist braun, die Post ist gelb, die Telekom ist magenta und grau etc.)

_____

_____

17. Geben Sie Ihrem Kind einen Namen – den richtigen Namen

Die Summe aller Dinge ist es, die ein Produkt erfolgreich macht. Der richtige Name ist dabei ein ausschlaggebender Faktor.

Jede Person sowie jedes Produkt, jede Dienstleistung und jedes Unternehmen hat einen Namen. Wäre es nicht so, würde man sie schlichtweg nicht kennen oder Gleichartiges nicht unterscheiden können. Wenn ein Gesprächspartner unter dem gleichen Namen wie z. B. Nivea, Volvo oder Aldi dasselbe versteht wie man selbst, hat der Name eine Bedeutung erhalten. Jeder weiß, was dieser Name bedeutet und kann ihn problemlos einordnen und erklären. Grundsätzlich dienen Namen der Identifizierung, der Differenzierung und Zuordnung.

Namen zur Wiedererkennung

Namen sind darüber hinaus auch soziale Indikatoren. Wenn ein Mann eine Rolex und einen Bossanzug trägt, einen Bentley fährt und Chivas trinkt, vermittelt er einen völlig anderen Eindruck als ein Mann, der eine Swatch und C&A-Kleider trägt, einen Mazda fährt und Mariacron trinkt. In beiden Fällen bewirken die Markennamen und die damit verbundenen Vorstellungswelten die unterschiedlichen Einschätzungen der Personen.

Namen sind Botschaften, Philosophien und Konzepte, die im Kopf der Verbraucher konkret in einer Schublade abgelegt wurden und jederzeit aktivierbar sind.

Wenn Namen Persönlichkeiten werden, steigt ihr Wert

Der gute Name als Aktivposten

Namen können enorme Vermögenswerte bilden. Der Name Coca Cola wird heute auf ca. 80 Milliarden Mark geschätzt, Marlboro auf 78 Milliarden und Hewlett Packard auf 26 Milliarden. Doch nicht nur die großen Markennamen haben große Werte. Nach dem Konkurs von Bama-Schuhen lag das Angebot für den Namen immerhin noch bei 5 Millionen Mark.

Wenn ein Markenname eine intensive Identifikation mit Produkt, Unternehmen oder Dienstleistung auslöst oder die Erwartungshaltung der Verbraucher sogar noch übertrifft, ist er eine der besten Kapitalanlagen des Unternehmens.

Oft werden Unternehmen von anderen übernommen wegen des Namens und der damit verbundenen Markentreue eines Käuferpotenzials.

Name und Kapital

In einer Broschüre von Johnson & Johnson heißt es: »Name und Warenzeichen unserer Firma sind mit Abstand unsere wertvollste Aktiva.« Ein einziges Warenzeichen ist also häufig wertvoller als alle anderen Aktivposten eines Unternehmens zusammen. Wenn Sie ein neues Produkt entwickeln und dafür einen neuen Namen suchen, dann sollten Sie auf professionelle Hilfe nicht verzichten. Denn von einem einmal eingeführten Namen kann Ihre Zukunft abhängen, und er kann nur unter großen Mühen verändert werden. Die richtige Namensgebung ist ein wesentlicher Bestandteil des Brandings.

Ein Markenname hat einen virtuellen Wert

Der Name transportiert das Produkt

Ein Markenname hat einen virtuellen, nicht rationalen Wert. Ein rationaler Wert ist das pure Produkt selbst. Während ähnliche Produkte bei Blindtests häufig verwechselt werden, ist dies bei Namen nicht der Fall. Wenn Sie ein neues Produkt mit einem neuen Namen in den Markt bringen wollen, müssen Sie von Anfang an alle Faktoren, die das Produkt vom Wettbewerber differenziert, konkret definieren. Dazu gehören: Produktidee, Zielgruppen, konkrete, psychologische Nutzenversprechen, Alleinstellungsmerkmale, Positionierung, Preis, Produktdesign und alle anderen Elemente des Marketing-Mix. Am Ende ist dann der Name nicht mehr und nicht weniger als die kürzeste Verbindung bzw. der Transporteur des gesamten Wertepaketes und die Summe aller Maßnahmen.

Ein Produkt kann sich verändern, aber der Name nicht

Wissen Sie noch, wie Sie vor zehn Jahren zu einem festlichen Anlass gingen? Und wie gehen Sie heute? Ihre Kleidung hat sich (hoffentlich) geändert, aber Ihre grundsätzliche Identität nicht. Die Welt und auch die Werte ändern sich und damit zwangsläufig auch das Design, die Werbekonzepte, der Preis und das Produkt selbst. Marken wie Nivea, Maggi, Palmolive, Rama, HB, Priel etc. haben im Laufe ihres Daseins über Jahrzehnte ihr Erscheinungsbild verändert. Jedes Produkt muss sich seiner Zeit anpassen oder idealerweise seiner Zeit voraus sein. Einzig und allein der Name verändert sich nicht und garantiert die Identität und die Seele des Produktes. Menschen verbinden mit Namen sehr konkrete Vorstellungen und Gefühle.

Neues Erscheinungsbild, derselbe Name

> **Namensänderungen sind höchst sensible Entscheidungen und bedeuten in der Regel eine neue Identität.**

Geben Sie Ihrem Produkt den richtigen Namen

Es kommt darauf an, für welchen Namen man sich entscheidet. Die Märkte haben sich geöffnet und die Kommunikation per Internet und anderen Medien hat schon so manchem kleinen Unternehmer erfolgreiche Geschäfte mit anderen europäischen oder internationalen Kunden ermöglicht. Das hat zur Folge, dass das Unternehmen auch international funktionieren muss.

Internationalisierung erfordert neue Namen

Ein Name, der in einer anderen Sprache eine negative Bedeutung hat, kann zur Folge haben, dass Sie unterschiedliche Namen verwenden oder einen anderen Namen finden müssen.

Nova ist zum Beispiel ein ungeeigneter Name für ein Auto, das in Spanien angeboten wird, denn auf Spanisch heißt »no va«: »Es geht nicht«.

Wie Sie den richtigen Namen finden

Ablauf der Namensfindung Der akute Mangel an verfügbaren Markennamen stellt heute ein zentrales Problem in vielen Marketingabteilungen dar. Hinzu kommt die schiere Masse an schon existierenden Namen, was die Sache nicht einfacher macht.

Sammeln Sie in Gruppendiskussionen und im Brainstormingverfahren Namensvorschläge. Namen, mit denen man spontan nichts anfangen kann, sind nicht unbedingt schlecht, sondern neu. Namen wie Kodak, Vectra oder Megane bekommen erst dann eine Bedeutung, wenn man den Namen mit dem Produkt sieht und erlebt.

Nachdem Sie eine Auswahl getroffen haben, lassen Sie Namen von einem Muttersprachler auf Aussprache und mögliche falsche oder negative Assoziationen ganz neutral überprüfen, nicht beurteilen. Wenn nach der Sprachprüfung keine echten Probleme erkennbar sind, kommt der schwierige Teil der Beurteilung.

Namenstests Die Namensentscheidung ist ein rationaler, emotionaler und intuitiver Prozess, der die Seele des Produktes und die der Verbraucher berücksichtigen sollte. Wenn Sie einen Namenstest durchführen wollen, vermeiden Sie die Frage, welcher Name am besten gefällt und warum. Verbraucher sind keine Branding-Experten. Konzipieren Sie den Namenstest so, dass der oder die Befragten gar nicht wissen, dass es sich um einen Test handelt. Präsentieren Sie den Namen so real, als gäbe es bereits das Produkt, das Unternehmen oder die Dienstleistung.

Achten Sie darauf, ob der Name, idealerweise in Verbindung mit dem Produkt, neugierig macht, als etwas Neues wahrgenommen wird, Charakter hat und zum Handeln führt.

Klischees sind nicht unbedingt richtig

Bei der Suche nach einem neuen Namen regiert in der Regel der Geschmack, und man orientiert sich meist an Klischeevorstellungen. Ein sanftes Produkt braucht einen weichen Namen, ein technisches Produkt einen technischen Namen, ein Brot einen naturverbundenen und ein Bier einen »bierigen«. Das führt dazu, dass extern und intern entwickelte Namen mit wenigen Ausnahmen identisch sind.

Geschmacks-orientierte Wahl

Dass Produktnamen, auch ohne dass es Klischeevorstellungen entspricht, erfolgreich sein können, beweisen Namen wie:

- *Apple* – hat eigentlich überhaupt nichts mit Computern zu tun
- *AXE* – viel zu hart für Körperpflege
- *Peugeot* – nicht aussprechbar für Engländer und Deutsche
- *Freixenet* – unaussprechlich für einen Sekt
- *Kelts* – viel zu unköniglich für ein Bier

Was alle diese Markennamen auszeichnet, ist, dass sie trotzdem sehr erfolgreich sind. Erfolgreich auch, weil der Name sich von allen anderen Wettbewerbsprodukten unterscheidet, der Verbraucher neugierig wurde und den neuen Namen in Verbindung mit dem Produkt und der Positionierung erleben konnte. Es verankerte sich ein neues Bild im Kopf des Verbrauchers.

Der Nachteil eines Fantasienamens ist, dass er viel Zeit und Geld benötigt, bis er für etwas steht. Ein neuer Name ist für den Verbraucher dann uninteressant, wenn er nicht spontan eine Beziehung zu einem Produkt erkennen kann und sich mit den Vorteilen beschäftigt.

Nachteile

Der richtige Name für eine Produktkategorie

Gattungsnamen Wenn Sie eine neue Produktkategorie entwickelt haben, besteht die einmalige Chance, einen Gattungsnamen oder einen selbst erklärenden Namen zu finden. Diese Namen informieren sofort über das, was ein Produkt, ein Unternehmen oder eine Dienstleistung tut, und ermöglichen eine schnelle und kostengünstige Platzierung und Positionierung.

Die besten Namen für ein Produkt sind direkt mit einem Produktvorteil oder einem Verkaufsargument verknüpft.

Bei einer Paarung von Produktnamen und Verbraucherbedürfnis wird der Positionierungsprozess immer dann ausgelöst, sobald man diesen Namen hört, liest oder spricht. Namen müssen auch gut klingen, nicht nur gut aussehen.

Assoziative Namen Assoziative Namen nutzen bereits gelernte inhaltliche und / oder phonetische Elemente. *NutraSweet* weist auf die zentrale Produkteigenschaft hin, klingt nach Süßem und ist außerdem leicht im Gedächtnis zu behalten. Rubin oder Smaragd vermittelt zum Beispiel Hochwertigkeit. *Head & Shoulders, wisch & weg, Fünf Minuten Terrine, Sekundenkleber, Autorent, Rohrfrei, Autoglas, Accutron-Armbanduhren, Beautyrest-Matratzen, Nirosta-Edelstahl* sagen, wofür sie eingesetzt werden. *Roach Motel* (übersetzt: »Kakerlaken-Motel«) ist eine Dose mit Insektenvernichtungsmittel. Die Tierchen spazieren hinein, aber nie mehr heraus! Zeitschriften sind in der Regel sehr erfolgreich in der Namensgebung. In der Flut von Angeboten haben sie nur den Bruchteil einer Sekunde, um sich erfolgreich zu positionieren. Bekannte Beispiele sind: *Der Spiegel, Hörzu, DM, Capital* etc.

Schallgedämpfte Namen Assoziative Namen sind in der Regel schnell verständlich. Dagegen klingen »schallgedämpfte Namen« wie *Unum*, eine große Versicherungsgesellschaft, oder *Uhu*, ein Klebestift, wenig eingängig und gehen einem nur schwer über die Lippen. Der Nachteil von assoziativen Namen ist, dass die beabsichtigte Reaktion auf sie in verschiedenen Ländern nicht gleich ist oder einem später folgenden Wettbewerber enorme Werbekosten erspart, da er ein ähnliches Produkt etwas preiswerter anbieten kann. Beispiele sind *Red Bull* und *Flying Horse*.

Neu geprägte Begriffe werden »Neologismen« genannt. In einer Welt, in der es so viele Warenzeichen gibt, bieten Neologismen zusätzliche Möglichkeiten. Der Firmenname *International Multifoods* ist zum Beispiel eine gelungene Kombination aus zusammengesetzten Wörtern. Markennamen wie *Humana, Compaq* und *Acura* sind Abwandlungen bekannter Wörter. Ebenso ist das bei *Trueste* der Fall, dem ersten neuen Parfüm, das Tiffany & Co. seit einem Jahrzehnt auf den Markt gebracht hat. Als wir den Namen *Patema* für ein Patentvermarktungs-Unternehmen angemeldet hatten, interpretierten spontan viele, die nicht wussten, was das Unternehmen macht, den Namen mit »Pate«, »Patente« und »Marketing«. Einer sportlich bequemen Schuhmarke gaben wir den Namen *fits* (englisch »passt«). Eine noble Schuhmarke bekam den Namen *Celèste* und ein Unternehmen für Vernetzung von Datenautobahnen *TediaNet*.

Neologismen

Artifizielle Namen sind neuartige und erfundene Namen, die ein neues Produkt von Anfang an von den Wettbewerbsprodukten differenzieren und mit einer größeren Neugier aufgenommen werden. Artifizielle Namen sind durch ihre Neuartigkeit nicht nachahmbar, einfach zu schützen und bieten die größte Chance, sich als internationale Markenpersönlichkeit zu etablieren. Beispiele dazu sind: Kodak, Pepsi, Pentium, Axe, Levis, Aral, Camel, Nivea, Cartier, Vectra usw.

Artifizielle Namen

Vermeiden Sie typische Ingenieurnamen wie *XD-16* oder Namen, die mit »International« beginnen. Eine *Fax-Service GmbH* positioniert sich als Unternehmen, das es in einigen Jahren nicht mehr geben wird. Auch Wortspiele und Scherznamen wie *Kaiserschnitt, Struwwelpeter* oder *Haargenau* sind nicht geeignet. Technologieorientierte Namen sind oft mit einem Verfallsdatum versehen.

Zu vermeidende Namen

Namen von Personen werden in der Mode oder für Parfüms häufig eingesetzt. Ein Personenname als Firmenname sollte aber sehr wohl überlegt sein. Wenn das Geschäft sehr persönlich ist oder eine bestimmte Kompetenz damit verbunden ist, weiß jeder Kunde oder Interessent, wer dahinter steht. Probleme können

Personennamen

dann entstehen, wenn die Firma wächst und der Inhaber das Unternehmen verlässt oder in einen Skandal verwickelt wird.

Submarken Submarken oder Kategorienamen ergänzen den bestehenden Markennamen, können neue Standards setzen und neue Segmente etablieren. Henkel schaffte es mit *Persil Megaperls*, eine neue konkurrenzlose Waschmittel-Generation erfolgreich zu etablieren; der Name ist zum Synonym für die moderne Art des Waschens geworden.

Wie lernt man einen neuen Namen?

Neues regt die Fantasie an Stellen Sie sich vor, Sie sitzen mit Freunden zusammen und jemand lässt den Begriff *Tyonamy* fallen. (Der Name ist frei erfunden, jede Ähnlichkeit mit lebenden Personen oder toten Produkten ist rein zufällig.) Sicherlich würden Sie spontan fragen: »Was ist das?« Dadurch, dass der Begriff *Tyonamy* in keiner Schublade unseres Gehirns eine Bedeutung hat, werden wir aktiv und sind bereit, eine neue Schublade bzw. ein neues Fenster zu öffnen. Wer den Namen als Erster erwähnt, kann jetzt die leere Schublade mit einer beliebigen Erklärung füllen. Wenn der neue Name bereits im Augenblick des Hörens Neuigkeit signalisiert, Interesse auslöst und die Frage aufwirft, um was es sich handelt, dann haben Sie einen großen Schritt in Richtung Branding getan. An diesem Beispiel können Sie erkennen, dass auch ein neuer Name ein neues Fenster im Kopf Ihrer Zielgruppe öffnen kann.

Wenn Sie keinen Namen finden, dann kaufen Sie einen

Lassen Sie sich nicht gleich entmutigen, wenn Sie keinen ungeschützten Namen finden oder Ihr Wunschname schon vergeben ist. Es spielt auch keine Rolle, ob der Name nicht mehr oder nur wenig verwendet wird. Namen sind geschützte Rechte und können ebenso gekauft und verkauft werden wie Immobilien. Yves St. Laurent kaufte den Namen für sein Bestsellerparfüm *Opium* für 200 Dollar von zwei älteren Parfümherstellern. Später zahlte der Konzern eine Million für das Recht, den Namen *Champagne* zu verwenden. Als wir den Namen *Body-Balance-System* in den USA schützen wollten, mussten wir leider feststellen, dass ein Schuh-Einlagenhersteller ihn schon als Marke eingetragen hatte. Nach einem Telefonat mit dem Inhaber des Namens erklärte er sich bereit, den Kategorienamen gegen ein Paar Gratis-Schuhe im Jahr zuzulassen.

Markennamen sollten unverwechselbar sein und eine intensive Identifikation mit der Marke zulassen. Den richtigen Namen zu finden, ist eine Kunst. Leichter, als auf »gewöhnliche« Wörter der Muttersprache zurückzugreifen, ist es im Markenschutz, einen künstlichen Namen zu kreieren, wozu es verschiedene Möglichkeiten gibt (assoziative Namen, Neologismen, Submarken). Eine Alternative besteht darin, einen Namen zu kaufen.	**Zusammenfassung**

Beachten Sie folgende Regeln, wenn Sie einen schon eingetragenen Namen kaufen wollen

1. Fragen kostet nichts. Es gibt viele Namen, die nur um der Aufrechterhaltung des Markenrechts willen genutzt werden und erst beim Verkauf einen Wert bekommen, der für manche Inhaber einen willkommenen Verdienst darstellt.
2. Delegieren Sie die Verhandlungen an einen auf das Warenzeichenrecht spezialisierten Anwalt, der nicht mit Ihrer Firma in Zusammenhang gebracht wird und in der Nähe des betreffenden Unternehmens ansässig ist.
3. Überlegen Sie vorher, wie viel Geld Sie ausgeben wollen, und versuchen Sie, den momentanen Wert zu ermitteln. Je nach Leidensdruck können Sie mit einem gewissen Verhandlungsgeschick den Markennamen günstig zu Ihrem Eigentum machen.
4. Sorgen Sie dafür, dass bei der Übertragung der Rechte alle Eventualitäten berücksichtigt werden.

Wenn Sie einen neuen Namen kreieren wollen, berücksichtigen Sie folgende Kriterien

1. Analysieren Sie vorab sehr gründlich das Wettbewerbsumfeld.

2. Lassen Sie im Brainstormingverfahren alles zu, und schließen Sie nichts aus. (Beurteilen Sie die Vorschläge erst am Ende.)

3. Suchen Sie für Ihr Produkt, Ihre Dienstleistung oder Ihr Unternehmen einen außergewöhnlichen Namen, der auch international einsetzbar ist.

4. Der neue Produktname sollte positiv auffallen und sich von Wettbewerbsprodukten differenzieren. Denken Sie bei Ihrer Suche auch an unverwechselbare und international einheitlich zu schützende Namen.

5. Überprüfen Sie, welche Bedeutung Ihr Name in den unterschiedlichen, für Sie wichtigen Sprachen hat. Lassen Sie sicherheitshalber auch Namen schützen, die noch nicht belegt sind. Es wird in Zukunft immer schwerer, einen geeigneten Namen zu finden, vorausgesetzt, Sie planen neue Produkte einzuführen und den Namen auch zu benutzen.

6. Beziehen Sie Kategorie- oder Assoziativnamen mit ein. Welche Assoziationen sind positiv, welche negativ? Wie stark sind die Assoziationen? Sind bestimmte Assoziationen einzigartig?

7. Verwenden Sie für Ihr Unternehmen keinen Namen, der Sie einengt, wie z. B. *Schneider Gartenmöbel*. *Schneider Möbel* hingegen lässt Ihnen Raum für Expansion.

8. Machen Sie gegebenenfalls einen Namenstest, ohne dass die Testpersonen wissen, um was es sich handelt.

9. Lassen Sie eine internationale Recherche durchführen und prüfen Sie, ob sich der Name in den unterschiedlichsten Ländern einheitlich registrieren lässt.

Zum Thema Namenschutz und Markenrecht finden Sie sehr ausführliche Informationen im zweiten Teil des Buches.

18. Nutzen Sie die Macht der Presse

Der Begriff »Public Relations« (PR) ist der international gebräuchliche Begriff für die Pflege öffentlicher Beziehungen, im Deutschen auch unter dem Begriff »Presse- und Öffentlichkeitsarbeit« bekannt. Vielfach findet man die PR treffend mit dem Slogan »Tue Gutes und rede darüber« (Zedwitz-Arnim) umschrieben.

Was ist eigentlich PR?

Die Initialzündung für den Aufbau einer neuen Marke oder Kategorie wird nicht durch Werbung, sondern durch Publicity (PR) eingeleitet. Presseberichte erzeugen bei den Verbrauchern ein Interesse, das man mit Werbung nie erreichen kann.

Medien leben von der Veröffentlichung von Neuheiten

Medien, deren Geschäft die Verbreitung von Nachrichten ist, sind immer daran interessiert, Meldungen über ein neues, erstmalig auf dem Markt erhältliches, brandheißes Produkt zu bringen. Denn jeden Tag müssen Zeitungen, Radio und Fernsehen über Neues und Aktuelles berichten. Ohne Produktneuigkeiten gäbe es nur Berichte über Kriege, Politik, Unfälle, Kunst usw. Nicht das Bessere interessiert sie, sondern das Neue.

Medien suchen nach Neuigkeiten

Wenn es Ihnen gelingt, mit einer neuen Produktkategorie Schlagzeilen zu machen, hat sie gute Chancen, die Aufmerksamkeit einer breiten Öffentlichkeit zu erringen. Und die beste Methode,

In die Schlagzeilen kommen

in die Schlagzeilen zu kommen, besteht darin, auf eine ganz neue Produktkategorie aufmerksam zu machen, in der sich Ihr Produkt als Vorreiter profiliert.

PR ist preiswerter als Werbung Was andere über Ihr Produkt sagen, hat eine viel größere Glaubwürdigkeit als Ihre eigenen Aussagen. Deshalb ist PR in aller Regel wirksamer als Werbung. Und deshalb hat die PR als schlagkräftigster Faktor im Branding die Werbung in den beiden letzten Jahrzehnten das Fürchten gelehrt. Doch leider wird PR in den meisten Unternehmen und Werbeagenturen noch immer als Handlangerdienst und begleitende Maßnahme gesehen. Dabei kann man durch PR eine Menge Werbebudget einsparen und den Erfolg um ein Vielfaches steigern.

Werbung macht Sie bekannter – PR interessanter!

Wir alle wissen, dass man bei dem heutigen Konkurrenzdruck möglichst bekannt sein muss, um Erfolg zu haben. Aber »in aller Munde zu sein« reicht noch nicht aus, man sollte auch möglichst positiv auffallen. Werbespots im Fernsehen oder auffällige Zeitungsanzeigen sind zwar ein wunderbares Mittel, um die eigenen Produkte zu bewerben, aber für kleinere und mittelständische Unternehmen natürlich nahezu unerschwinglich. Trotzdem können wir von den großen Marken lernen. Sie haben alle mal klein und mithilfe von PR angefangen.

The Body Shop Als 1976 Anita Roddick die *Body-Shop*-Kette mit Naturkosmetik aufbaute, schaffte sie es, auch ohne Werbung, aber mit einem hohen Maß an Publizität, zu einem Medienstar zu werden und ein weltweit starkes Profil aufzubauen. Starbucks, Wal-Mart und viele andere erfolgreiche Unternehmen wurden auch ohne nennenswerte Werbeaktivitäten und Budget erfolgreich.

Aus dem Fenster geworfenes Geld Für die Einführung eines Biers namens *Miller Regular* wurden 50 Millionen Dollar in die Werbung gesteckt. Da die Marke keine nennenswerte Aufmerksamkeit im Gedächtnis der Biertrinker und in den Medien erhielt, waren am Ende 50 Millionen Dollar aus dem Fenster geworfen.

Ein dickes Werbebudget ist in den seltensten Fällen der Erfolgsgarant für eine Produktplatzierung. Wir leben in einer Kommunikationsgesellschaft, die mit Informationen überflutet wird, und man bombardiert uns Tag für Tag mit Hunderten von Werbebotschaften.

Den größten und schnellsten Erfolg haben heute neue Produkte, die nicht durch Eigenwerbung, sondern mit Fremdempfehlung bzw. PR bekannt gemacht werden.

Marken werden nicht mehr gemacht, sondern geboren

Ein neues Markenprodukt, eine neue Kategorie oder eine neue Positionierung im Sinne einer »rasierten Stachelbeere« muss eine gute Presse haben, sonst hat es oder sie keine Chance im Markt. Die beste Methode ist, als Erster im Markt zu sein: Wer zuerst kommt, mahlt zuerst. Xerox z. B. war der erste Normalpapier-Kopierer. Nicht selten löst eine Berichterstattung eine regelrechte Nachfragewelle im Handel aus. Das Beste, was der neuen Augen-Anti-Falten-Creme wie *Eyesential* passieren konnte, war, dass die Presse und das Fernsehen darüber berichteten und die Nachfrage die Lager der Drogerien innerhalb eines Tages leerte.

Nachfragesog durch PR

Ein findiger Fliesenleger entwickelte ein neues multifunktionales Fliesenschneidegerät, mit dem man eine Treppe oder einen schiefen Raum in der Hälfte der üblichen Zeit fertig stellen konnte. Ein Bericht in der Fachzeitschrift löste ebenfalls eine große Nachfrage von Handel und Anwender aus. Als Margarete Schreinemakers über die Wunderwirkung von Melatonin im Fernsehen berichtete, konnten sich am nächsten Tag die Apotheken vor Anfragen nicht retten. Doch Vorsicht, wenn das Produkt nicht das hält, was es verspricht!

Einführungsstrategien sollten vorrangig auf der PR-Schiene entwickelt werden, denn Branding steht und fällt heute mit der Publicity. PR ist die beste und kostengünstigste Geburtshilfe für ein neues Produkt.

Auch ohne neues Produkt oder neue Kategorie können Sie erfolgreich PR nutzen

Wege, in die Presse zu kommen

Um in den Medien auch ohne ein neues Produkt oder eine neue Kategorie erwähnt zu werden, müssen Sie entweder jemanden umbringen, einen Krieg beenden oder sich auf der politischen Bühne bewegen. Von Ersterem rate ich Ihnen ab; das Übrige wünsche ich Ihnen. Trotzdem gibt es Mittel und Wege, wie auch kleine und mittelständische Unternehmen groß herauskommen.

PR soll Neues bekannt machen, Image aufbauen und Vertrauen schaffen. Das heißt, man berichtet über Ziele, die man verfolgt, nennt Vorgehensweisen und Mittel, die man anwendet, aber auch Schwierigkeiten, die man bewältigen muss. Nicht zuletzt spricht man über den Nutzen, den man der Öffentlichkeit oder einer bestimmten Zielgruppe bringt. Mit jeder Möglichkeit, in die Presse zu kommen, haben Sie auch die Möglichkeit, Bekanntheit und Anziehungskraft zu steigern und sich als Marke zu positionieren.

Was müssen Sie leisten?

Nach Gelegenheiten suchen

Nehmen Sie sich vor, in Zukunft die Augen offen zu halten und Ihre Chancen wahrzunehmen. Sie werden täglich Meldungen entdecken, die auch von Ihnen stammen könnten. Notieren Sie, was Ihnen auffällt oder was für Sie verwertbar erscheint. Lassen Sie sich davon inspirieren. Fragen Sie sich, was Sie selbst beim Lesen Ihrer Fachzeitschrift oder Tageszeitung interessiert oder amüsiert und was für Ihre Kunden attraktiv sein könnte. Suchen Sie Probleme und entwickeln Sie eine Lösung für Ihre Branche. Stellen Sie eine Liste zusammen mit den für Sie infrage kommenden Aktionen.

Fangen Sie heute noch an, Ihre Ideen zu sammeln und umzusetzen sowie Kontakte zu knüpfen, bevor Ihnen morgen ein anderer mit einer ähnlichen Neuigkeit zuvorkommt! Motivieren Sie auch Ihre Mitarbeiter, über Ideen nachzudenken; das erhöht den Teamgeist und die Arbeitsmotivation. Merken Sie sich, dass gute

PR im eigenen Hause beginnt, und informieren Sie deshalb Ihre Mitarbeiter über geplante Aktionen. Keine Angst, Sie müssen nicht lernen, besonders »schmissige« Texte zu schreiben; nein, es sind vor allem Ihre Ideen, die zählen. In den Zeitungs- und Zeitschriftenredaktionen gibt es ohnehin Fachleute, die Ihren Text in die richtige Form bringen. Konzentrieren Sie sich in erster Linie auf den Inhalt der Texte.

Gewisse Grundregeln sollten Sie bei Pressetexten allerdings beachten. Denn wenn Ihre Pressetexte sich wie »Werbung« lesen, wandern sie bei Journalisten sofort unveröffentlicht in den Mülleimer! Lassen Sie sich daher von professionellen PR-Fachleuten, Textern oder Ghostwritern beim Abfassen Ihrer Texte unterstützen.

Was müssen Sie beachten?

Sie müssen Ihre Pressearbeit sorgfältig betreiben. Besonders ein kleiner oder mittlerer Betrieb sollte unbedingt den persönlichen Kontakt zur örtlichen Presse, den Fachzeitschriften und allen wichtigen Multiplikatoren und Meinungsführern pflegen. Laden Sie sie zu allen öffentlichen Anlässen ein. Geeignete Anlässe sind z. B. Betriebsjubiläen, Tage der offenen Tür, interne Sitzungen, Tagungen, Vorträge zu einem Thema, Pressekonferenzen, Eröffnungen einer neuen Zweigstelle oder eines neuen Fertigungsverfahrens. Liefern Sie kleine Berichte zu besonderen Erlebnissen mit Kunden, Sponsoring und Spendenaktionen, kleinen Sensationen im Betrieb; versteigern Sie z. B. Ladenhüter für einen guten Zweck. Die Attraktivität solcher Aktionen erhöht sich um ein Vielfaches, wenn z. B. ein Prominenter zu Gast ist, ungewöhnliche Vorführungen stattfinden oder wenn die Möglichkeit zur Teilnahme (Verlosung, Wettbewerb usw.) besteht. Auch die Presse wird sich das nicht entgehen lassen.

Kontakte pflegen

Machen Sie PR-Arbeit zu einer Pflicht

1. Bestimmen Sie eine geeignete Person in Ihrem Unternehmen.
2. Informieren Sie alle Mitarbeiter und fordern Sie sie zum Mitmachen auf.
3. Sammeln Sie Ideen und Fakten, analysieren Sie Meldungen.
4. Bauen Sie den Kontakt zu den Medien auf.
5. Bestimmen Sie die wichtigsten Medien.
6. Bevor Sie einen Bericht versenden, nehmen Sie unbedingt telefonischen Kontakt mit dem zuständigen Radakteur oder der Radakteurin auf. Erklären Sie Ihr Thema und fragen Sie, was man an Daten und Bildern benötigt.
7. Seien Sie hartnäckig! Erkundigen Sie sich, ob alles angekommen ist und wann der Artikel erscheinen wird.
8. Legen Sie das Thema auf Wiedervorlage. Manche Redaktionen werden von Artikeln »erschlagen« oder haben ein chaotisches Ablagesystem. Bei einem Schweizer Verlag mussten wir trotz hohen Interesses die CD mit Bildern und Texten dreimal nachsenden.
9. Versenden Sie regelmäßig Pressemitteilungen.
10. Nach erfolgreicher Veröffentlichung lassen Sie Nachdrucke anfertigen und machen Sie Kopien für Ihre Kunden und Interessenten sowie als Verkaufshilfe für Ihre Außendienstmitarbeiter.

19. Markenaufbau benötigt Kontinuität und Konsequenz

Viele Verantwortliche in Unternehmen haben keine Geduld und beachten nicht die Gesetze des Erfolgs. Jede Marke braucht ihre Zeit, bis sie Wirkung zeigt. Wer hinter die Kulissen der erfolgreichen Marken, Unternehmen oder Personen schaut, wird feststellen, dass sie alle Hochs und Tiefs durchgemacht haben. Nur wer konsequent durchgehalten und ständig an seinem Erfolg gefeilt hat, ist irgendwann aus dem Schattendasein herausgetreten. Von den vielen anderen, die aufgegeben haben, spricht kein Mensch mehr.

Erst muss man säen, damit man ernten kann

Erfolg kann manchmal wie der Wachstum eines Bambus sein. Nachdem der Samen im Boden anfängt sich zu entwickeln, braucht er sieben Jahre, bis er einige Zentimeter gewachsen ist. Im siebten Jahr wächst er dann aber in wenigen Monaten bis zu sieben Meter hoch.

Gefahren bei vorübergehenden Misserfolgen

Viele Unternehmen leiden unter einer Veränderungsmanie. »Der Markt verändert sich. Wir müssen wohl oder übel mitziehen und unser Produkt den aktuellen Erfordernissen anpassen«, so heißt es häufig.

Märkte mögen sich ändern, Marken sollten bleiben, was sie sind.

Treue bewirkt Markentreue

Sobald eine Marke im Gedächtnis Fuß gefasst hat, sollte sie ihren grundlegenden Merkmalen treu bleiben. Außer Frage steht natürlich der Anspruch, dass eine Marke nicht ständig verbessert werden kann. Je langfristiger eine Markenkonzeption angelegt ist, desto besser funktioniert sie.

Ein beliebtes Gesellschaftsspiel scheint darin zu bestehen, sich den Ast abzusägen, auf dem man sitzt. Bei jedem Wechsel der für das Marketing zuständigen Führungsspitze oder in einer vorübergehenden Flaute, die zusätzliche Maßnahmen, Durchhaltevermögen und den Glauben an die Marke erfordert, ändern sich garantiert radikal die Werbekonzepte, weil dies erwartet wird.

Das oft über Jahrzehnte in den Markenaufbau investierte Geld zu retten ist jedenfalls besser, als eine schwache Konzeption an die andere zu reihen und jedes Mal von vorne anzufangen. Neue Leute mit der Verantwortung für den Markenaufbau gehen allzu gerne nach der Devise vor: »Ein Haus zu renovieren ist schwieriger, als ein neues zu bauen.« Außerdem: Wer setzt sich nicht gerne ein Denkmal – wenn es auch ein sehr teures Mahnmal wird. Deshalb wird häufig jede neue Idee möglichst weit vom Ursprung entfernt, damit nicht der Vorwurf entstehen kann, dem Neuen falle ebenfalls nichts ein.

Bäumchen-wechsel-dich-Spiele gefährden den Erfolg

Leider mache ich immer wieder die Erfahrung, das Unternehmen wie ein Bäumchen-wechsel-dich ständig auf etwas Neues springen und ihrer eigenen Marke in den Rücken fallen. Sie sind auf der einen Seite ganz stolz darauf, dass ihre Kunden sie als innovatives Unternehmen bezeichnen, aber auf der anderen Seite enttäuscht, dass sich ihre Bemühungen nicht in Mehrgewinn niederschlagen. Aber häufige Veränderungen sorgen nicht nur bei Kunden, sondern auch im eigenen Unternehmen und im Handel für Unsicherheit. Ein gesunder Markenaufbau braucht Kontinuität und Verbindlichkeit. Sonst werden die Kunden nur verwirrt und die Positionierung verwässert.

Vorteile kontinuierlicher Markenpolitik

Man kann sich einen Markenaufbau wie einen Obstbaum vorstellen: Wenn man ihn wie ein Gärtner sorgfältig pflegt und seine Äste regelmäßig stutzt, hat er die besten Voraussetzungen zu wachsen, zu blühen und zu gedeihen, bis er im nächsten Jahr wieder reichlich Früchte trägt. Wenn Sie Ihren Erfolg langfristig planen, sollten Sie auch Ihren Markenaufbau so verstehen. Die Arbeit an einem Markenaufbau ist als kontinuierlicher Prozess zu sehen, nicht als Momentaufnahme.

Kontinuierliche Markenpolitik trägt reichlich Früchte

Warum funktioniert ein Markenaufbau, der sich langfristig durchhalten lässt, besser? Der Hauptgrund liegt darin, das an einer etablierten Substanz gefeilt werden kann und es leichter ist, mit intelligenten Ideen eine ständige Verbesserung zu bewirken. Durch nichts können die Mitbewerber mehr in Atem gehalten werden als durch ein überlegenes Grundkonzept, dem immer wieder Glanzlichter aufgesetzt werden können.

Wenn Menschen erwachsen werden, möchten sie die Aussagen über ihre Persönlichkeit oft ändern. Jugendliche legen Wert darauf, ihre zunehmende Reife durch einen Markenwechsel zu demonstrieren, von Coca Cola zu Warsteiner beispielsweise. Würde Coca Cola beschließen, seine Kunden durch »Anpassung an die Marktentwicklung« bei der Stange zu halten, müsste das Unternehmen logischerweise ein Produkt namens »Coca Cola-Bier« einführen. Es mag einen Trend zur mexikanischen Küche geben, aber sollte ein französisches Restaurant seinen Gästen deshalb Fajitas anbieten?

Trendysein gefährdet das Markenkonzept

Der Mann, der die vielen Steine wegtrug, ist der gleiche, der den Berg versetzte

Der Aufbau einer Marke ist eine langwierige und manchmal auch langweilige Arbeit, bei der man viel Geduld aufbringen muss. Volvo verkauft seit 35 Jahren Sicherheit. BMW-Motoren garantieren seit 25 Jahren das Nonplusultra des sportlichen Fahrens.

Wenn Designer immer wieder die gleichen Typen konstruieren, ist es nicht verwunderlich, wenn sie über kurz oder lang etwas anders machen möchten. Und deshalb hatte irgendjemand bei Volvo eine zündende Idee. »Warum beschränken wir uns eigentlich auf diese langweiligen Limousinen für Sicherheitsfanatiker? Warum scheren wir zur Abwechslung nicht mal in den rasanten Sportwagenbereich aus?« Und so führte Volvo unlängst eine Sportwagenreihe und sogar ein Cabriolet ein. Was bewirkt ein Autohersteller wie Volvo mit einem Stoffdach? Nichts – außer dass seine Sicherheitsbotschaft verwässert wird!

Der Bankrottburger McDonald's ist seit Jahrzehnten ein Hamburger-Restaurant für Familien mit Kindern. »Warum beschränken wir uns eigentlich auf Produkte, die sich an Kindern orientieren? Warum bieten wir nicht einen Hamburger für Erwachsene an?« Und so wurde der *Arch Deluxe* geboren. 150 Millionen Werbedollar später wurde er als Bankrottburger klammheimlich von der Speisekarte gelöscht.

> **Kernkompetenz und Kontinuität – nicht über Jahre, sondern Jahrzehnte – sind die beiden Stützpfeiler des Fundaments, das Ihre Marke trägt.**

Danksagung

Besonderen Dank an Ruth. Danke auch Katja und Sascha, Christian Görtz, Ralf Klippel und Prof. Dr. Lothar J. Seiwert.

Teil 2:
Wert und Möglichkeiten von Markenschutz

von Andreas F. Herden

1. Warum überhaupt Markenschutz?

Branding durch Brandzeichen

Ein interessantes Beispiel für die Verwendung von Markenschutz führen uns die Pioniere und Viehzüchter des vorvorigen Jahrhunderts aus den Vereinigten Staaten von Amerika vor: Ließ man sich zu diesen Zeiten nach meist mühseligem und beschwerlichem Zug in einem neuen Gebiet nieder, von dem man glaubte, es sei vorher noch niemand da gewesen und man könne darüber verfügen, so machte man sich daran, es für sich zu erobern. Das entsprechende Stück Land wurde eingezäunt oder zumindest abgesteckt, um daraufhin sein eigenes Vieh dort weiden zu lassen. So einfach wie die Lebensbedingungen war auch häufig das Rechtsverständnis und dessen Durchsetzung. Man musste nach unkomplizierten Möglichkeiten suchen, die Früchte seiner eigenen Arbeit auch selbst ernten zu können.

Sein Land umzäunen

Früh erkannte man, dass fest in das Fell der eigenen Tiere eingebrannte Zeichen weder vom Tier selbst noch durch Dritte auf einfache Weise zu entfernen waren. Die so »gebrandmarkten« Tiere stellen frühe Form und Ursprünge des Branding dar, welches dem Besitzer der Tiere dazu verhalf, sich auch nachfolgend in Rechtsstreitigkeiten durchsetzen zu können.

Tiere identifizieren

Eine einfache rechtsvergleichende Betrachtung zeigt aber schnell, dass die damaligen Mittel der Rechtsauseinandersetzung noch durchaus zu verfeinern waren: Befand sich ein versprengtes Tier in einer falschen Herde, konnte dies erkannt und das Tier seinem Besitzer zurückgegeben werden. Waren jedoch mehrere versprengte Tiere bei ganz neuen Besitzern, wurden diese oft als Viehdiebe gehängt oder fielen einem Kugelhagel zum Opfer.

Selbst wenn diese sehr frühe Form des unrechtmäßigen Erwerbs von »Markenartikeln« sowie dessen rechtliche Verfolgung uns heute eher schmunzeln lassen, soll jedoch klar werden: Erst die Marke oder das Branding ermöglichte die klare Herkunftszuordnung, weitere rechtliche Schritte sowie die nachfolgende Rückführung der wertvollen Handelsgüter.

Eigene Rechte durchsetzen Wenn sich die Mittel der Rechtsverfolgung auch geändert haben, so sollten diese jedoch nichts an ihrer Durchschlagskraft eingebüßt haben. Wir wollen nachfolgend zeigen, wie die Wahrung und Durchsetzung eigener Rechte heute zu bewerkstelligen sind. Man hat dabei zwar auf deren letale Folgen zu verzichten, ansonsten aber ein interessantes Spektrum an Möglichkeiten, Produktpiraterie zu verhindern, zu beenden und – mit etwas Glück und Zahlungsfähigkeit der Gegenseite –, seine Schadensersatzansprüche durchzusetzen.

Für alle diejenigen, welche nach ordentlichem Marken- oder Kennzeichnungsrechtserwerb bereits jetzt ein derartiges Problem quält, kann auf Kapitel 3 verwiesen werden, welches die Möglichkeiten der Durchsetzung des Markenschutzes detaillierter diskutiert.

Allen anderen möchten wir einen kurzen Einblick geben, welche Widrigkeiten lauern können, wenn Lücken des Schutzes bestehen, und dann Wege zur Erlangung und Sicherung eines vernünftigen Schutzrechtsbestands vorschlagen.

Waren es früher die Viehdiebe, die sich an fremdem Gut bereicherten, so haben wir heute zwar ähnliche Motive, jedoch ist diesen aufgrund von weltweiten Verflechtungen und Liefermöglichkeiten nicht mehr ganz so einfach entgegenzutreten. Dennoch bleibt die Marke dabei weiterhin ein schlagkräftiger Helfer.

Unsere Erfahrung zeigt, dass derzeit vier typische Fallgruppen das Gros der Fälle ausmachen. Diese Bewertung beruht auf den jüngeren Erfahrungen unserer Kanzlei, welche seit mehr als 35 Jahren auf dem Markengebiet tätig ist. Dabei stammen unsere Mandate etwa zu einem Drittel aus der Bundesrepublik Deutschland, zu einem Drittel aus den Vereinigten Staaten und zu einem Drittel aus Japan und dem fernen Osten.

4 typische Fallgruppen

In diese vier Gruppen gehören:

- direkte Kopien von Markenartikeln (Raubkopien)
- ähnliche Kopien
- bereits durch Dritte angemeldete Marken
- das Domain-Grabbing im Internet.

Direkte Kopien von Markenartikeln

Wer von uns kennt sie nicht, die Marke mit dem kleinen grünen Krokodil, welches nicht nur für Qualität, sondern auch für einen beträchtlich erhöhten Verkaufspreis bürgt? Auch die Uhrenmarke mit dem kleinen Krönchen sowie die mit dem »großen B« im Sekundenzeiger, etwa bei Flieger-Chronometern, findet sich häufig bei den fliegenden Händlern, die abends ihre Ware an den Stränden meist südlicher Urlaubsgebiete anbieten.

Mag dies vom Umsatz her nur einen kleineren Teil der Ausfälle begründen, so existieren jedoch etablierte Vertriebskanäle, auf welchen beständig versucht wird, minderwertigere Ware oder Drittware, welche die Kennzeichnung hochwertiger Produkte tragt, einzuschleusen. Häufig wird solche Ware auch in kurzfristigen Sonderangebotsaktionen so schnell veräußert, dass nur zügige rechtliche Maßnahmen zum Erfolg bei deren Verfolgung führen können. Typische Beispiele für derartige schlechte Kopien sind Textilien, hochwertige Sport- und Schuhprodukte sowie teure Kosmetika. Sind Billigprodukte erst einmal in den Markt gelangt, kommt es zu weiteren Folgen, die durchaus schwerwiegender sein können als eine zeitlich begrenzte Umsatzeinbuße.

Dubiose Ware auf dubiosen Vertriebskanälen

Ist sich der Erwerber der Kopien klar, dass er ein »Schnäppchen« gemacht hat, wird er natürlich auch Abstriche an der Qualität hinnehmen. Hat derjenige, der beim Sonderangebot glaubte, ein hochwertiges Produkt zu erlangen, jedoch nur minderwertige Ware bekommen, wirkt dies sicher keinesfalls stimmungsaufhellend, sondern erzeugt entsprechende Verärgerung – die dem Kunden auch beim späteren Umgang mit der Marke durchaus im Weg stehen kann!

Besonders schlimm ist es, wenn unerkannt die verminderte Qualität von Kopien dem Hersteller der Originalware zugeschrieben wird und dies zu allem Überfluss im eigenen Bekanntenkreis noch zu negativer Mundpropaganda führt.

Aufgrund der hohen Glaubwürdigkeit von Mund-zu-Mund-Propaganda kann bei starker Verbreitung schlechter Kopien der Folgeschaden weitaus höher sein als nur der direkte und einmalige Umsatzausfall. So leidet das Image des Originalherstellers. Betrachtet man sich den geschilderten Fall genauer, so ist leicht zu erkennen, dass der Erwerber der schlechten Kopie sicherlich keine weiteren Produkte dieses Herstellers erwerben wird.

Die zweite typische Bedrohung erfasst nicht nur die direkt mit der fremden Marke gekennzeichnete Ware, sondern auch das weitere Umfeld und daraus resultierende Folgen.

Schutz des Image und der Corporate Identity

Hier kommen alle Fälle zum Tragen, die sich beispielsweise nicht im unmittelbaren Bereich der direkten Kopie, sondern im Ähnlichkeitsbereich der Marke befinden und Verwechslungen mit der Originalware hervorrufen.

Der gezielte Versuch, dem Original möglichst ähnliche Ware zu vertreiben, jedoch mit weniger Fertigungsaufwand und verminderter Qualität, bei allerdings hohem Preis, führt zu ähnlich nachteiligen Folgen für das Image der Originalware.

Dieser Imageschaden kann sich vom jeweils betreffenden Produkt auch auf andere Sparten desselben Unternehmens auswirken.

Imageschäden

Um derartige spartenübergreifende Wirkungen und nachfolgende Imageschäden zu vermeiden, wurde beispielsweise für das Low-Cost-Vehikel *Smart* ein eigenes Händler- bzw. Vertriebsnetz mit eigenen Werkstätten aufgebaut. Hierdurch wird verhindert, dass derselbe Monteur, der den Mercedes 300 wartet, am Nebenplatz Gleiches mit dem winzigen Gefährt tut. Die Kosten für ein derartiges separates Vertriebs- sowie Service- und Werkstattnetz sprechen eine deutliche Sprache für die Bedeutung einer erkennbaren Trennung von Marken und dahinter stehendem Image.

Allgemein kann das Image durch Zweitmarken abgegrenzt und vor Schaden bewahrt werden, da solche Marken nicht mehr den Anschein erwecken, der hochwertige Originalhersteller habe auch das geringerwertige Produkt erzeugt. Überkapazitäten, auch eigenständige Produktlinien, können auf diese Weise abgebaut bzw. auf getrennten Kanälen vermarktet werden. Manchmal ist dies bei Konsumgütern des täglichen Lebens eine Erklärung dafür, dass Billiganbieter in langer zeitlicher Folge die Testsieger bei den Prüfungen von Verbraucherorganisationen stellen.

Schadensvermeidung durch Zweitmarken

Aber interessanterweise funktioniert diese Fallkonstellation auch in umgekehrter Richtung, wenn nämlich Zulieferer mit weniger angesehenem Namen die Produkte liefern, welche dann unter renommierterem Namen weiter vermarktet und vertrieben werden. Beispiele hierfür gibt es in Fülle. Der Hersteller einer hier zu Lande weniger geschätzten Marke, der Bootsmotorenbauer Tohatsu, liefert Motoren, die, mit der angesehenen Marke Mercury versehen, dann zu einem ansehnlichen Preis verkauft werden. Und einige hochpreisige digitale Leica-Kameras werden auf den fernöstlichen Bändern von Fuji gefertigt.

In all diesen Fällen ist die klare Trennung aufgrund verschiedener Marken notwendig, um dem Image der jeweils hochpreisigeren Marke keinen Schaden zuzufügen und die Abgrenzung beim Umgang mit den verschiedenen Produkten aufrechtzuerhalten.

Eine solch klare Trennung ist jedoch nicht möglich, wenn dem Hersteller eines Produktes von einem anderen Hersteller durch Kopien, die der Marke ähnlich sind, geschadet wird.

Der E-Klasse entsprechende Fälle

Die dritte typische Fallkonstellation umfasst ein altes Problem in neuem Gewand, den vorauseilenden Rechtserwerb durch einen Unberechtigten.

Kampf um die »E-Klasse« Zur Einführung der neuen E-Klasse musste der damals noch unter dem Namen *Daimler Benz* firmierende Automobilkonzern feststellen, dass die Marke »E-Klasse« schon in vielen Ländern durch Dritte kurz vor dem Zeitpunkt angemeldet worden war, zu welchem Daimler-Benz dies vorhatte. Dadurch wurden aufseiten des betreffenden Dritten bessere Markenrechte geschaffen, die zunächst die jüngeren Rechte des Automobilkonzerns verdrängen konnten.

Da es aufgrund der firmeninternen Logistik, der vorhandenen Vertriebswege sowie der Firmenphilosophie schlecht möglich war, für den gleichen Fahrzeugtyp international verschiedene Namen zu verwenden, musste *Daimler Benz* versuchen, zu den entsprechenden Kennzeichnungs- bzw. Markenrechten zu gelangen.

Durch Dritte angemeldete Marken **Die generelle Fallkonstellation, bei welcher durch Dritte Marken angemeldet werden, die dann dem Markeninhaber des ursprünglichen Produkts entgegenstehen, ist leider weiter verbreitet, als dies den Anschein hat.**

Zum einen haben die Markeninhaber verständlicherweise überhaupt kein Interesse daran, in der Öffentlichkeit entsprechend negative Publicity zu erzeugen; zum anderen ist auch der häufig extrem teure Rückkauf der Kennzeichnungsrechte nicht dazu geeignet, die Professionalität der Verantwortlichen zu betonen, die diesen Fehler begangen haben. Es können durchaus mehrstellige Millionenbeträge anfallen, um die Situation zu bereinigen.

Leider gibt es auch in den GUS-Nachfolgestaaten ähnliche Praktiken bei einem auf diesem Gebiet noch recht spärlich entwickelten Rechtssystem. Wurde in den GUS-Nachfolgestaaten eine Marke durch einen Dritten angemeldet, so hat dieser die Möglichkeit, dem Hersteller der Originalware den Import, das Anbieten und gegebenenfalls die Herstellung entsprechend gekennzeichneter Produkte zu untersagen. In der Regel der Fälle wird diese Lücke in der Planung eines sinnvollen Kennzeichnungsschutzes auch hier nur durch erhebliche finanzielle Leistung wieder geschlossen werden können. **Sonderfall GUS-Staaten**

Ähnlich gelagert, jedoch hochaktuell, stellt sich die vierte Fallkonstellation dar.

Die Internetproblematik

Was für die Markenpiraterie der E-Klasse-Fälle gilt, findet sich leider in abgewandelter Form tagtäglich im Internet.

Die mit dem Schlagwort des »Domain-Grabbing« bezeichnete Problematik kennzeichnet Fälle, bei denen findige Besitzer von Internet-Domains oder -adressen entweder die Namen bedeutender Firmen direkt erworben oder entsprechende ähnliche oder nützliche Domains für sich erobert haben. Auch in diesem Falle kann ein Rückkauf oder Erwerb derartiger Domains erhebliche Summen kosten. Domain-Broker berichten über Verkaufserlöse in zweistelliger Millionen-Dollar-Höhe. **Domain-Grabbing**

Wir wollen nachfolgend zeigen, wie man mit einem relativ kostengünstigen und vom Ansehen her oft unterbewerteten Instrument, und zwar der nationalen und gegebenenfalls auch der internationalen Markenanmeldung, sowohl eine strategische **Erstaunliche Einsparmöglichkeiten**

Sicherung rechtlicher Positionen als auch deren Verteidigung betreiben kann. Für einige interessante Fälle werden wir darüber hinaus beschreiben, wie dies im Endeffekt durch eine überlegte Lenkung von Kapitalflüssen zu einer steuerlichen Besserstellung führen kann, deren Einsparungswirkungen um ein Vielfaches höher liegt als die durch die Marken verursachten Kosten.

Leider ist es aber auch hier so, dass wichtige Grundregeln existieren, deren Einhaltung zwingend ist, um nicht mehr Schaden als Nutzen zu verursachen. Deshalb ist das nächste Kapitel dem Erwerb von Marken sowie der Vermeidung von Kollision mit Kennzeichnungsrechten Dritter gewidmet.

Der Ordnung halber sei betont, dass begleitend zu eigenen Markenrechten der Erwerb entsprechender Internetadressen und / oder Domains zu einem möglichst frühen Zeitpunkt strategisch bedacht und betrieben werden sollte, um dem Entstehen stabiler Drittrechte – beispielsweise im Ausland an Orten, an welchen noch kein kein Markenschutz besteht – entgegenzutreten.

2. Wie erhält man eine Marke?

Was schützt eine Marke?

Wenn Sie den Vorsatz gefasst haben, eine Markenanmeldung vorzunehmen, stellt sich die Frage: Was überhaupt kann eine Marke schützen? Und warum reicht es eigentlich nicht aus, dass Sie Ihren eigenen Namen oder den Ihrer Firma verwenden? Denn schließlich sollten diese doch auch geschützt sein.

Obwohl es richtig ist, dass die eigene Firma, der eigene Name und berühmte Produktnamen oder -marken aus sich heraus Schutz genießen, ist dieser Schutz oft sehr unzureichend oder beschränkt sich nur auf die direkte Identität.

In der Regel können Fälle, die leicht abgewandelt im etwas weiteren Umfeld liegen, mit den Rechten aus dem eigenen Namen oder der eigenen Firma nicht mehr erfasst werden.

Nur begrenzter Schutz ohne Anmeldung

Darüber hinaus soll ja gerade die Marke verschiedene Produkte, durchaus auch des gleichen Herstellers, voneinander abgrenzen und dem Kunden helfen, gezielte Vorstellungen davon zu entwickeln, welche Produkte mit welchen eigenen Eigenschaften sich gegenübertreten. Baut man darauf, der Markt kenne schon den »guten Namen« des Herstellers und der von ihm benutzten Kennzeichnung, so liegt hierin eine deutliche Gefahr, wenn jüngere Marken sich gegen diese älteren Produktkennzeichnungen durchsetzen. Die Schwelle, bis eine benutzte Marke durch eigenen Bekanntheitsgrad ähnliche Rechte wie eine eingetragene Marke erwirbt, ist hoch. Ferner muss diese Bekanntheit der benutzten Marke in der Regel so kostenaufwendig durch Gutachten nachgewiesen werden, dass einige dutzend Markenanmeldungen hiervon finanzierbar wären. Also sollte doch genauer betrachtet werden, für welche Zwecke Marken verwendbar sind.

Generell kann mit einer Marke Schutz erlangt werden für Waren, die selbst hergestellt, importiert oder auch einfach nur vertrieben werden, sowie für Dienstleistungen.

Klassifizierungen von Waren und Dienstleistungen

Waren und Dienstleistungen werden heute gemäß internationalen Abkommen in 42 Klassen eingeteilt, wobei es sehr darauf ankommt, bereits zu einem möglichst frühen Zeitpunkt alle Waren und Dienstleistungen, die von Interesse sein können, auch anzumelden, und zwar in allen notwendigen Klassen.

Um ein besseres Verständnis dafür zu erlangen, wie derartige Waren und Dienstleistungen klassifiziert werden, ist ein Anhang mit dem offiziellen Waren- und Dienstleistungsverzeichnis, wie es beispielsweise vom Deutschen Patent- und Markenamt verwendet wird, im Anhang des Buches angefügt.

Zusätzlich zu den amtlichen Klassenangaben lassen sich jedoch auch weitere Waren- und Dienstleistungen als Detaillierung hinzufügen, wenn diese beispielsweise in besonderer Form im eigenen Unternehmen geführt oder angeboten werden.

Derartige zusätzliche Angaben sind dann besonders hilfreich, wenn versucht wird, eine Kollision mit älteren ähnlichen Zeichen im Rahmen von Abgrenzungsvereinbarungen beizulegen. Gerade dann kann man sich häufig auf diese speziellen Angaben zurückziehen und damit dennoch den wesentlichen Kern der schützenswerten Güter oder Dienstleistungen im Verzeichnis der eigenen Marke behalten.

Ausgehend von den Vorteilen eines üppig ausgestalteten Waren- und Dienstleistungsverzeichnisses liegt die Idee nahe, einfach für alle Waren- und Dienstleistungen Schutz zu beantragen, um hierdurch für spätere Abgrenzungen mehr Verhandlungsmasse zu haben.

Jedoch hat auch ein ausuferndes Waren- und Dienstleistungs-verzeichnis deutliche Nachteile. Werden beispielsweise in der Bundesrepublik Deutschland mehr als drei Klassen für eine Marke angemeldet, so muss ab der vierten Klasse zusätzlich für jede Klasse eine amtliche Gebühr entrichtet werden. Bei Auslandsanmeldungen können darüber hinaus Einzelanmeldungen für jede Klasse nötig werden, so dass der Kostenfaktor gravierend ins Gewicht fällt.

Nachteile einer zu weit gehenden Anmeldung

Darüber hinaus ist ein zu breites Waren- und Dienstleistungs-verzeichnis gut geeignet, unnötige Kollisionen mit älteren Marken oder Drittrechten zu erzeugen, welche dann zu zeitaufwendigen und kostspieligen Kollisionsverfahren führen können.

Ein guter Ansatz, um zu einem passablen Waren- und Dienstleistungsverzeichnis zu gelangen, besteht erfahrungsgemäß darin, zunächst zu überlegen, für welche Klassen die Marke heute verwendet werden soll. Dies bedeutet, sich über die derzeit hergestellten und / oder vertriebenen Produkte sowie angebotenen Dienstleistungen klar zu werden. Daraus wird sich eine bestimmte, für jede Marke spezifische Liste ergeben.

Darüber hinaus sollte man dann in einer ruhigen Stunde versuchen, die wichtigsten Gebiete der zukünftigen Geschäftsentwicklung zu erkennen und auch aufzulisten. Wenn sich hierbei neue Produkte und / oder Dienstleistungen, die noch nicht auf der gegenwärtigen Liste stehen, ergeben, sollte man diese mit in die Liste aufnehmen.

Die zukünftige Entwicklung bedenken

Ein vernünftiges Maß für die zukünftige Entwicklung umfasst einen Zeitraum von etwa fünf Jahren. Denn in der Bundesrepublik Deutschland laufen etwa nach dieser Zeit Benutzungsschonfristen für ungenutzte Waren und Dienstleistungen ab.

Eine derartige Benutzungsschonfrist ist nach deutschem Markenrecht derjenige Zeitraum, in welchem *alle* angemeldeten Waren- und Dienstleistungen Schutz genießen, auch ohne dass

Benutzungsschonfristen

diese benutzt werden oder jemals wurden. Wurde die Marke nicht für alle angegebenen Waren- und Dienstleistungen benutzt, so kann nach Ablauf der Frist eine Löschung für die nicht benutzten Teile des Verzeichnisses erfolgen.

Obwohl diese Löschung amtlicherseits eingeleitet werden könnte, ist dies derzeit so gut wie nie der Fall. Eine derartige Löschung kann aber beispielsweise dann von Dritten angedroht werden, wenn versucht wird, gegen deren jüngere kollidierende Marken vorzugehen.

Glücklicherweise kann sehr oft durch außeramtliche Vereinbarungen zwischen den Parteien verhindert werden, dass unnötige Löschungen vorgenommen werden. Unbenutzte Teile erstarken sofort wieder in voller Rechtskraft, wenn eine entsprechende Benutzung aufgenommen wird. Diese Benutzung kann beispielsweise durch einen Dritten im Rahmen eines Lizenzvertrags erfolgen, so daß erneut 5 Jahre Benutzungsschonfrist gelten.

Die Frist verlängern

Generell sollte versucht werden, vor Ablauf der Fünfjahresfrist durch eigene Benutzungshandlungen oder durch Benutzungshandlungen Dritter sicherzustellen, dass die wichtigen Teile des Waren- und Dienstleistungsverzeichnisses am Leben erhalten werden.

Die Benutzungsschonfrist ist ein rechtliches Instrument der Bundesrepublik Deutschland, welches verhindern soll, dass unbenutzte Drittrechte den Markt behindern. Dieses Instrument hat in anderen Ländern durchaus unterschiedliche Ausprägungen und Anforderungen, so dass eine entsprechende Beschreibung hier nicht möglich ist. Wenn Sie sich von einem Rechtsvertreter betreuen lassen, so sollte dieser die Anforderungen des Rechtserhalts ausländischer Marken sicher erfassen und Sie vor Ablauf der jeweiligen Fristen informieren.

Liegt nun das Waren- und Dienstleistungsverzeichnis vor, stellt sich die Frage: Wie kann eigentlich eine Marke hierfür aussehen, und welche Anforderungen gilt es zu beachten?

Was kann als Marke oder Kennzeichnungsrecht dienen?

Generell war es bis zum ersten Januar 1995, also nach altem Warenzeichenrecht so, dass nur zweidimensionale grafische Gestaltungen oder Worte dem markenrechtlichen Kennzeichnungsschutz zugänglich waren.

Dies war jedoch sehr unerfreulich, da im europäischen Ausland durchaus auch dreidimensionale Gestaltungen – wie beispielsweise das bekannte, aus aufgeblasenen Gummiringen bestehende Michelinmännchen, Darstellungen von Tieren oder auch markentypische geometrische Formen – Schutz erlangen konnten. **Dreidimensionale Gestaltungen**

Mit der Harmonisierungsnovelle wurde ab dem Beginn des Jahres 1995 für den gesamten Raum der europäischen Union ein einheitliches materielles Markenrecht geschaffen, welches es nun auch in der Bundesrepublik Deutschland ermöglicht, neben Wort-, Bild- sowie Wort-Bild-Marken dreidimensionale Marken und Hörzeichen anzumelden.

Hierbei geht der markenrechtliche Schutz so weit, dass bei dreidimensionalen Marken die Abgrenzung zum Designschutz, also zum Schutz der äußeren Gestaltung, schwierig geworden ist. **Designschutz**

> **Der Idealfall von markenrechtlichem Designschutz und der generelle Wunsch des Markenbesitzers ist es dabei, einfach seine Produkte in deren dreidimensionaler Gestaltung als Marke anzumelden und daraus einen zeitlich unbegrenzten Schutz für diese äußere Gestaltung zu erlangen.**

Diesem stehen jedoch die Interessen der Mitbewerber entgegen, da ein zeitlich unbegrenzter Schutz für die Produktform bereits mit sehr geringen Anforderungen an die Qualität des Designs zu erlangen ist.

Obwohl in einigen Staaten der EU, beispielsweise den Niederlanden, höchstrichterliche Entscheidungen existieren, welche die Form der Ware selbst als Marke und als Schutz für das Produkt zulassen, ist dies in der Bundesrepublik Deutschland derzeit nicht der Fall. Es ist eher davon auszugehen, dass auch zukünftig ein derartiger markenrechtlicher Designschutz in unserem Land nicht oder nur sehr begrenzt erlangt werden kann.

Hier stellt das Michelinmännchen jedoch ein gutes Beispiel dar, wie eine dreidimensionale Gestaltung, welche nicht die Ware selbst darstellt, markenmäßig verwendet werden kann. Die runden Gummischläuche dieses Männchens weisen auf den Hersteller von ähnlichen Produkten hin, stellen aber dessen Produkte selbst nicht direkt dar.

Es existieren noch weitere Hindernisse für die Eintragung einer Marke. So sind von der Eintragung beschreibende Angaben oder Darstellungen, welche keine Unterscheidungskraft haben, ausgenommen. Typische beschreibende Angaben finden sich beispielsweise bei Internetadressen, welchen häufig das Geschäftsfeld oder die Produkte des Internetadressaten selbst zu entnehmen sind.

Sprachbenutzung Damit auch nach Eintragung der Marke Dritte weiter unbehindert mit den Bestandteilen von Sprache umgehen können, wird seitens des jeweiligen nationalen Amtes darauf geachtet, dass solche beschreibenden Angaben nicht oder im Wesentlichen so eingetragen werden, dass zumindest die Mitbewerber nicht behindert werden.

Vor diesem Hintergrund gibt es bereits nationale obergerichtliche Entscheidungen, welche auch für Internetadressen beschreibende Angaben als unzulässig erklären. Es bleibt abzuwarten, ob derartige beschreibende Internetadressen gegebenenfalls nur beschränkte Rechte entfalten oder sogar durch Gerichte zur Löschung freigegeben werden.

Marken-Unter-scheidungskraft Schwierig ist es, gute Beispiele für mangelnde Unterscheidungskraft anzugeben, da diese Bewertung zum einen stark auf die Gewohnheiten des jeweils betroffenen Verkehrskreises bzw. Marktes abstellt und zum anderen in der Rechtsprechung durchaus konträr diskutiert wird. Generell werden jedoch eine beschreibende Angabe und sehr einfache grafische Gestaltungen als wenig unterscheidungskräftig angesehen werden. Da jedoch die Bewertung im Einzelfall stark durch die speziellen Umstände und das Verständnis des entscheidenden Senats geprägt ist, kann in Bezug auf die Unterscheidungskraft das Wagnis einer Anmeldung positive Ergebnisse bringen. Eine wichtige Marke jedoch, insbesondere falls sie in kürzerer Zeit für bereits existierende Produkte erlangt werden sollte, ist für einen solchen Versuch ungeeignet.

Eine besonders gute Strategie wurde nach meinem Ermessen bereits von Georg Eastman gefunden, der auf die Frage, was eigentlich *Kodak* bedeute, Berichten zufolge antwortete, dass er das selbst auch nicht wisse, aber der Name auf der ganzen Welt einfach auszusprechen sei. Zum Zeitpunkt dieser Antwort existierte noch kein weltweiter Konzern, sondern nur eine kleine Firma in den Anfängen.

Durch eine solch ausgeprägte Eigenständigkeit einer Bezeichnung wird in der Regel auch ein starker Schutz begründet. Es gibt wenig Argumente, den Schutzbereich der Marke einzuschränken. Weder der Einwand der beschreibenden Angabe noch derjenige der fehlenden Unterscheidungskraft bietet Anlass, während des Eintragungsverfahrens oder bei späterer Rechtsdurchsetzung eine Beschränkung der Rechte aus der Marke zu begründen.

Serienzeichen

Eine geschickte markenrechtliche Strategie stellt die Verwendung von Serienzeichen oder Gruppen ähnlicher Zeichen dar. Beispielsweise werden von Sony der *Walkman*, der *Watchman* und weitere Marken mit dem Bestandteil »-man« benutzt, welche dem Benutzer sofort mitteilen, dass es sich hier um ein qualitativ hochwertiges Sony-Produkt handelt. Blaupunkt verwendet Städtenamem für verschiedene Autoradios, und Volkswagen nutzte die Namen von Winden, beispielsweise der Golf- und Passatwinde für verschiedene Wagenklassen.

Hörzeichen

Interessant ist es zu wissen, dass auch Hörzeichen markenrechtlichen Schutz genießen können. Ein typisches Hörzeichen ist der Trailer oder akustische Vorspann, den verschiedene Sender für ihre jeweiligen Verkehrsfunknachrichten verwenden. Auch

Werbespots verwenden häufig derartig kennzeichnende »Earcatcher«, bei denen aufgrund der Ton- oder Geräuschfolge sofort eine firmenmäßige Zuordnung vorgenommen wird.

Erfreulicherweise lässt sich vereinfachend feststellen: Dem Markenschöpfer sind im Wesentlichen nur dort Grenzen gesetzt, wo das Freihaltebedürfnis oder eine eventuell fehlende Unterscheidungskraft betroffen sind oder sittenwidrige Inhalte vorliegen.

Folglich bietet das Markenrecht viel Raum für den kreativ Gestaltenden und erlaubt es, spezifische und optimale, auf das jeweilige Image abgestimmte Kennzeichnungen zu schaffen und für diese nachfolgend auch Schutz zu erlangen.

Hat man nun ein klares Verständnis davon erlangt, wofür die Marke verwendet werden soll und wie deren genaue Ausgestaltung ist, stellt sich die Hürde der älteren Rechte, also der älteren Marken und Markenanmeldungen, der älteren Firmenrechte und heute auch der Rechte im Internet.

Recherche und Drittrechte

Vor dem Erwerb der eigenen Marke ist zunächst sicherzustellen, dass Sie auch wirklich der Erste waren, der die gute Idee hatte, gerade diese Kennzeichnung zum Markenschutz anzumelden.

Wer hat die älteren Rechte? Generell gilt dabei, dass derjenige, welcher zuerst Kennzeichnungsrechte erlangt hat, diese gegen nachfolgende identische und ähnliche Kennzeichnungen durchsetzen kann. Das bedeutet, dass der Betreffende diese jüngeren Rechte verdrängen, im Rahmen von vertraglichen Abkommen begrenzt dulden oder auch gegen Zahlung von Lizenzgebühren Dritten zur Nutzung überlassen kann.

Leider kann es sein, dass ausgerechnet die gefundene wunderbare Kennzeichnung schon durch einen anderen angemeldet wurde. Und leider hat dann dieser andere genau die Rechte gegen Sie, welche Sie selbst eigentlich nutzen wollten.

Hier reicht leider die eigene Lebenserfahrung, meist auch bei versiertesten Kennern des geschäftlichen Umfeldes, nicht aus, um sicher ausschließen zu können, dass ähnliche oder verwechselbare Marken, Firmenbezeichnungen, Internet-Adressen oder Domain-Namen existieren, welche zu einer Kollision führen können.

> **Da generell alle sich begegnenden Kennzeichnungsrechte dazu geeignet sind, Kollisionen und nachfolgend, soweit diese eine Verwechslungsgefahr begründen, kostenspielige rechtliche Auseinandersetzungen zu erzeugen, kommt der Recherche vor dem Anmeldeverfahren sehr hohe Bedeutung zu.**

Notwendigkeit der Recherche

Leider ist auch zu betonen, dass jede Benutzung von Kennzeichnungen, selbst ohne Eintragung als Marke oder Anmeldung zur Eintragung, marken- oder firmenrechtliche Verletzungstatbestände begründen können, so dass der ordentliche Gewerbetreibende stets gehalten ist, für jede von ihm verwendete Kennzeichnung für seine Firma oder deren Produkte eine entsprechende Recherche durchführen zu lassen. Allein schon in der Bundesrepublik Deutschland wirken mehrere Rechtssysteme zusammen, so dass nur die Betrachtung aller Facetten zu einem guten Erfolg führen kann.

Markenrechtliche Kollisionen können durch nationale, beim Deutschen Patent- und Markenamt angemeldete und / oder eingetragene Marken sowie durch Marken aus internationalen Anmeldeverfahren wie auch durch DDR-Altmarken begründet werden, welche auf dem Gebiet der Bundesrepublik Deutschland Wirkung haben.

Markenrechtliche Kollisionen

Sehr früh sollten Sie auch die möglichen territorialen Gesichtspunkte erfassen, d.h. multinational recherchieren, um eine nachfolgende Schutzerstreckung zu ermöglichen.

Bei der Auswertung der Rechercheergebnisse stellt dann der Fall gefundener älterer Rechte mit hundertprozentiger Identität noch den am einfachsten zu beurteilenden Tatbestand dar. Hier liegt entweder ein K.o.-Kriterium für eine nachfolgende Anmeldung vor. Oder es kann, falls der anzumeldenden Marke ein besonders hoher Wert beigemessen wird, versucht werden, im Rahmen eines Lizenz- oder Duldungsabkommens eine Berechtigung zur Nutzung und Anmeldung der Marke zu erhalten. Erfahrungsgemäß können jedoch derartige Verhandlungen längere Zeit dauern, die beispielsweise bei wechselnder Korrespondenz durchaus mehr als ein halbes Jahr oder gar mehrere Jahre in Anspruch nehmen können.

Schwieriger wird die Situation, wenn die aufeinander treffenden Kennzeichnungen nicht identisch, sondern nur »irgendwie ähnlich« sind. Hier ist dann wirklich der Zeitpunkt erreicht, zu dem ein vernünftiger rechtlicher Rat unausweichlich wird.

Koexistenz
von Marken
Ferner ist zu beachten, dass auch das Waren- und Dienstleistungsverzeichnis der älteren Marke den sachlichen Umfang definiert, in dem es gegen jüngere Rechte durchgreifen kann. Beispielsweise koexistieren Marken für edle Fahrzeuge sowie hochwertige Designartikel (Porsche und Bugatti), ohne sich zu stören. Dies resultiert aus einem jeweils verschiedenen Waren- und Dienstleistungsverzeichnis der einander gegenüberstehenden Marken und dem unterschiedlichen Verständnis der beteiligten Verkehrskreise, also der Kunden, denen die Marke begegnet. Niemand wird annehmen, die Designartikel seien im Automobilwerk oder die Kraftfahrzeuge in der Designfabrik gefertigt worden.

Auch in Bezug auf die jeweils einander gegenüberstehenden Waren- und Dienstleistungsverzeichnisse gilt für die Bewertung des Kollisionstatbestandes: Zwar ist die Identität der sprachlichen Formulierung des Waren- und Dienstleistungsverzeichnisses noch einfach erkennbar, aber bereits kleinere Abweichungen haben gegebenenfalls große Wirkung.

Zu all diesen Fallgestaltungen existiert darüber hinaus eine Fülle von Rechtsprechung, die in Abhängigkeit von der Entwicklung der Gegebenheiten einer ständigen Anpassung unterworfen ist.

Betrachtet man das Ergebnis einer derartigen Recherche, so werden in der Regel der eigenen Marke bis zu Hunderte von anderen Marken gegenüberstehen, die entweder identisch, ähnlich oder vollständig anders sein können und die angesprochenen Fragen aufwerfen.

Darüber hinaus ist zu prüfen, ob diese älteren Marken noch Schutz genießen oder gegebenenfalls bereits erloschen sind, gelöscht oder zurückgezogen wurden.

Es ist positiv, viele Anbieter von Rechercheleistungen zur Verfügung zu haben und sich dadurch kostengünstige Dienstleister aussuchen zu können, jedoch birgt gerade die Fülle der Möglichkeiten auch Gefahren. Denn zum einen wird dem Auftraggeber zwar gesagt, für welche Waren- und Dienstleistungsklassen recherchiert werden wird, ihm aber nicht mitgeteilt, dass solches auch im Internet und in den Firmenregistern getan werden sollte. Zum anderen sind einige Datenbanken immer noch äußerst unvollständig und verlangen die Anbieter von großen und sehr vollständigen Datenbanken entsprechende Preise.

Probleme bei Rechercheleistungen

Das Deutsche Patent- und Markenamt bietet die kostenfreie Möglichkeit, in seiner Markenrolle zu recherchieren, jedoch wird keine Zusage für deren Vollständigkeit gegeben. Und es existieren so gut wie keine Werkzeuge, um ähnliche oder verwechselbare Marken aufzufinden.

Da jedoch eine möglichst vollständige Datenbasis überhaupt erst das Risiko einer Schutzrechtsverletzung vernünftig herabsetzen kann, bedarf es auf diesem Feld einiger Erfahrung, die sich dann auch im Preis für die Dienstleistung und die benutzten elektronischen Werkzeuge ausdrückt.

Interessant, aber unerfreulich ist es zu sehen, wie mutig manch jüngerer oder noch unerfahrener Gewerbetreibende seine Kennzeichnungen ohne jegliche Recherche verwendet und burschikos auch anmeldet.

Anmeldung ohne Recherche

Eine Anmeldung ohne jegliche Recherche ist durchaus dann möglich, wenn man dies beispielsweise mit zehn parallelen Kandidaten tut, um dann auf denjenigen Kandidaten zu setzen, der im Eintragungs- und nachfolgenden Widerspruchsverfahren »am besten durchkam«. Hierdurch kann es durchaus nach ein bis zwei Jahren zu einem Markenbestand kommen, der nach dem Abschluss entsprechender Widerspruchsverfahren nur noch ein kleineres Kollisionsrisiko begründet.

Eine Garantie für einen erfolgreichen Markenschutz ist dies ohne Recherche jedoch nicht und stellt immer noch einen recht kostspieligen und riskanten Weg dar.

Diese Fälle, die ohne jegliche Recherche dann nach einer Bauchlandung – d. h. Abmahnung, Schadensersatzforderung und Umbenennung des Produktes – wieder bei uns erscheinen, stellen den unerfreulichsten Teil unserer Tätigkeit dar. Hier kann vielfach nur noch eine Schadensbegrenzungsstrategie zur Kostenminimierung und zur Vermeidung von Marktschäden, gepaart mit einem vernünftigen neuen Aufbau, helfen.

Zusammenfassung

Mögliche Probleme, die vor einer Anmeldung zu klären sind:

- **ältere Kennzeichnungsrechte durch andere(n) Markeninhaber**
- **vorhandene ähnliche Kennzeichnungen**
- **vorhandene Ähnlichkeiten, entsprechend Waren- und Dienstleistungsverzeichnis**
- **Vermeidung einer Anmeldung ohne Recherche oder**
- **einer unvollständigen Recherche durch Unkundige**

Liegt jedoch nach Recherche ein versprechender Markenkandidat vor, bedeutet dies »grünes Licht« für das Anmeldeverfahren.

Nationales und internationales Anmeldeverfahren

Mit dem Vorliegen des Warenverzeichnisses, der Marke, in deren abschließender Ausgestaltung sowie dem positiven Rechercheergebnis kann das Anmeldeverfahren in die Wege geleitet werden. An dieser Stelle sollte jedoch genauer untersucht werden, wer der am besten geeignete Anmelder ist.

Dieser Anmelder wird in der Regel nach dem erfolgreichen Abschluss des Eintragungsverfahrens auch zum späteren Inhaber der Marke und kann dann alle Rechte aus der Marke geltend machen. Es ist also genauestens zu untersuchen, welche Wirkungen es hat, wenn ein bestimmter Anmelder über nachfolgende Verbietungsrechte und entsprechende Auskunftsansprüche verfügt.

Der Anmelder

Kommt es hierbei zu Fehlern, so kann dies gravierende Folgen haben. Werden beispielsweise Markenrechte in der Firmenhierarchie an falscher Stelle begründet, so kann es zur Unabhängigkeit von Teilzweigen oder Tochterfirmen kommen, die dann möglicherweise eine für den Konzern durchaus schmerzhafte Eigenständigkeit haben.

Gravierend ist auch der Fall, dass beispielsweise im Rahmen eines Konkursverfahrens oder bei der Übertragung von Geschäftsbetrieben oder Teilen davon wichtiger Schutz verloren geht und eventuell eine nachfolgende Vermarktung von Produkten in einer neuen Firma nicht mehr möglich ist.

Die Frage der optimalen Positionierung von Markenrechten sollte den sicheren Erhalt der Rechte, deren optimale Nutzung sowie auch steuerrechtliche Komponenten umfassen.

Häufig wird es für den kleinen oder mittelständischen Betrieb klug sein, Markenrechte in der *Person* des Firmenbesitzers zu etablieren, damit dieser eine Sicherheit gegenüber möglichem Konkurs hat sowie weit gehende Kontroll- und Steuerungsmöglichkeiten behält. Handelt es sich um beträchtliche, unter der Marke zu erwartende Umsätze, wird zudem der *Ort*, an welchem Erträge aus der Marke anfallen, bedeutsam sein.

Ist nach reiflicher Überlegung der optimale spätere Markeninhaber klar, so kann dieser das Anmeldeverfahren betreiben. Ratsam ist es generell, zunächst eine nationale Anmeldung vorzunehmen und innerhalb einer Frist von sechs Monaten zu prüfen, ob weitere ausländische Anmeldungen sinnvoll sind.

Beschleunigtes Eintragungsverfahren

Steht jedoch bereits früh fest, dass beispielsweise Nachanmeldungen im europäischen bzw. kontinentaleuropäischen Raum erforderlich werden, sollte bereits bei Anmeldung der Marke *eine beschleunigte Prüfung* beantragt werden, welche eine Eintragung innerhalb der sechsmonatigen Frist sicherstellt.

Häufig hat das beschleunigte Eintragungsverfahren auch den Vorteil, dass die Prüfungsstelle nicht die Möglichkeit hat, so ausführlich wie sonst auf alle entgegenstehenden Einwendungen einzugehen. Deshalb lohnt sich dieses Verfahren auch in Fällen kritischer Markenkandidaten.

Internationale Anmeldung

Mit einer eingetragenen Basismarke können dann Marken nach dem Madrider Markenabkommen und dessen Protokoll sowie nach weiteren internationalen Abkommen für Bündelanmeldungen in Kontinentaleuropa kostengünstig nachangemeldet werden. Liegt keine Basismarke, sondern nur ein anhängiges Anmeldeverfahren vor, kann eine EU-Marke beim Harmonisierungsamt in Allicante beantragt werden, welche nach Eintragung Schutz im gesamten Raum der Europäischen Union bietet.

Selbst Kombinationen von Markenanmeldungen nach dem Madrider Markenabkommen, dessen Protokoll sowie EU-Marken sind möglich, gehören jedoch in die Hände versierter Vertreter, um nicht mehr Kosten, Aufwand und Komplikationen zu verursachen als wirklich nötig.

Selbstverständlich ist es weiterhin möglich, unabhängige eigene nationale Markenanmeldungen in den jeweiligen Ländern von Interesse vorzunehmen, jedoch erzeugen derartige Nachanmeldungen in der Regel bereits ab mehr als drei verschiedenen Ländern größere Kosten, als es bei einer Nutzung der erwähnten internationalen Abkommen für Bündelanmeldungen der Fall wäre.

Nach der Anmeldung wird durch die jeweilige Behörde in der Regel eine Formalprüfung vorgenommen, und es werden entsprechende Bescheide erlassen, welche eine gegebenenfalls nötige Korrektur ermöglichen.

Soweit dann formell korrekte Unterlagen vorliegen, erfolgt eine materielle Prüfung, welche die bereits erwähnten Eintragungshindernisse umfasst. Häufig führt dies zu Prüfungsbescheiden, in denen eine Eintragbarkeit der Marke verneint wird. Bei Laien erweckt dies den Anschein, dass die Anmeldung mit großen Problemen verbunden ist.

Der Kundige auf diesem Gebiet wird die Prüfungsstelle jedoch in den meisten Fällen davon überzeugen können, dass viele der geltend gemachten Argumente nicht greifen, und durch diese Verteidigung, welche gegebenenfalls auch in den weiteren Instanzen vorzunehmen ist, zu einer Markeneintragung gelangen.

Nach der erfolgten Eintragung schließt sich in vielen Ländern, wie auch in der Bundesrepublik Deutschland, ein verfahrensmäßiger Abschnitt an, in welchem Dritte ihre älteren Rechte geltend machen können. Hier können dann im Wege des amtlichen Widerspruchsverfahrens Inhaber älterer Rechte beantragen, der jüngeren eingetragenen Marke so weit den Schutz zu verwehren, wie dies ihren eigenen Rechten entgegensteht. Häufig kann in derartigen Fällen im Rahmen vernünftiger Abgrenzungsverhandlungen ein Bereich der Koexistenz beider Marken gefunden werden, welcher nachfolgend kostenträchtige amtliche und gerichtliche Verfahren vermeidet.

> **Selbst nach Eintragung der eigenen Marke sollte tunlichst vor deren Benutzung eine weitere Recherche durchgeführt werden, um zu vermeiden, dass zum Zeitpunkt der Anmeldung noch *unveröffentlichte* Marken oder Markenanmeldungen einer Benutzung dennoch entgegenstehen.**

Diese Verpflichtung wurde durch entsprechende gerichtliche Entscheidungen immer wieder klar und unmissverständlich formuliert.

Die wichtigsten Schritte der Markenanmeldung in Stichworten:

1. Nationale Anmeldung
2. Bei kritischen Markenkandidaten oder geplanten Nachanmeldungen im kontinentaleuropäischen Raum Antrag auf beschleunigte Prüfung stellen
3. Nach eingetragener Basismarke Nachanmeldung nach Madrider Markenabkommen und eventuell dem Protokoll dazu
4. Alternativ zu 3: EU-Marke anmelden
5. Gegebenenfalls eigene nationale Markenanmeldungen in Ländern von weiterem Interesse
6. Bei negativem Prüfungsbescheid Verteidigung durch Anwalt, u. U. in mehreren Instanzen
7. Bei Widerspruchsverfahren Abgrenzungsverhandlungen führen
8. Nach Eintragung der Marke Recherchen nach unveröffentlichten Markenanmeldungen durchführen, die der Benutzung der Marke entgegenstehen.

3. Die weiteren Schritte

Möglichkeiten der Durchsetzung des Markenschutzes

Wir wollen an einem kleinen Beispiel zeigen, wie einzelne Facetten des Markenschutzes praktisch aussehen können, und ermutigen, die Rechte aus einer Marke auch entsprechend zu nutzen.

Nehmen wir an, Sie hätten eine neue Werkzeugserie auf den Markt gebracht, von der Sie genau wissen, wie groß deren Anklang sein wird; Sie haben dieser auch eine entsprechend gute Kennzeichnung gegeben. Nun bemerken Sie jedoch bereits im Jahr nach der Markteinführung, dass auf einer Messe nur wenige Stände weiter Produkte mit Ihrer Kennzeichnung angeboten werden. Wurde dieser Sachverhalt schon beim Aufbau, d. h. vor offizieller Eröffnung der Messe, entdeckt, ist dies umso besser und gibt Ihnen entsprechend mehr Zeit, gegen die unberechtigten Nutzer Ihrer eingetragenen Marke vorzugehen. Es bedarf nun zügiger rechtlicher Hilfe.

Die einstweilige Verfügung ist hier das Mittel Ihrer Wahl, um eine Verschlechterung Ihrer rechtlichen Position zu verhindern.

Obwohl Sie eine einstweilige Verfügung »zu Protokoll des Gerichts« erklären, d. h. ohne anwaltliche Hilfe vorgehen können, ist dies äußerst riskant. Mit einem am Gerichtsstand kundigen anwaltlichen Beistand kann eine einstweilige Verfügung jedoch bereits durchaus im Laufe eines halben Arbeitstages erlangt und

Die einstweilige Verfügung

deren Vollstreckung im glücklichsten Falle in der anderen Hälfte desselben Arbeitstages betrieben werden.

Die Vollstreckung dieser Verfügung umfasst das Verdecken bzw. Entfernen der entsprechend gekennzeichneten Produkte Ihres Mitbewerbers und kann zu starker Beachtung seitens Ihrer Abnehmer und Mitbewerber führen.

Gefahren der einstweiligen Verfügung Wird einem derartigen Antrag auf Erlass einer einstweiligen Verfügung jedoch nicht stattgegeben, kann dies auch zu negativer Publicity führen oder, schlimmer noch: bei fälschlich gewährter Verfügung in einem nachfolgenden Hauptsacheverfahren Schadensersatzfolgen und Verfahrenskosten in nicht unbeträchtlichem Ausmaß nach sich ziehen. Dies lässt sich in der Regel jedoch durch vorheriges Einholen des Rates eines Vertreters vermeiden, der vorzugsweise auch mit den örtlichen Gepflogenheiten des angerufenen Gerichtes gut vertraut ist.

So erfreulich die schnelle Beseitigung der Produkte des Mitbewerbers sowie seiner Werbeschriften, Plakatierungen und Angebotslisten mit Ihrer Kennzeichnung ist, so sollte dennoch beachtet werden, dass hiermit nicht alle Rechte durchsetzbar sind. Die einstweilige Verfügung dient hauptsächlich dazu, rechtlichen Schaden zu verhindern, der mit einem langfristigen Verfahren nicht aufzuhalten wäre, somit einer kurzfristigen Sicherung der Rechtsstellung. Sie dient jedoch nicht der langfristigen Durchsetzung von Ansprüchen, die in zeitlich langwierigeren Verfahren ohne Rechtsverlust geltend gemacht werden können, wie beispielsweise Schadensersatz- und Auskunftsansprüche. Mit einem solchen Verletzungsverfahren beschäftigt sich der nachfolgende Abschnitt.

Das markenrechtliche Verletzungsverfahren **Markenrechtliche Verletzungsverfahren sind vor den Markensenaten der ordentlichen Gerichte durchgeführte Verfahren, in denen über einen Unterlassungsanspruch hinaus auch Schadensersatz-, Auskunfts- und gegebenenfalls sogar Ansprüche auf Zerstörung der verletzend gekennzeichneten Waren geltend gemacht werden können.**

Heutige Zeiträume einer Rechtsdurchsetzung liegen in der ersten Instanz typischerweise gerichtsstandsabhängig zwischen drei Monaten bis mehreren Jahren, so dass auch der Wahl des angerufenen Gerichts große Bedeutung zukommt und dieser Punkt vorab der Klärung bedarf. Hinzu kommt, dass die Entscheidungspraxis bundesweit nicht identisch ist, da die Anzahl der entschiedenen Fälle und die Kundigkeit des Gerichts durchaus unterschiedlich ist.

Stellt sich beispielsweise im Nachgang zum einstweiligen Verfügungsverfahren heraus, dass Ihr Mitbewerber bereits vorab mit Ihrer Marke gekennzeichnete Waren angeboten, vertrieben und / oder hergestellt hat, können nun die weiter gehenden Ansprüche in einem derartigen Verletzungsverfahren geltend gemacht werden.

Gewonnenes Verletzungsverfahren

Die Folgen eines gewonnenen Verletzungsverfahrens sind für den Verletzer prekär. Nach gerichtlicher Bestätigung Ihrer Ansprüche haben Sie einen vollstreckbaren Titel erhalten, gemäß welchem der Verletzer nun detailliert Rechnung legen muss, an wen die Produkte in welcher Menge und zu welchem Preis geliefert wurden.

Faktisch hat der Verletzer heute sein gesamtes Vertriebsnetz und seinen Kundenstamm zu offenbaren und Ihnen darüber hinaus seine betriebswirtschaftlichen Eckdaten an die Hand zu geben, wie beispielsweise Liefermenge, angebotener Preis, Nachlässe, betriebene Werbung und dergleichen.

Basierend auf diesen betriebswirtschaftlichen Eckdaten sowie der Information über den Kundenstamm ist es sicher nicht schwierig, die eigenen Produkte optimal zu platzieren. Dies wird ferner dadurch unterstützt, dass der Verletzer nunmehr nicht mehr in der Lage ist, seine entsprechend gekennzeichneten Produkte weiter zu vertreiben. Erst der Neuantritt mit einer eigenen, anderen Kennzeichnung gestattet es Ihrem Mitbewerber, weiter tätig zu werden.

Zeigte sich im Laufe des Verletzungsverfahrens jedoch, dass die verletzende Kennzeichnung nicht von den Produkten zu entfernen ist, haben Sie auch einen Anspruch auf Zerstörung der entsprechenden Ware.

Derartige Fälle spielen sich typischerweise in den offenen Zolllagern ab, wo beispielsweise Textilien, Sportartikel, Sonnenbrillen und Taschenlampen ihr jähes Ende finden können, ohne jemals den erstrebten Markt erreicht zu haben, was starke Betroffenheit aufseiten des Verletzers erzeugt.

So positiv und durchgreifend die vorstehend beschriebenen Wirkungen sind, so wachsam sollte man jedoch auch im Umgang mit dem Erhalt und der Nutzung der Markenrechte sein. Vorschläge hierzu werden im nachfolgenden Abschnitt gemacht.

Beobachtung und Kontrolle von Marktsegmenten

Verschläft man es, gegen unliebsame Mitbewerber vorzugehen, kann nach längerer Zeit, beispielsweise nach mehr als fünf bis zehn Jahren, durchaus ein Duldungstatbestand geschaffen worden sein, der dem Verletzer aufgrund der verstrichenen Zeit das Argument der Verwirkung in die Hände spielt und eine nachfolgende Rechtsdurchsetzung unmöglich macht.

Heikel:
das Internet
Ferner wurde bereits eingangs betont, dass begleitend zu eigenen Markenrechten der Erwerb entsprechender Internetadressen und/oder Domains zu einem möglichst frühen Zeitpunkt strategisch bedacht und betrieben werden sollte, um dem Entstehen stabiler Drittrechte, beispielsweise im Ausland an Orten, an denen kein Markenschutz besteht, entgegentreten zu können.

Erfreulicherweise ist aber auch in einer solchen Situation die Marke von großer Hilfe; kommt es nämlich zu einer unberechtigten Markennutzung im Internet, kann auch dagegen aus der Marke vorgegangen werden.

Wird jedoch die Marke für den unberechtigten Dritten nur in einem einzigen Staat nicht mehr nutzbar, so kann dies einem weltweiten Verbot gleichkommen, da derzeit im Internet die gleichen Inhalte für alle Staaten zur Verfügung gestellt werden und das Unterlassen in einem Staat nur durch eine vollständige Streichung der Bezeichnungen im gesamten Internet zu erreichen ist.

Folglich sollte das Entstehen von Drittrechten, insbesondere von Drittmarken, und die Situation im Internet einer ständigen Beobachtung unterliegen.

Hierzu existieren äußerst kostengünstige und effektive Instrumente, welche sowohl Drittmarken als auch Aktivitäten im Internet und Eintragungen neuer Firmen erfassen. Derartige Instrumente sind beispielsweise auf dem Markengebiet die von vielen Dienstleistern angebotenen Kollisionsüberwachungen, welche basierend auf dem Datenmaterial verschiedener Patent- und Markenämter eine elektronische Ermittlung durchführen und dabei identische und ähnliche Marken so rechtzeitig zur Kenntnis bringen, dass ein nachfolgendes Widerspruchsverfahren gegen die eingetragene Marke durchgeführt werden kann.

Kollisions-überwachung

Dabei ist es von Wichtigkeit, dass eine derartige Kollisionsüberwachung für spezielle Waren- und Dienstleistungsklassen durchführbar ist, wodurch die riesigen Datenmengen durch Weglassen irrelevanter Waren- und Dienstleistungsklassen stark reduziert werden. Ferner kann durch die elektronische Aussortierung von nichtähnlichen Marken weitere Zeit gewonnen werden.

Häufig bleibt jedoch auch bei diesen Dienstleistern, welche im Zweifel alle infrage kommenden jüngeren Marken mitteilen müssen, immer noch eine Fülle von Fragen offen, da eine Kollisionsanalyse nicht immer ganz einfach ist. Somit wird ein kundiger Rechtsvertreter sowohl bei der Bewertung der vorliegenden Ergebnisse als auch der weiteren Vorgehensweise hilfreich sein.

Beobachtung und Kontrolle von Marktsegmenten

Interessant ist die Überwachung von entstehenden Drittrechten auch, um bereits im Vorfeld drohender Kollisionen durch außeramtliche und außergerichtliche Abgrenzungsvereinbarungen jeweils die Gebiete zu definieren, in welchen sich einander gegenüberstehende Parteien ohne Schwierigkeiten dulden können.

Lizenzverträge mit Berichtswesen

Derartige Kollisionsüberwachungen können im Wege von Lizenzverträgen mit Berichtswesen auch jeweiligen Markenlizenznehmern auferlegt werden und auf diese Weise zu starker Entlastung des Markeninhabers führen. Ferner bieten viele anwaltliche Vertreter diesen Dienst an. In der Regel wird sich im Laufe der Zusammenarbeit ein optimiertes Berichtswesen herausbilden, das es dem Markeninhaber gestattet, mit nur minimalem Zeitaufwand zu optimaler Aufrechterhaltung und Verteidigung seiner Rechte zu kommen.

Löschungsverfahren

Eine besonders günstige Voraussetzung bietet dabei das bundesrepublikanische Rechtssystem, gemäß dem eine kostengünstige Eigenschaft eines zivilgerichtlichen Löschungsverfahrens genutzt werden kann. Kommt der Inhaber der jüngeren kollidierenden Marke auch nach Aufforderung zum freiwilligen Verzicht oder deren freiwilliger Löschung diesem Begehren nicht nach, kann ein gerichtliches Löschungsverfahren in die Wege geleitet werden. Unterliegt der Inhaber der jüngeren kollidierenden Marke, so hat er auch im Wesentlichen sämtliche Kosten des Verfahrens, also über die Gerichtskosten hinaus ebenso die Kosten der Rechtsvertreter beider Seiten, zu übernehmen.

Auf diese Weise kann ein optimaler markenrechtlicher Schutz in der Regel mit äußerst geringem Zeitaufwand und sehr kostengünstig aufgebaut und erhalten werden.

Das vorliegende Kapitel hat Vorzüge des markenrechtlichen Schutzes diskutiert, führte jedoch nicht zu direkten quantifizierbaren Angaben, wie hoch, beispielsweise ausgedrückt in geldwertem Vorteil, Markenschutz zu bewerten ist. Dieser Frage geht das nächste Kapitel nach.

4. Der Wert einer Marke

Woraus resultiert der Wert?

Der Wert einer Marke resultiert zunächst aus der besonderen Rechtsstellung, welche neben anderem die Möglichkeiten des Verbietens, des Übertragens von Rechten aufgrund von Lizenzverträgen und die Möglichkeit, auf bestimmte Marktsegmente Kontrolle auszuüben, umfasst.

Ein interessanter Aspekt des Markenschutzes liegt ferner darin, dass dieser, anders als alle anderen gewerblichen Schutzrechte – wie beispielsweise Patente, Designschutz, Gebrauchsmuster- oder auch Urheberrechtsschutz –, zeitlich nicht befristet ist.

Es gibt alte Markenbestände, deren Wert nur mit immensen Summen aufzuwiegen ist und über die geschützten Waren und Dienstleistungen hinaus positiven Einfluss auf das gesamte Image des Inhabers hat. Vergleicht man beispielsweise den über lange Zeit aufgebauten guten Ruf verschiedener Marken wie Coca Cola, Persil oder etwa Porsche, Leica, Ferrari etc., so wird klar, dass die jeweils zugehörigen Geschäftsbetriebe kaum noch ohne diese Kennzeichnung vorstellbar wären.

Finanziell kaum noch kalkulierbar

Somit ist neben dem reinen Ertrag, den eine Marke durch Lizensierung erbringen kann, auch ein sehr viel weiter gehender Imageschutz mit einzubeziehen, welcher aber weit schwieriger zu kalkulieren ist.

Zunächst soll jedoch der Versuch gemacht werden, die Erträge aufgrund von Lizenzgebühren zu erfassen, was auch für die Betrachtung von steuerrechtlichen Fallgruppen interessant sein wird.

Minimalansatz: die Lizenzanalogie

Erträge Typischerweise können Lizenzgebühren in Abhängigkeit vom Wert einer Marke von ca. 0,25 % bei Konsumgütern und einfacheren Artikeln bis zu 5 bis 8 % vom Nettoverkaufspreis bei hochwertigen Produkten betragen. Daraus ergibt sich folglich eine Ertragskraft der Marke, die zumindest diesem prozentualen Anteil am Umsatz der hergestellten und / oder derart gekennzeichneten Waren entspricht.

Kosten Von diesem Betrag sind die zur Aufrechterhaltung des Markenschutzes anfallenden Jahresgebühren, welche je nach Markentyp alle 10 bzw. 20 Jahre zu erbringen sind, und die für die Kollisionsüberwachung nötigen Kosten abzuziehen. Diese Summen werden in der Regel jedoch so niedrig sein, dass deren Erfassung mehr buchhalterischen als betriebswirtschaftlichen Sinn hat.

Die Erträge aus einer Marke wachsen auch dadurch stark an, dass eine zeitliche Befristung im Wesentlichen nur durch den Geschmack des Marktes und durch die Wertschätzung des Markeninhabers gegeben ist.

Der über diese Lizenzanalogie hinausgehende Wert ist schwieriger zu ermessen. Ein Versuch hierzu wagt jedoch der nächste Abschnitt.

Strategische Positionierung am Markt und im Bewusstsein der Abnehmer

Eine korrekt positionierte Marke wird der strategischen Stellung am Markt, beispielsweise der Stellung als Marktführer, deutlich helfen und eine entsprechende Verankerung im Bewusstsein der Abnehmer bewirken. Diese Stellung ist mit den bereits aufgezeigten Mitteln dann auch nachhaltig durchsetzbar.

Als Vergleich ist es interessant hier zu untersuchen, welchen Wert einem koffeinhaltigen Erfrischungsgetränk beigemessen wird, wenn dieses einmal als *Coca Cola* und ein anderes Mal als *Afri Cola* bezeichnet wird. Der durchsetzbare Preisunterschied ist hierbei sicherlich höher als zwischen 0,25 und 8 % des Nettoverkaufspreises, also höher als der durch die Lizenzanalogie ermittelte Wert.

Höherer Ertrag durch strategische Positionierung

Beim Vergleich der Marken Leica und Minolta oder Fuji lässt sich auch hier die erhebliche Preisdifferenz in den Regalen der Kaufhäuser sofort nachvollziehen.

Würde man diese extrem hohe Preisdifferenz nur dem Wert der Marke beimessen, wäre dies wohl nicht richtig, denn zur Aufrechterhaltung der mit diesen Marken einhergehenden Gütevorstellungen sind auch eine entsprechend ausgefeilte Qualitätssicherung sowie entsprechender Forschungs- und Entwicklungsaufwand nötig.

Dennoch scheint in diesen speziellen Fällen der durch die Marke dokumentierte höhere Produkt- und Veräußerungswert auch nach Abzug der Kosten aus Qualitätssicherung, Forschung und Entwicklung noch weit über den Betrag, welcher mit der Lizenzanalogie ermittelt wurde, hinauszugehen und kann sich im Einzelfall aus dem erhöhten Marktwert nach Abzug der erwähnten Kosten ergeben.

Von großer Bedeutung ist ab einem bestimmten Umsatz auch die Frage, ob sich die Marke als steuerrechtliches Mittel zur Lenkung von Kapitalflüssen einsetzen lässt, denn hierdurch kann es zu einer geldwerten Besserstellung kommen. Diesen Aspekten ist der nächste Abschnitt gewidmet.

Die Marke als Mittel der Lenkung von Kapitalflüssen und der steuerrechtlichen Gestaltung

Nachfolgend können weder steuerrechtlich verbindliche Zusagen getroffen werden, noch wird in irgendeiner Form der Versuch einer Steuerberatung unternommen. Es geht vielmehr darum, dem jeweiligen steuerberatend oder planend Tätigen Denkanstöße zu vermitteln, die er bei Prüfung der jeweils vorliegenden Gegebenheiten verwenden mag, um seinen Interessen oder denen seiner Mandanten besser gerecht werden zu können.

Stellen wir uns vor, in der Familie eines Gewerbetreibenden – der mit seinem kleinen Unternehmen darum kämpft, am Markt bestehen zu können und es auszubauen – werde eine Markenanmeldung vorgenommen. Diese Anmeldung kann der Gewerbetreibende selbst auf seinen Namen, auf den Namen seiner Firma oder auf den Namen eines Dritten vornehmen.

Nutzungsrechte im Rahmen eines Lizenzvertrags Erwirbt dieser Gewerbetreibende die Marke nicht in eigenem Namen oder im Namen seiner Firma, sondern lediglich Nutzungsrechte im Rahmen eines Lizenzvertrags, so wird diese entgeltliche Markennutzung sicher zu einer Minderung des Gewinns, jedoch nicht zur Schmälerung des Umsatzes führen.

> **Zu prüfen ist nun, ob diese Gewinnminderung bereits dadurch vorteilhaft sein kann, dass eventuelle Körperschaftssteuern vermindert anfallen, oder ob, falls die Marke einer dritten Person gehört, nicht sogar eine vollständige Minderung des zu versteuernden Gewinns in voller Höhe der Lizenzgebühren vorliegt.**

Der Lizenzgeber und Markeninhaber kann dabei eine inländische oder ausländische natürliche oder juristische Person sein. Zu prüfen ist bei der Wahl von lizenzierten Nutzungsrechten nicht nur die steuerrechtliche Situation des Lizenznehmers, sondern auch diejenige des Lizenzgebers, also wie der Markeninhaber die Einkünfte aus der Lizenzierung der Marke steuerrechtlich zu bewerten hat.

Ist der Markeninhaber und Lizenzgeber ein Inländer, so kann dieser beispielsweise bei einem geringeren persönlichen Einkommen durchaus wesentlich besser gestellt sein als der hoch verdienende Geschäftsinhaber selbst.

Ist der Markeninhaber und Lizenzgeber Ausländer, so kann die Wahl des steuerrechtlichen Leistungsortes erhebliche Besserstellungen, bis nahezu zum gesamten Wert der Lizenzerträge, mit sich bringen.

Ab einer bestimmten Höhe des Umsatzes unter der lizenzierten Marke ist auch zu prüfen, ob der Markeninhaber, soweit im Ausland ansässig, unter den dortigen steuerlichen Regelungen als juristische Person besser gestellt ist oder eine höhere Sicherheit für den Lizenznehmer bietet.

Die im nahen Ausland, beispielsweise der Schweiz, Luxemburg oder auch den Kanalinseln, geltenden steuerrechtlichen Bestimmungen sind es sicher wert, eingehender geprüft zu werden, und können bereits bei Umsätzen, die typischerweise Kleinbetriebe ab ca. vier bis fünf Angestellten erzielen, zu einer beachtlichen steuerlichen Besserstellung führen.

> **Es wird, basierend auf den vorgetragenen Modellen, die Behauptung gewagt, dass ein strategisch überlegter, steuerrechtlich optimierter Markenschutz nicht nur zu einer rechtlichen Besserstellung des Markeninhabers, sondern im richtigen Umfeld sogar zu starken Einsparungen bzw. hohen Einnahmen führen kann.**

Neben der hier vorgenommenen Bewertung des derzeitigen rechtlichen Umfelds sowie des Wertes einer Marke soll als Ausklang im nächsten Kapitel kurz ein Ausblick auf die weitere Entwicklung des Markenschutzes gegeben werden.

5. Ausblick auf die weitere Bedeutung des Markenschutzes

Pro Tag werden heute, d. h. im Jahre 2000, mehr als 200 000 Internetadressen neu vergeben. Diese nahezu unüberschaubare Flut neuer Kennzeichnungen geht einher mit einer Öffnung der Märkte und höherer Transparenz für den Verbraucher, der in Minuten weltweit nach konkurrierenden Produkten und Anbietern recherchieren kann. Dennoch stehen wir heute erst am Beginn der ersten Internetgeneration! Zudem wird diese zusätzliche Kommunikationsebene auch im privaten Umgang mehr und mehr Einzug halten. Es werden also nicht nur immer mehr Kennzeichnungen miteinander in Konkurrenz treten, sondern diese auch immer stärkeren Einfluss auf Konsumenten und Mitbewerber haben.

Leider ist es aber derzeit nicht möglich, ohne einen entsprechenden Markenschutz den Ausgang rechtlicher Auseinandersetzungen eindeutig vorherzusagen. Die Schwierigkeiten beruhen unter anderem darauf, dass Rechtssysteme verschiedener Staaten aufeinander treffen und dadurch Verbietungsrechte unter Umständen nur sehr schwierig extraterritorial durchsetzbar sind und sein werden.

Anders ist dies jedoch bei dem Vorliegen von Markenrechten, da die Benutzung von Kennzeichen im Internet in der Regel als markenrechtliche Verletzungshandlung anerkannt wird und national verfolgt werden kann.

Anhang

Das amtliche Waren- und Dienstleistungsverzeichnis

Klasse 1

Chemische Erzeugnisse für gewerbliche, wissenschaftliche, photographische, land-, garten- und forstwirtschaftliche Zwecke; Kunstharze im Rohzustand, Kunststoffe im Rohzustand; Düngemittel; Feuerlöschmittel; Mittel zum Härten und Löten von Metallen; chemische Erzeugnisse zum Frischhalten und Haltbarmachen von Lebensmitteln; Gerbmittel; Klebstoffe für gewerbliche Zwecke.

Anmerkungen
Unter den Warenoberbegriff »chemische Erzeugnisse für gewerbliche Zwecke« fallen u.a. Erzeugnisse der chemischen Industrie, die als Grundstoffe und Zwischenprodukte für die Herstellung chemischer Fertigprodukte bestimmt sind, die auch in andere Klassen fallen können. Unter den vorstehenden Warenoberbegriff fallen außerdem Hilfsmittel, die für andere Industrien bestimmt sind. Unter »chemische Erzeugnisse für wissenschaftliche Zwecke« fallen insbesondere Reagenzien.

Hinweise auf Waren, die in diese Klasse fallen:
Chemische Imprägnierungsmittel für Leder und Textilien; Mittel zum Haltbar- und Wasserdichtmachen für Zement; Diagnostikmittel für wissenschaftliche Zwecke; Reagenzpapier; Filtermaterial aus chemischen, mineralischen, pflanzlichen Stoffen, rohem Kunststoffmaterial oder

Keramikpartikeln; Detergenzien zur Verwendung bei Herstellungsverfahren; Stärke für gewerbliche Zwecke; Tapetenkleister; bestimmte Spezialkitte, wie Schuhkitt, Lederkitt, Okulierkitte, Kitte zum Ausfüllen von Baumhöhlungen; lichtempfindliche Papiere, Folien und Filme; Lichtpausleinen; Humus, Kompost, Kulturerde, chemische Bodenverbesserungsmittel; Salz zum Konservieren, nicht für Lebensmittel.

Hinweise auf Waren, die in andere Klassen fallen:
Chemische Erzeugnisse für die medizinische Wissenschaft (zur Anwendung im oder am menschlichen oder tierischen Körper), z. B. Diagnostikmittel, Röntgenkontrastmittel (Kl. 5);
Fungizide, Herbizide und Mittel zur Vertilgung von schädlichen Tieren (Kl. 5);
Detergenzien, ausgenommen solche zur Verwendung bei Herstellungsverfahren (Kl. 3), Detergenzien für medizinische Zwecke (Kl. 5); Diagnostikmittel für medizinische Zwecke (Kl. 5);
Binde- und Verdünnungsmittel für Farben (Kl. 2); Stärke für die Wäsche (Kl. 3); Filtermaterial aus Papier (Kl. 16), aus Kunststoffhalbfabrikaten oder Schaumstoff (Kl. 17), aus Watte (Kl. 22), aus Textilien (Kl. 24); natürliche Harze im Rohzustand (Kl. 2); Kunstharze und Kunststoffe als Halbfabrikate (Kl. 17); Klebstoffe für Papier- und Schreibwaren sowie für Haushaltszwecke (Kl. 16); Glaserkitte (Kl. 2), Zahnkitte (Kl. 5), Dichtungs-, Fugenkitte (Kl. 17), Ofenkitt (Ofenzement) (Kl. 19); Salz zum Frischhalten und Haltbarmachen von Lebensmitteln (Kl. 30).

Klasse 2

Farben, Firnisse, Lacke; Rostschutzmittel, Holzkonservierungsmittel; Färbemittel; Beizen; Holzbeizen; Lederbeizen (als Farbbeizen); Naturharze im Rohzustand; Blattmetalle und Metalle in Pulverform für Maler, Dekorateure, Drucker und Künstler.

Anmerkungen

Hinweise auf Waren, die in diese Klasse fallen:
Mittel zum Färben von Nahrungsmitteln, pharmazeutischen Produkten und Getränken; Glaserkitte (bzgl. Kitte vgl. auch Kl. 1, 5, 17, 19); Druckfarben; bakterizide Anstrichmittel; feuerfeste Anstrichmittel; Binde- und Verdünnungsmittel für Farben.

Hinweise auf Waren, die in andere Klassen fallen:
Röntgenkontrastmittel für medizinische Zwecke (Kl. 5); Waschblau, Farbzusätze für die Wäsche, Färbemittel für die Schönheitspflege (Kl. 3); Fugenkitte, Isolierfarbanstrichmittel, Isolierlacke (Kl. 17); Tinte, Stempelfarben, Siegellacke, Korrekturmittel für Bürozwecke, Farbkästen (Schulbedarf) (Kl. 16); Saatgutbeizen (Kl. 5), Fleischbeizen für gewerbliche Zwecke (Kl. 1), für den Haushalt (Kl. 30), Beizen i.S.v. Ätzmitteln, insbesondere Metallätzbeizen (Kl. 1), Abbeizmittel (Kl. 3); Kunstharze im Rohzustand (Kl. 1).

Klasse 3

Wasch- und Bleichmittel; Putz-, Polier-, Fettentfernungs- und Schleifmittel; Seifen; Parfümerien, ätherische Öle, Mittel zur Körper- und Schönheitspflege, Haarwässer; Zahnputzmittel.

Anmerkungen

Hinweise auf Waren, die in diese Klasse fallen:
Desodorierungsmittel für den persönlichen Gebrauch (Parfümeriewaren); Raumsprays als Duftsprays (desodorierende Raumsprays: Kl. 5); Wäschestärke; medizinische oder desodorierende Seifen, medizinische Zahnputzmittel; Schmirgelpapier, Schmirgeltücher.

Hinweise auf Waren, die in andere Klassen fallen:
Detergenzien zur Verwendung bei Herstellungsverfahren (Kl. 1), für medizinische Zwecke (Kl. 5); Fettentfernungsmittel zur Verwendung bei Herstellungsverfahren (Kl. 1); chemische Mittel zum Reinigen von Schornsteinen (Kl. 1); Desodorierungsmittel, außer für den persönlichen Gebrauch, medizinische Mund- und Hautpflegemittel (Kl. 5); Handschleifsteine oder -scheiben (Handinstrumente) (Kl. 8), Schleifsteine oder -scheiben als Maschinenteile (Kl. 7).

Klasse 4

Technische Öle und Fette; Schmiermittel; Staubabsorbierungs-, Staubbenetzungs- und Staubbindemittel; Brennstoffe (einschließlich Motorentreibstoffe) feste, flüssige und gasförmige Brennstoffe; Leuchtstoffe; Kerzen, Dochte.

Anmerkungen

Hinweise auf Waren, die in andere Klassen fallen:
Gerböle (Kl. 1); Öle zum Haltbarmachen von Holz (Kl. 2); Isolieröle (Kl. 17); Rostschutzfette (Kl. 2); Gasnachfüllpatronen für Feuerzeuge (Kl. 34).

Klasse 5

Pharmazeutische und veterinärmedizinische Erzeugnisse sowie Präparate für die Gesundheitspflege; diätetische Erzeugnisse für medizinische Zwecke, Babykost; Pflaster, Verbandmaterial; Zahnfüllmittel und Abdruckmassen für zahnärztliche Zwecke; Desinfektionsmittel, Mittel zur Vertilgung von schädlichen Tieren; Fungizide, Herbizide.

Anmerkungen

In die Klasse 5 fallen auch diätetische Lebensmittel. Dies sind Lebensmittel, die sich von anderen Lebensmitteln vergleichbarer Art durch ihre Zusammensetzung oder ihre Eigenschaften maßgeblich unterscheiden und dazu bestimmt sind, einem besonderen Ernährungszweck dadurch zu dienen, dass sie die Zufuhr bestimmter Nährstoffe oder anderer ernährungsphysiologisch wirkender Stoffe steigern oder verringern oder die Zufuhr solcher Stoffe in einem bestimmten Mischungsverhältnis oder in bestimmter Beschaffenheit bewirken. Dabei ist davon auszugehen, dass diätetische Lebensmittel dann einem besonderen Ernährungszweck dienen, wenn sie dazu beitragen, besonderen Ernährungserfordernissen

1. aufgrund von Umständen wie Krankheit, Mangelerscheinung, Funktionsanomalie und Überempfindlichkeit gegen einzelne Lebensmittel oder deren Bestandteile,
2. während der Schwangerschaft und Stillzeit sowie beim Säugling und Kleinkind zu entsprechen (vgl. § 1 der Verordnung über diätetische Lebensmittel [Diätverordnung] vom 21. Januar 1982).

Keine diätetischen Lebensmittel sind Arzneiwaren, Lebensmittel des allgemeinen Verzehrs, unter § 2 Abs. 2 Diätverordnung fallende Waren sowie Reformlebensmittel, bei denen die allgemeine Bestimmung zur Gesundheitsvorsorge und -pflege durch eine weitgehend naturnahe und biologisch verbesserte Ernährung genügt (Zipfel, Lebensmittelrecht, Vorbemerkung zur Diätverordnung, Rdn. 17).

Lebensmittel des allgemeinen Verzehrs fallen in die für Lebensmittel geltenden Klassen 29, 30, 31 und 32; hierfür sind die Warenbegriffe dieser Klassen zu verwenden.

Hinweise auf Waren, die in diese Klasse fallen:
Chemische Erzeugnisse für die medizinische Wissenschaft, z. B. Diagnostikmittel, Röntgenkontrastmittel; Desinfektionsmittel für gesundheitliche Zwecke; Desodorierungsmittel, außer für den persönlichen Gebrauch; desodorierende Raumsprays (reine Duftsprays: Kl. 3); Detergenzien für medizinische Zwecke; Diagnostikmittel für medizinische Zwecke; diätetische Lebensmittel; diätetische Erzeugnisse für veterinärmedizinische Zwecke; frauenhygienische Artikel, nämlich Damenbinden, Slipeinlagen, Tampons, Monatshöschen; Windeln für Kranke; Haftmittel für Zahnprothesen, Zahnkitte; medizinische Kräutertees; Kaugummi für medizinische Zwecke.

Hinweise auf Waren, die in andere Klassen fallen:
Bakterizide für die Weinherstellung (Kl. 1); Diagnostikmittel für wissenschaftliche Zwecke (Kl. 1); bakterizide Anstrichmittel (Kl. 2); Desodorierungsmittel für den persönlichen Gebrauch (Parfümeriewaren); medizinische oder desodorierende Seifen, medizinische Zahnputzmittel (Kl. 3); orthopädische Bandagen (Kl. 10); Babywindeln aus Papier (Kl. 16), aus Textilien (Kl. 25); Windelhöschen (Kl. 25).

Klasse 6

Unedle Metalle und deren Legierungen; Baumaterialien aus Metall; transportable Bauten aus Metall; Schienenbaumaterial aus Metall; Kabel und Drähte aus Metall (nicht für elektrische Zwecke); Schlosserwaren und Kleineisenwaren; Metallrohre; Geldschränke; Waren aus Metall, soweit sie nicht in anderen Klassen enthalten sind; Einzelbenennungen, z. B.: Waren aus unedlen Metallen, nämlich Anker, Ambosse, Aufzugketten, Glocken, Fasshähne, Flaschenkapseln, Rohrleitungsverbindungsstücke, Ventile (ausgenommen als Maschinenteile), Geldkassetten, Gitter, Möbelrollen, Schilder, einschließlich Kennzeichenschilder für Fahrzeuge, Transportbehälter, Tanks; Erze.

Anmerkungen

Hinweise auf Waren, die in andere Klassen fallen:
Radioaktive Metalle für wissenschaftliche Zwecke (Kl. 1), für medizinische Zwecke (Kl. 5); Quecksilber, Antimon, Alkalimetalle und Erdalkalimetalle, Aluminiumerz (Bauxit) (Kl. 1); Blattmetalle und Metalle in Pulverform für Maler, Dekorateure, Drucker und Künstler (Kl. 2); Maschinenarmaturen, Treibketten, andere als für Landfahrzeuge (Kl. 7); Hähne als Teile von Maschinen oder Motoren (Kl. 7), als Teile von Wasserleitungsgeräten oder sanitären Anlagen (Kl. 11); Regelarmaturen für Wasserleitungs- oder Gasgeräte sowie für Wasser- oder Gasleitungen (Kl. 11); Bestecke (Messer, Gabeln, Löffel) (Kl. 8); Treibketten für Landfahrzeuge, Fahrradketten, Gleitschutzketten (Kl. 12); Schrauben (nicht aus Metall), Fenster-, Tür- und Möbelbeschläge (nicht aus Metall) (Kl. 20); Teller aus Edelmetall (Kl. 14), nicht aus Edelmetall (Kl. 21); Stahlwolle (Kl. 21); Nähnadeln, Haken und Ösen für Bekleidungsstücke, Reißverschlüsse (Kl. 26); Roll-, Schlittschuhe (Kl. 28).

Klasse 7

Maschinen; Angabe des Verwendungszwecks, z.B.: Maschinen für die Metall-, Holz-, Kunststoffverarbeitung, oder Angabe des Industriezweiges, z.B.: Maschinen für die chemische Industrie, für den Bergbau, für die Holzindustrie, oder Angabe der Maschinenart, z.B.: Abfüllmaschinen, Aufzüge, Bagger, Baumaschinen, Bulldozer, Druckmaschinen, elektrische Küchenmaschinen zum Hacken, Mahlen, Pressen, Etikettiermaschinen, Fleischwölfe, Gurtförderer, Gebläse (Maschinen), Stromgeneratoren, Hebegeräte (Maschinen), Kräne, Melkmaschinen, Nähmaschinen, Papiermaschinen, Poliermaschinen (nicht für Haushaltszwecke), Pressen (Maschinen), Schleifmaschinen, industrielle Schneidemaschinen, Schweißmaschinen, Textilmaschinen, Verpackungsmaschinen, Walzmaschinen, Geschirrspüler, Waschmaschinen, Zerkleinerungsmaschinen; Werkzeugmaschinen; Motoren (ausgenommen Motoren für Landfahrzeuge); Kupplungen und Triebriemen (ausgenommen solche für Landfahrzeuge); landwirtschaftliche Geräte; maschinell angetriebene landwirtschaftliche Geräte; landwirtschaftliche Maschinen; Brutapparate für Eier.

Anmerkungen

Die Begriffe »Maschinenteile« oder »Teile von Maschinen« sind in gleicher Weise wie »Maschinen« erläuterungsbedürftig, z. B.: »Teile von Baumaschinen«, »Teile von Maschinen für die Holzindustrie« oder auch »Maschinenteile, nämlich Zahnräder, Antriebswellen, Absperrventile, Maschinenwerkzeuge ...«. Die Begriffe »Vorrichtungen, Einrichtungen, Anlagen, Einheiten« sind grundsätzlich unzulässig, da nicht erkennbar ist, welche Einzelelemente – die oft den Maschinenbereich verlassen – hierunter zusammengefasst werden sollen. Zulässige Formulierungen können sich durch die Anfügung der Erläuterung »im Wesentlichen bestehend aus« ergeben. Der Begriff »Systeme« ist unzulässig.

Hinweise auf Waren, die in andere Klassen fallen:

Haarschneidemaschinen, einschließlich Schermaschinen (Handinstrumente), auch elektrische (Kl. 8), elektrische Reinigungsgeräte für den Haushalt, insbesondere Staubsauger und Bohnermaschinen (Kl. 9), Buchungsmaschinen, Rechenmaschinen, Fakturiermaschinen, Fotokopiergeräte und -maschinen, elektrische Schweißgeräte (Kl. 9), elektrische Geräte für medizinische und chirurgische Zwecke (Kl. 10), Dampfgeneratoren, industrielle Staubsaugeranlagen (Luftreinigung), Maschinen und Geräte zur Eisbereitung, elektrische Kaffeemaschinen (Kl. 11), Schwimmbagger, Bootskräne (Kl. 12), Schreibmaschinen (Kl. 16), handbetriebene Küchenmaschinen zum Hacken, Mahlen, Pressen (Kl. 21); Motoren, Kupplungen und Treibriemen für Landfahrzeuge (Kl. 12); Brutapparate für Bakterienkulturen (Kl. 9), Brutapparate für Säuglinge (Kl. 10).

Klasse 8

Handbetätigte Werkzeuge und Geräte; Angabe des Verwendungszwecks, z. B.: handbetätigte Geräte für land-, garten- und forstwirtschaftliche Zwecke, für den Maschinen-, Apparate- und Fahrzeugbau sowie für die Bautechnik; Messerschmiedewaren, Gabeln und Löffel; Hieb- und Stichwaffen; Rasierapparate.

Anmerkungen

Hinweise auf Waren, die in diese Klasse fallen:

Messerschmiedewaren, Gabeln und Löffel, auch aus Edelmetallen; elektrische Rasierapparate sowie elektrische Haarschneide- und Schermaschinen (Handinstrumente) und Nagelschneidegeräte; handbetätigte Geräte für die Landwirtschaft, den Gartenbau und die Forstwirtschaft.

Hinweise auf Waren, die in andere Klassen fallen:

Von einem Motor angetriebene Werkzeuge (Kl. 7); bestimmte Spezialinstrumente, z. B. optische Instrumente, Mess- und Prüfinstrumente, wissenschaftliche Instrumente für die Forschung in Laboratorien (Kl. 9); ärztliche und chirurgische Instrumente (einschließlich elektrische), Blutdruckmessgeräte (Kl. 10); Instrumente zum Zeichnen, Papiermesser (Kl. 16); Fechtwaffen (Kl. 28).

Klasse 9

Wissenschaftliche, Schifffahrts-, Vermessungs-, elektrische, photographische, Film-, optische, Wäge-, Mess-, Signal-, Kontroll-, Rettungs- und Unterrichtsapparate und -instrumente; – wissenschaftliche Apparate und Instrumente für die Forschung in Laboratorien, oder – wissenschaftliche Apparate und Instrumente als Laborgeräte, – Apparate und Instrumente für die Starkstromtechnik, nämlich für die Leitung, Umwandlung, Speicherung, Regelung und Steuerung; Apparate und Instrumente für die Schwachstromtechnik, nämlich für die Nachrichten-, Hochfrequenz- und Regelungstechnik; oder Einzelbenennungen, z. B.: elektrische Lötkolben, elektrische Schweißgeräte, elektrische Bügeleisen, elektrisch beheizte Bekleidungsstücke, elektrische Zigarren- und Zigarettenanzünder für Kraftfahrzeuge, elektrische Wasserkessel und Wärmflaschen, elektrische Reinigungsgeräte für den Haushalt, nämlich Staubsauger, Bohnermaschinen, elektrische Türschließer; Geräte zur Aufzeichnung, Übertragung und Wiedergabe von Ton und Bild; Magnetaufzeichnungsträger, Schallplatten; Verkaufsautomaten und Mechaniken für geldbetätigte Apparate; Registrierkassen, Rechenmaschinen und Datenverarbeitungsgeräte und Computer; Feuerlöschgeräte.

Anmerkungen

Hinweise auf Waren, die in diese Klasse fallen:

Bildprojektoren, Vergrößerungsapparate, Stative für Kameras; Photokopiergeräte und -maschinen, einschließlich elektrostatische und thermische; elektrische Kabel, Drähte, Leiter und Verbindungsarmaturen hierzu, sowie Schalter und Verteilertafeln oder -schränke; Apparate und Instrumente für die Steuerung von Schiffen, insbesondere Apparate und Instrumente zum Messen und zur Übermittlung von Befehlen; elektrische Geräte zur Fernsteuerung industrieller Arbeitsvorgänge; Lochkartenbüromaschinen; mit Programmen versehene maschinenlesbare Datenträger aller Art; belichtete Filme; Nadeln für Plattenspieler; Spezialbehälter (Etuis, Futterale, Gehäuse), die den in dieser Klasse eingeordneten Apparaten und Instrumenten angepasst sind; Signalpfeifen, einschließlich Hundepfeifen; Pannen-Warndreiecke für Fahrzeuge; Unfallschutzbekleidung, einschließlich Schuhe, Spezialbekleidung für Rettungszwecke, Gesichtsschutzschilder, Schutzbrillen oder Schutzmasken für Arbeiter; Atmungsgeräte für Taucher, Schwimmgürtel und Schwimmflügel; Feuerlöschfahrzeuge; Winkelmesser (Messinstrumente); Zeitschalter (Schaltuhren); Unterhaltungsgeräte als Zusatzgeräte für einen Fernseher; bestimmte Automaten: Münzspiel- und Unterhaltungsautomaten, Fahrkartenautomaten, Wägeautomaten, Bargeldautomaten, Automaten zum Selbstphotographieren.

Hinweise auf Waren, die in andere Klassen fallen:
Elektrische Küchenmaschinen zum Hacken, Mahlen, Pressen, Waschmaschinen, Waschautomaten, Stromgeneratoren, Steuer- und Regelgeräte als Maschinenteile (Kl. 7); elektrische Rasierapparate sowie elektrische Haarschneide- und Schermaschinen (Handinstrumente) und Nagelschneidegeräte (Kl. 8); Computer-Lehrbücher (Kl. 16); Blutdruckmessgeräte, elektrische Heizkissen für medizinische Zwecke und elektrische Heizdecken, Geräte für die künstliche Beatmung (Kl. 10); elektrische Geräte für die Raumheizung oder das Erhitzen von Flüssigkeiten, elektrische Koch- und Lüftungsgeräte (Kl. 11); Uhren und andere Zeitmessgeräte sowie Kurzzeitmesser für Uhren, Kontrolluhren (Kl. 14); elektrische Zahnbürsten und Kämme (Kl. 21); Feuerzeuge für Raucher (Kl. 34); Zündanlagen vgl. Anm. zu Kl. 12.

Klasse 10

Chirurgische, ärztliche, zahn- und tierärztliche Instrumente und Apparate, künstliche Gliedmaßen, Augen und Zähne; orthopädische Artikel; orthopädische Artikel, nämlich orthopädische Bandagen, Miederwaren, Strumpfwaren und Schuhe; chirurgisches Nahtmaterial.

Anmerkungen

Hinweise auf Waren, die in diese Klasse fallen:

Spezialmobiliar für medizinische Zwecke; bestimmte Hygieneartikel aus Gummi; orthopädische Bandagen, einschließlich Suspensorien; Blutdruckmessgeräte, Hörgeräte; Krankenunterlagen; elektrische Heizkissen für medizinische Zwecke sowie elektrische Heizdecken; medizinische Geräte für die Krankengymnastik.

Hinweise auf Waren, die in andere Klassen fallen:

Medizinische Thermometer (Kl. 9); Pflaster, Verbandmaterial, Windeln für Kranke (Kl. 5); Windelhosen (Kl. 25).

Klasse 11

Beleuchtungs-, Heizungs-, Dampferzeugungs-, Koch-, Kühl-, Trocken-, Lüftungs- und Wasserleitungsgeräte, sanitäre Anlagen.

Anmerkungen

Hinweise auf Waren, die in diese Klasse fallen:

Klima-, Lüftungs- und Luftkonditionierungsapparate, auch für Fahrzeuge; Abwasserkläranlagen; Hähne und Regelarmaturen für Wasserleitungs- und Gasgeräte sowie für Wasser- und Gasleitungen; Solarkollektoren, -akkumulatoren (ebenso werden andere Geräte für Solaranlagen in diese Klasse eingeordnet, wenn sie einem im Klassentext genannten Zweck dienen); Wärmepumpen.

Hinweise auf Waren, die in andere Klassen fallen:

Ventilatoren für Motoren von Landfahrzeugen (Kl. 12), für andere Motoren (Kl. 7); solarbetriebene elektrische Generatoren (Kl. 7); Sonnenzellen für Solaranlagen, elektrische Wasserkessel und Wärmflaschen (Kl. 9); elektrische Heizkissen für medizinische Zwecke, elektrische Heizdecken (Kl. 10).

Klasse 12

Fahrzeuge; Land-, Luft- und Wasserfahrzeuge; Apparate zur Beförderung auf dem Lande, in der Luft oder auf dem Wasser.

Einzelbenennungen, z. B.: Standseilbahnen, Zahnradbahnen, Transporthängebahnen, Luftseilbahnen, Sessellifte oder Kabinenbahnen, Schlittenseilbahnen, Skilifte; Gabelstapler; Förderkarren.

Anmerkungen

Hinweise auf Waren, die in diese Klasse fallen:

Kühlwagen (Automobile), Luftkissenfahrzeuge, Schwimmbagger, Raumfahrzeuge; Golfkarren, Schlauchwagen; Kinderwagen, Rollstühle; Teile von Land-, Luft- und Wasserfahrzeugen; Anlasser, Auspufftöpfe, Bremsen, Fahrtrichtungsanzeiger, Hupen, Getriebe, Kupplungen, Motoren und Treibriemen für Landfahrzeuge, Ventilatoren und Zylinder für Motoren von Landfahrzeugen, Karosserien, Fahrzeugsitze, Lenkräder, Räder, Reifen, Radfelgen, Reifenventile, Stoßdämpfer; Zündanlagen für Motoren von Landfahrzeugen (Beschluss d. BPatG v. 9. 3. 1979, 24 W (pat) 225/78, abgedruckt in Mitt. 1979, S. 112, a. A. OMPI-Praxis: Zündanlagen für Verbrennungsmotoren aller Art: Kl. 7); Autozubehör, nämlich Anhängerkupplungen, Gepäckträger, Skiträger, Schmutzfänger, Schneeketten, Windabweiser, Kopfstützen, Sicherheitsgurte, Sicherheitskindersitze; Fahrradzubehör, nämlich Fahrradnetze, -gepäckträger, Klingeln, Luftpumpen; Laufflächen für die Runderneuerung von Reifen; selbstklebende Flickgummis für Reifenschläuche; Steuerruder für Schiffe, Schiffsschrauben.

Hinweise auf Waren, die in andere Klassen fallen:

Feste Eisenbahneinrichtungen, nämlich Gleise, Weichen (Kl. 6), Schwellen aus Metall (Kl. 6), nicht aus Metall (Kl. 19); Gurtförderer, Aufzüge (Lifte), Kehrmaschinen (Kl. 7); Feuerlöschfahrzeuge (Kl. 9); Anlasser, Auspufftöpfe, Getriebe, Kupplungen, Motoren und Treibriemen, andere als für Landfahrzeuge, Ventilatoren und Zylinder für Motoren, außer von Landfahrzeugen (Kl. 7); Zündkerzen, Dynamos (Kl. 7); Batterien, Tachometer, Geschwindigkeitsanzeiger für Fahrzeuge (Kl. 9); Klima- und Lüftungsgeräte, Scheinwerfer für Fahrzeuge (Kl. 11); Segel (Kl. 22).

Klasse 13

Schusswaffen; Munition und Geschosse; Sprengstoffe; Feuerwerkskörper.

Anmerkungen

Hinweise auf Waren, die in diese Klasse fallen:
Gewehre, einschließlich Jagdgewehre, Luftgewehre; Teile von Gewehren, nämlich Gewehrläufe, -hähne; Gewehrfutterale.

Hinweise auf Waren, die in andere Klassen fallen:
Sportbögen (Kl. 28).

Klasse 14

Edelmetalle und deren Legierungen sowie daraus hergestellte oder damit plattierte Waren, soweit sie nicht in anderen Klassen enthalten sind; aus Edelmetallen oder deren Legierungen hergestellte oder damit plattierte Waren, nämlich kunstgewerbliche Gegenstände, Ziergegenstände, Tafelgeschirr (ausgenommen Bestecke), Tafelaufsätze, Aschenbecher, Zigarren- und Zigarettenetuis, Zigarren- und Zigarettenspitzen; Juwelierwaren, Schmuckwaren, Edelsteine; Uhren und Zeitmessinstrumente.

Anmerkungen

Hinweise auf Waren, die in diese Klasse fallen:
Modeschmuck; Manschettenknöpfe, Krawattennadeln; Etuis für Uhren; Kurzzeitmesser für Uhren.

Hinweise auf Waren, die in andere Klassen fallen:
Blattmetalle und Metalle in Pulverform für Maler, Dekorateure, Drucker und Künstler (Kl. 2); Gold- und Silberamalgame für zahnärztliche Zwecke (Kl. 5); Kunstgegenstände aus unedlen Metallen (Kl. 6); Bestecke (Messer, Gabeln und Löffel) (Kl. 8); elektrische Kontaktstücke, Zeitschalter (Schaltuhren) (Kl. 9); Schreibfedern aus Gold (Kl. 16); Feuerzeuge aus Edelmetall (Kl. 34).

Klasse 15

Musikinstrumente.

Anmerkungen

Hinweise auf Waren, die in diese Klasse fallen:
Mechanische Klaviere; Spieldosen; elektrische und elektronische Musikinstrumente.

Hinweise auf Waren, die in andere Klassen fallen:
Elektroakustische Verstärker, Mischpulte, Lautsprecher (Kl. 9).

Klasse 16

Papier, Pappe (Karton) und Waren aus diesen Materialien, soweit
sie nicht in anderen Klassen enthalten sind; Waren aus Papier und
Pappe (Karton), nämlich Papierhandtücher, -servietten, Filterpa-
pier, Papiertaschentücher, Toilettenpapier, Papierwindeln, Verpa-
ckungsbehälter, Verpackungstüten; Druckereierzeugnisse; Buchbindeartikel; Buchbindeartikel, nämlich Buchbindegarn, -leinen
und andere textile Stoffe zum Buchbinden; Photographien;
Schreibwaren; Klebstoffe für Papier- und Schreibwaren oder für
Haushaltszwecke; Künstlerbedarfsartikel, nämlich Zeichen-, Mal-
und Modellierwaren; Pinsel; Schreibmaschinen und Büroartikel
(ausgenommen Möbel); Büroartikel, nämlich nichtelektrische
Bürogeräte; oder Einzelbenennungen, z. B.: Adressiermaschinen,
Frankiermaschinen, Vervielfältigungsgeräte, Aktenordner, Brief-
körbe, Brieföffner, Schreibunterlagen, Locher, Hefter, Büro- und
Heftklammern, Farbbänder, Korrekturmittel für Bürozwecke,
Stempel, Stempelkissen, Stempelfarbe, Tinten zum Schreiben und
Zeichnen, Tusche; Lehr- und Unterrichtsmittel (ausgenommen
Apparate); Lehr- und Unterrichtsmittel (ausgenommen Apparate) in Form von Druckereierzeugnissen, Spielen, Tier- und Pflan-
zenpräparaten, geologischen Modellen und Präparaten, Globen,
Wandtafelzeichengeräten; Verpackungsmaterial aus Kunststoff,
soweit es nicht in anderen Klassen enthalten ist; Verpackungsmaterial aus Kunststoff, nämlich Hüllen, Beutel und Folien; Spiel-
karten; Drucklettern; Druckstöcke.

Anmerkungen

Hinweise auf Waren, die in diese Klasse fallen:

Papiermesser; Schreib- und Zeichengeräte; selbstklebende Kunststofffolien für Dekorationszwecke; Kartenspiele; Zimmeraquarien, -terrarien.

Hinweise auf Waren, die in andere Klassen fallen:

Lichtempfindliche Papiere (Kl. 1), Schmirgelpapier, mit einem Abschminkprodukt getränkte Tücher (Kl. 3), Mottenpapier (Kl. 5), Krankenunterlagen (Kl. 10) (weitere Waren aus Papier für medizinische oder hygienische Zwecke vgl. Kl. 5 und 10), Pappe für Bauzwecke oder Dachpappe (Kl. 19), Putztücher aus Papier, Papierteller (Kl. 21), Papierschnüre (Kl. 22), Papierkleidung (Kl. 25), Papiertapeten (Kl. 27), Zigarettenpapier (Kl. 34); Druckerfarben, Künstlerfarben (Kl. 2); Buchbinderwinkel (Werkzeuge), Malerspachtel, Bildhauermeißel (Kl. 8); Photokopiergeräte, -maschinen (einschließlich elektrostatische und thermische) (Kl. 9) (weitere Büromaschinen und -geräte s. unter Kl. 7 und 9); belichtete Filme und Dias, Maßstäbe, Winkel und Zirkel als Messinstrumente (Kl. 9); Verpackungshüllen, Beutel aus Gummi (Kl. 17), aus Leder und Lederimitationen (Kl. 18), aus textilem Material (Kl. 22); Formteile aus Gummi oder Kunststoff zum Verpacken (Auspolstern) (Kl. 17); Säcke (auch aus Kunststoff) zum Transport und für die Lagerung von Massengütern (Kl. 22); Transportbehälter aus Metall (Kl. 6), nicht aus Metall (Kl. 20); Flaschen (auch aus Kunststoff) (Kl. 21); selbstklebende Kunststofffolien für dekorative Wandbekleidung (Kl. 27); Papierkörbe aus Metall (Kl. 6), nicht aus Metall (Kl. 20); Rasier- und Staubpinsel (Kl. 21).

Klasse 17

Kautschuk, Guttapercha, Gummi, Asbest, Glimmer und Waren daraus, soweit sie nicht in anderen Klassen enthalten sind; Waren aus Kautschuk, Guttapercha oder Gummi, in Form von Blöcken, Platten, Stangen, Folien, Schnüren oder Bändern (sämtlich als Halbfabrikate); oder, sofern es sich um Fertigfabrikate handelt, Einzelbenennungen, z. B.: Waren aus Kautschuk, Guttapercha oder Gummi, nämlich Fäden (außer für Textilzwecke), Isolierhandschuhe, Unterlegscheiben, Puffer, Ringe, Rohr- und Schlauchverbindungsstücke, Verpackungs- und Polstermaterial; Waren aus Asbest, nämlich Überzüge, Geflechte, Gewebe, Asbestpapier, -pappe, Sohlen; Waren aus Glimmer, nämlich Isolierplatten; Waren aus Kunststoffen (Halbfabrikate); Dichtungs-, Packungs- und Isoliermaterial; Schläuche (nicht aus Metall).

Anmerkungen

Diese Klasse enthält im Wesentlichen Isoliermaterial für Elektrizität, Wärme oder Schall und teilweise bearbeitete Kunststoffe in Form von Folien, Platten oder Stangen. Fertigprodukte aus Kautschuk, Guttapercha, Gummi, Asbest, Glimmer und Kunststoffen werden – je nach Funktion oder Bestimmung – in unterschiedliche Klassen eingeordnet.

Hinweise auf Waren, die in diese Klasse fallen:

Gummi für die Runderneuerung von Reifen; Polstermaterial aus Kautschuk oder Kunststoff; Formteile aus Gummi oder Kunststoff zum Verpacken (Auspolstern); Schwimmsperren gegen Umweltverschmutzung; Fugenkitte; Isolierfarben, -lacke; Isolierhandschuhe; Kunststoffdichtungen; Kunststoffdübel; Kunststofffolien (ausgenommen für Verpackungszwecke); Verbindungsstücke (nicht aus Metall) für Rohre und Schläuche.

Hinweise auf Waren, die in andere Klassen fallen:

Dichtungsscheiben, -bänder aus Metall (Kl. 6); Bremsbeläge für Landfahrzeuge (Kl. 12), andere als für Landfahrzeuge (Kl. 7); Handschuhe aus Gummi oder Kunststoff für ärztliche Zwecke, elastische Strümpfe für chirurgische Zwecke oder Stützstrümpfe gegen Krampfadern (Kl. 10); Reifen und Schläuche für Fahrzeuge, Laufflächen für die Runderneuerung von Reifen (Kl. 12); Radiergummi, Stempel, Verpackungsfolien, -filme aus Kunststoff (Kl. 16); selbstklebende Kunststofffolien für Dekorationszwecke (Kl. 16) – selbstklebende Kunststofffolien für dekorative Wandbekleidung (Kl. 27); Transportbehälter aus Kunststoff (Kl. 20) (weitere Fertigprodukte aus Kunststoff vgl. insbesondere Kl. 20); Gummi- oder Kunststoffschwämme für den Haushalt und die Körperpflege (Kl. 21); Gummifäden für textile Zwecke (Kl. 23); Gummi- oder Kunststoffstiefel, -schürzen, -hosen, -handschuhe (Kl. 25); Gummiband (Kl. 26); Fahrzeugmatten, Fußbodenbeläge aus Kautschuk oder Kunststoff, isolierende Bodenbeläge (Kl. 27); Spielbälle und Spielwaren aus Gummi oder Kunststoff (Kl. 28); Feuerschutzbekleidung, -handschuhe aus Asbest (Kl. 9); Asbestmörtel, -zement (Kl. 19); Glimmerplättchen als Posamenten für Kleidung (Kl. 26).

Klasse 18

Leder und Lederimitationen sowie Waren daraus, soweit sie nicht in anderen Klassen enthalten sind; Waren aus Leder und Lederimitationen, nämlich Taschen und andere, nicht an die aufzunehmenden Gegenstände angepasste Behältnisse sowie Kleinlederwaren, insbesondere Geldbeutel, Brieftaschen, Schlüsseltaschen; Häute und Felle; Reise- und Handkoffer; Regenschirme, Sonnenschirme und Spazierstöcke; Peitschen, Pferdegeschirre und Sattlerwaren.

Anmerkungen

Spezialetuis und Behältnisse, die den Waren angepasst sind, für deren Aufnahme sie bestimmt sind, werden grundsätzlich – auch wenn sie aus Leder oder Lederimitationen hergestellt sind – nicht entsprechend dem Material, sondern in dieselben Klassen eingeordnet wie die betreffenden Waren.

Hinweise auf Waren, die in diese Klasse fallen:

Handtaschen, Aktentaschen, Einkaufstaschen, Schulranzen; Packsäcke, Rucksäcke; Reisenecessaires (Lederwaren); Umhängeriemen (Schulterriemen); Riemen für Geschirre, Steigbügel oder für Sättel.

Hinweise auf Waren, die in andere Klassen fallen:

Umhängeriemen für Gewehre (Kl. 13); Akten- und Buchhüllen aus Leder oder Lederimitationen (Kl. 16); textile Lederimitationsstoffe (Kl. 24); Schuhe und Bekleidungsstücke aus Leder, Lederimitationen oder Pelzen, Gürtel für Bekleidungsstücke (Kl. 25); orthopädische Schuhe (Kl. 10); Maniküretuis (Kl. 8); Brillenetuis, Kamerataschen (Kl. 9); Futterale für Gewehre (Kl. 13); Uhrenetuis (Kl. 14); Etuis für Musikinstrumente (Kl. 15); Schreibnecessaires (Kl. 16); Toilette-Necessaires (Kl. 21); Futterale für Golf- und Tennisschläger (Kl. 28); Zigarren- und Zigarettenetuis (nicht aus Edelmetall) (Kl. 34).

Klasse 19

Baumaterialien (nicht aus Metall); Rohre (nicht aus Metall) für Bauzwecke; Asphalt, Pech und Bitumen; transportable Bauten (nicht aus Metall); Denkmäler (nicht aus Metall).

Anmerkungen

Hinweise auf Waren, die in diese Klasse fallen:

Teilweise bearbeitetes Holz, insbesondere Balken, Bretter, Platten; Sperrholz; Bauglas, insbesondere Fliesen, Dachplatten aus Glas; Glasgranulat für die Straßenmarkierung; Briefkästen und andere Behälter aus Mauerwerk.

Hinweise auf Waren, die in andere Klassen fallen:

Baumaterialien aus Metall, transportable Bauten oder Denkmäler aus Metall (Kl. 6); Isoliermaterial (Kl. 17); Mittel zum Haltbar- oder Wasserdichtmachen für Zement, Feuerschutzmittel (Kl. 1); Farben und Firnisse (Kl. 2), Isolierfarben, -lacke (Kl. 17); Schusterpech (Kl. 3).

Klasse 20

Möbel, Spiegel, Rahmen; Waren, soweit sie nicht in anderen Klassen enthalten sind, aus Holz, Kork, Rohr, Binsen, Weide, Horn, Knochen, Elfenbein, Fischbein, Schildpatt, Bernstein, Perlmutter, Meerschaum und deren Ersatzstoffen oder aus Kunststoffen; Waren aus Holz oder Holzersatzstoffen, nämlich Profilleisten für Bilderrahmen, Vorhangleisten, Dübel (Holzpflöcke), Kisten, Transportpaletten, Fässer und Hähne, Spalierlatten (Pfähle zum Stützen von Pflanzen), Werkzeugstiele, Garnspulen, Kleiderbügel, Wäscheklammern, Kunstgegenstände, Ziergegenstände; Waren aus Kunststoff, nämlich Profilleisten für Bilderrahmen, Transportbehälter, Fässer, Tanks, Nieten, Schrauben, Stifte, Schilder, Möbel-, Fenster- und Türbeschläge, Gardinenleisten, -haken, Innenlamellenstores, Kleiderhüllen, Kleiderbügel, Wäscheklammern, Flaschenverschlüsse, Spalierstäbe.

Anmerkungen

Diese Klasse enthält auch Möbelteile, Campingmöbel sowie Möbel aus Metall, Kunststoff oder Glas, soweit es sich nicht um Spezialmobiliar handelt. In diese Klasse werden grundsätzlich keine Baumaterialien eingeordnet, unabhängig von den Grundstoffen, aus denen sie bestehen (s. hierzu insbesondere unter Kl. 6, 17 und 19).

Hinweise auf Waren, die in diese Klasse fallen:
Bettzeug, nämlich Matratzen, auch Sprungfedermatratzen, Kopfkissen;
Spiegel für die Innenausstattung und Toilettenspiegel; Schilder, einschließlich Kennzeichenschilder für Fahrzeuge (nicht aus Metall); Briefkästen
sowie Tanks, nicht aus Metall oder Mauerwerk.

Hinweise auf Waren, die in andere Klassen fallen:
Verpackungsbeutel, -folien aus Kunststoff (Kl. 16); selbstklebende Kunststofffolien für Dekorationszwecke (Kl. 16) – selbstklebende Kunststofffolien für dekorative Wandbekleidung (Kl. 27); Rohrleitungsverbindungsstücke (nicht aus Metall) (Kl. 17); Tierfuttertröge, Behälter für Haushalt und
Küche (nicht aus Edelmetall, deren Legierungen oder plattiert), Untersetzer
aus Holz oder Kork für Geschirr und Töpfe (Kl. 21); Bettdecken oder Bettwäsche aus Kunststoff (Kl. 24); Tapeten aus Bast oder Kork, Bodenbeläge
aus Kunststoff (Kl. 27); Spielzeug aus Holz oder Kunststoff (Kl. 28);
Spezialmobiliar für Laboratorien (Kl. 9); Spezialmobiliar für den ärztlichen
Gebrauch (Kl. 10); Spiegel für ärztliche Zwecke (Kl. 10); Schilder, einschließlich Kennzeichenschilder für Fahrzeuge aus Metall (Kl. 6); Briefkästen sowie Tanks aus Metall (Kl. 6), aus Mauerwerk (Kl. 19).

Klasse 21

Geräte und Behälter für Haushalt und Küche (nicht aus Edelmetall oder plattiert); kleine handbetätigte Geräte für Haushalt und
Küche; Kämme und Schwämme; Bürsten (mit Ausnahme von
Pinseln); Bürstenmachermaterial; Putzzeug; Stahlspäne; rohes
oder teilweise bearbeitetes Glas (mit Ausnahme von Bauglas);
Glaswaren, Porzellan und Steingut, soweit sie nicht in anderen
Klassen enthalten sind. Waren aus Glas, Porzellan und Steingut
für Haushalt und Küche, Kunstgegenstände aus Glas, Porzellan
und Steingut.

Anmerkungen
Diese Klasse enthält im Wesentlichen kleine, handbetätigte
Haus- und Küchengeräte, Geräte für die Körper- und Schönheitspflege sowie Glas- und Porzellanwaren. Gehäuse oder Ab-
deckungen von Haus- und Küchengeräten fallen nur dann in
diese Klasse, wenn die Geräte selbst, für die sie bestimmt sind, in
diese Klasse fallen; andernfalls sind sie in dieselbe Klasse einzu-

ordnen, in die die fraglichen Geräte fallen. Sofern es sich um Halbfertigprodukte handelt, werden diese Waren entsprechend dem Material klassifiziert, aus dem sie bestehen.

Hinweise auf Waren, die in diese Klasse fallen:
Kochgeschirr und Eimer aus Blech, Aluminium, Kunststoff oder aus anderen Materialien; handbetätigte kleine Geräte zum Hacken, Mahlen, Pressen; Rasensprenger; elektrische Kämme und Zahnbürsten; Rasier- und Staubpinsel; Schüsseluntersetzer (Tischutensilien).

Hinweise auf Waren, die in andere Klassen fallen:
Elektrische Küchenmaschinen zum Hacken, Mahlen, Pressen, elektrische Dosenöffner, motorgetriebene Rasenmähmaschinen, Bewässerungsmaschinen für die Landwirtschaft (Kl. 7); Rasenmäher (Handgeräte), Messerschmiedewaren, einschließlich nichtelektrische Dosenöffner, Nussknacker (nicht aus Edelmetall), Rasiermesser, Rasierapparate, Haarschneidemaschinen sowie Instrumente aus Metall für die Hand- und Fußpflege (Kl. 8); Küchenwaagen, Messbecher, elektrische Reinigungsgeräte für den Haushalt, nämlich Staubsauger und Bohnergeräte (Kl. 9); elektrische Kochgeräte (Kl. 11); Nussknacker sowie Schüsseln, Teller, Becher, Vasen aus Edelmetallen, deren Legierungen oder damit plattiert, Küchenuhren (Kl. 14); optische Gläser, Messgläser, Reagenzgläser (Kl. 9); Lampengläser, Kristallleuchten (Kl. 11); zugeschnittene Fahrzeugscheiben (Kl. 12); Uhrgläser (Kl. 14); Porzellanisolatoren (Kl. 17); Bauglas (Kl. 19); Spiegel (Kl. 20); Putzmittel und Seifen (Kl. 3).

Klasse 22

Seile, Bindfaden, Netze, Fischnetze, Zelte, Planen, Segel, Säcke (soweit sie nicht in anderen Klassen enthalten sind); Säcke für den Transport und die Lagerung von Massengütern; Polsterfüllstoffe (außer aus Kautschuk oder Kunststoffen); rohe Gespinstfasern.

Anmerkungen
Diese Klasse enthält außer bestimmten Polsterfüllstoffen und rohen Gespinstfasern im Wesentlichen Seilerwaren und Waren einer Segelmacherei.

Hinweise auf Waren, die in diese Klasse fallen:
Seile und Bindfaden aus natürlichen und künstlichen Textilfasern, aus
Papier oder aus Kunststoff; Verpackungsbeutel aus textilem Material;
Kunststofffasern für textile Zwecke.

Hinweise auf Waren, die in andere Klassen fallen:
Saiten für Musikinstrumente (Kl. 15), Saiten für Tennisschläger (Kl. 28);
Kunststofffasern, nicht für textile Zwecke (Kl. 17); Verpackungshüllen,
-beutel aus Papier und Kunststoff (Kl. 16), aus Gummi (Kl. 17), aus Leder
(Kl. 18); Einkaufstaschen, Rucksäcke, Säcke für Camper (Kl. 18); Schlaf-
säcke für Campingzwecke (Kl. 20), Schlafsäcke (Hüllen als Ersatz für Bett-
tücher) (Kl. 24); Skisäcke, Kricket- und Golfsäcke (Kl. 28); Rettungs- und
Schutznetze (Kl. 9); Fahrradnetze und Gepäcknetze für Fahrzeuge (Kl. 12);
Moskitonetze (Kl. 24); Haarnetze (Kl. 26); Netze als Sportartikel (Kl. 28);
Schleier für Bekleidungszwecke (Kl. 25); Polsterfüllstoffe aus Gummi oder
Kunststoff (Kl. 17).

Klasse 23

Garne und Fäden für textile Zwecke.

Anmerkungen

Hinweise auf Waren, die in diese Klasse fallen:
Garne und Monofile aus Kunststoff für textile Zwecke.

Hinweise auf Waren, die in andere Klassen fallen:
Garne, Fasern und Monofile aus Kunststoff, nicht für textile Zwecke
(Kl. 17); rohe Gespinstfasern, Kunststofffasern für textile Zwecke (Kl. 22);
chirurgisches Nahtmaterial (Kl. 10).

Klasse 24

Webstoffe und Textilwaren, soweit sie nicht in anderen Klassen
enthalten sind; Textilwaren, nämlich Textilstoffe, Gardinen, Rol-
los, Haushaltswäsche, Tisch- und Bettwäsche; Bett- und Tisch-
decken.

Anmerkungen

Hinweise auf Waren, die in diese Klasse fallen:
Bettdecken aus Papier; Taschentücher aus textilem Material; textile Leder-imitationsstoffe; Vliesstoffe (Textilien).

Hinweise auf Waren, die in andere Klassen fallen:
Lichtpausleinen (Kl. 1); Schmirgeltücher (Kl. 3); Buchbinderleinen, Papierta-schentücher, -servietten (Kl. 16); Tischtücher aus Papier (Kl. 16); elektrische Heizdecken (Kl. 10); Pferdedecken (Kl. 18); Putz- und Wischtücher (Kl. 21).

Klasse 25

Bekleidungsstücke, Schuhwaren, Kopfbedeckungen.

Anmerkungen
Der Oberbegriff »Bekleidungsstücke« umfasst nicht die Schuh-waren (BPatGE 15, 85).

Hinweise auf Waren, die in diese Klasse fallen:
Bekleidungsstücke aus Leder, Lederimitationen oder aus Pelz, Papier-bekleidungsstücke, Sportbekleidung, -schuhe, Fußballschuhe und Stollen hierfür; Teile von Schuhen, nämlich Sohlen, Absätze, Stiefelschäfte; Gleitschützer für Schuhe; Kleidereinlagen, vorgefertigte Kleidertaschen; Miederwaren.

Hinweise auf Waren, die in andere Klassen fallen:
Feuerschutzbekleidung, Unfallschutzbekleidung (Kl. 9); orthopädische Mie-derwaren, Strumpfwaren und Schuhe (Kl. 10); Isolierhandschuhe (Kl. 17); Kleider- und Gürtelschließen, Schuhbesatz (Kl. 26); Puppenkleider (Kl. 28).

Klasse 26

Spitzen und Stickereien, Bänder und Schnürbänder; Knöpfe, Ha-ken und Ösen, Nadeln; künstliche Blumen.

Anmerkungen
Klasse 26 enthält im Wesentlichen Kurzwaren und Posamenten.

Hinweise auf Waren, die in diese Klasse fallen:
Reißverschlüsse; Haken und Ösen für Bekleidungsstücke und für Schuh-
waren; Häkel- und Stricknadeln; Gürtelschließen; Quasten (Posamenten);
Haarnetze.

Hinweise auf Waren, die in andere Klassen fallen:
Kleiderhaken (Einrichtungsgegenstände) aus Metall (Kl. 6), nicht aus Metall (Kl. 20); Haken als Kleineisenwaren (Kl. 6); Gardinenhaken (Kl. 20);
Angelhaken (Kl. 28); Nadeln für Plattenspieler (Kl. 9); Nadeln für chirurgische Zwecke (Kl. 10); Krawattennadeln und Manschettenknöpfe, auch aus
unedlen Metallen (Kl. 14); Textilgarne (Kl. 23).

Klasse 27

Teppiche, Fußmatten, Matten, Linoleum und andere Bodenbeläge; Bodenbeläge aus Gummi, Kunststoff oder textilem Material;
Tapeten (ausgenommen aus textilem Material).

Anmerkungen
Diese Klasse enthält im Wesentlichen Beläge und Verkleidungen
für Fußböden und Innenwände.

Hinweise auf Waren, die in diese Klasse fallen:
Turnmatten; Automatten; künstlicher Rasen; isolierende Bodenbeläge;
Tapeten aus Bast oder Kork.

Hinweise auf Waren, die in andere Klassen fallen:
Stahlarmierungsmatten für Bauzwecke (Kl. 6); Bodenbelag aus Holz, Stein
(Kl. 19), aus Metall (Kl. 6); Holzvertäfelungen (Kl. 19); Tapeten aus textilem
Material (Kl. 24).

Klasse 28

Spiele, Spielzeug; Turn- und Sportartikel, soweit sie nicht in
anderen Klassen enthalten sind; Turn- und Sportgeräte; Ski-,
Tennis-, Angelsportgeräte; oder Einzelbenennungen, z.B.: Ski,
Skibindungen, Skistöcke, Skikanten, Skifelle; Spielbälle; Han-
teln, Stoßkugeln, Disken, Wurfspeere; Tennis-, Kricket-, Golf-

und Hockeyschläger; Roll- und Schlittschuhe; Tischtennistische; Christbaumschmuck.

Anmerkungen

In diese Klasse fallen neben Spielen und Spielzeug insbesondere Geräte für verschiedene Sportarten.

Hinweise auf Waren, die in diese Klasse fallen:

Elektrische oder elektronische Spiele; Fechtsportwaffen, Sportbögen; Ballspielnetze, Tennisnetze; Angelgeräte, Angelhaken, Kescher; Schwimmflossen; Spezialtaschen für Sportgeräte, wie Golftaschen, Kricketsäcke.

Hinweise auf Waren, die in andere Klassen fallen:

Unterhaltungsgeräte als Zusatzgeräte für Fernseher, Münzspielautomaten (Kl. 9); Kartenspiele, Unterrichtsmittel in Form von Spielen (Kl. 16); Kletterhaken, Steigeisen (Kl. 6); Eispickel (Kl. 8); Skibrillen, Skihelme, Reiterschutzhelme, Schwimmgürtel, Schwimmflügel, Tauchergeräte, Taucheranzüge, Taucherbrillen, Schnorchel (Kl. 9); medizinische Geräte für die Krankengymnastik (Kl. 10); Segelboote, Kanus, Fahrräder (Kl. 12); Jagdwaffen, Schießsportwaffen (Kl. 13); Reitsättel (Kl. 18); Kletterseile (Kl. 22); Turn- und Sportbekleidungsstücke, einschließlich Turn- und Sportschuhe (Kl. 25); Turnmatten (Kl. 27); Fischnetze (Kl. 22); Christbaumkerzen (Kl. 4); elektrische Christbaumbeleuchtungen (Ketten) (Kl. 11); Zucker- und Schokoladewaren als Christbaumschmuck (Kl. 30).

Klasse 29

Fleisch, Fisch, Geflügel und Wild; Fleischextrakte; konserviertes, getrocknetes und gekochtes Obst und Gemüse; Gallerten (Gelees), Fleisch-, Fisch-, Obst- und Gemüsegallerten; Konfitüren; Eier, Milch und Milchprodukte; Milchprodukte, nämlich Butter, Käse, Sahne, Joghurt, Milchpulver für Nahrungszwecke; Speiseöle und -fette; Salatsaucen, Konserven; Fleisch-, Fisch-, Obst- und Gemüsekonserven.

Anmerkungen

Diese Klasse enthält im Wesentlichen Nahrungsmittel tierischer Herkunft und konservierte oder für den alsbaldigen Verzehr zubereitete Land- und Gartenbauprodukte.

Hinweise auf Waren, die in diese Klasse fallen:
Weich- und Schalentiere (auch lebend); Milchmischgetränke mit überwiegendem Milchanteil; Desserts aus Joghurt, Quark und Sahne.

Hinweise auf Waren, die in andere Klassen fallen:
Diätetische Lebensmittel, Milchzucker (Kl. 5); Milchpulver für gewerbliche Zwecke (Kl. 1), für kosmetische Zwecke (Kl. 3), für diätetische Zwecke (Kl. 5), für Futterzwecke (Kl. 31); Pudding-Desserts, Milchkakao, Milchschokoladengetränke und Milchkaffee (Kl. 30); Molkengetränke (Kl. 32); alkoholische Milchmischgetränke (Kl. 33); Bruteier, Futtermittel (Kl. 31).

Klasse 30

Kaffee, Tee, Kakao, Zucker, Reis, Tapioka, Sago, Kaffee-Ersatzmittel; Mehle und Getreidepräparate. Getreidepräparate (ausgenommen Futtermittel). Brot, feine Backwaren und Konditorwaren, Speiseeis; Honig, Melassesirup; Hefe, Backpulver; Salz, Speisesalz. Senf; Essig, Saucen (ausgenommen Salatsaucen); Gewürze; Kühleis.

Anmerkungen
Diese Klasse enthält im Wesentlichen aus Getreideerzeugnissen oder anderen pflanzlichen Produkten hergestellte Nahrungsmittel und Zusätze für die Geschmacksverbesserung von Nahrungsmitteln.

Hinweise auf Waren, die in diese Klasse fallen:
Kaffee-, Tee-, Kakao- oder Schokoladengetränke; Kaffee- oder Kakaopräparate für die Herstellung von alkoholischen oder alkoholfreien Getränken; für die menschliche Ernährung zubereitetes Getreide, insbesondere Haferflocken oder andere Getreideflocken; Aromastoffe für Nahrungsmittel; Salz zum Frischhalten und Haltbarmachen von Lebensmitteln.

Hinweise auf Waren, die in andere Klassen fallen:
Ätherische Öle (für jeglichen Verwendungszweck) (Kl. 3); medizinische Tees, diätetische Lebensmittel, Babykost (Kl. 5); Salatsaucen (Kl. 29); rohes Getreide, Futtermittel (Kl. 31); Trockeneis auf Kohlensäurebasis (Kl. 1); Industriesalz (Kl. 1), Badesalz für medizinische Zwecke (Kl. 5), nicht für medizinische Zwecke (Kl. 3), Viehsalz (Kl. 31).

Klasse 31

Land-, garten- und forstwirtschaftliche Erzeugnisse sowie Samenkörner, soweit sie nicht in anderen Klassen enthalten sind; land-, garten- und forstwirtschaftliche Erzeugnisse, nämlich Samenkörner und anderes Vermehrungsmaterial, unverarbeitetes Getreide, Bruteier, unverarbeitetes Holz; lebende Tiere; frisches Obst und Gemüse; Sämereien, lebende Pflanzen und natürliche Blumen; Futtermittel, Malz.

Anmerkungen

Diese Klasse enthält im Wesentlichen frische land- und gartenwirtschaftliche Erzeugnisse, lebende Tiere und Pflanzen, Tiernahrungsmittel sowie nicht für den Verzehr bestimmte Bodenprodukte.

Hinweise auf Waren, die in diese Klasse fallen:
Getrocknete Pflanzen; Nüsse; Mulch (Humusabdeckungen); Torfstreu.

Hinweise auf Waren, die in andere Klassen fallen:
Düngetorf, Naturdünger (Kl. 1); Torf (Brennmaterial) (Kl. 4); Kulturen von Mikroorganismen, Blutegel für medizinische Zwecke (Kl. 5); halb verarbeitetes Holz (Kl. 19); Köder für den Fischfang (Kl. 28); Weich- und Schalentiere, verarbeitete Nüsse (Kl. 29).

Klasse 32

Biere; Mineralwässer und kohlensäurehaltige Wässer und andere alkoholfreie Getränke; Fruchtgetränke und Fruchtsäfte; Sirupe und andere Präparate für die Zubereitung von Getränken.

Anmerkungen

Hinweise auf Waren, die in diese Klasse fallen:
Ale, Porter.

Hinweise auf Waren, die in andere Klassen fallen:
Getränke für medizinische Zwecke (Kl. 5); Milchmischgetränke mit überwiegendem Milchanteil (Kl. 29); Kakao-, Kaffee-, Tee- oder Schokoladen-

getränke (Kl. 30); ätherische Öle für Getränke (Kl. 3); Aromastoffe für Getränke (Kl. 30); Milchpulver für die Herstellung von alkoholischen oder alkoholfreien Getränken (Kl. 29); Kaffee- oder Kakaomischungen für die Herstellung von alkoholischen oder alkoholfreien Getränken, Melassesirup (Kl. 30); alkoholische Präparate für die Zubereitung von Getränken (Kl. 33).

Klasse 33

Alkoholische Getränke (ausgenommen Biere).

Anmerkungen

Hinweise auf Waren, die in diese Klasse fallen:
Weine, Spirituosen und Liköre; alkoholische Präparate für die Zubereitung von Getränken; alkoholische Milchmischgetränke; Cocktails und Aperitifs auf Spirituosen- oder Weingrundlage; weinhaltige Getränke.

Hinweise auf Waren, die in andere Klassen fallen:
Weingeist (Kl. 1); medizinische Getränke (Kl. 5); entalkoholisierte Getränke (Kl. 32); Aromastoffe für Getränke (Kl. 30); ätherische Öle für Getränke (Kl. 3).

Klasse 34

Tabak; Raucherartikel; Raucherartikel, nämlich Tabakdosen, Zigarren- und Zigarettenspitzen, Zigarren- und Zigarettenetuis, Aschenbecher, sämtliche vorgenannten Waren nicht aus Edelmetallen, deren Legierungen oder damit plattiert, Pfeifenständer, Pfeifenreiniger, Zigarrenabschneider, Pfeifen, Feuerzeuge, Taschenapparate zum Selbstdrehen von Zigaretten, Zigarettenpapier, Zigarettenfilter; Streichhölzer.

Anmerkungen
In diese Klasse fallen, außer Rohtabak, insbesondere Tabakerzeugnisse als Endprodukte.

Hinweise auf Waren, die in diese Klasse fallen:
Zigarren, Zigaretten; Rauchtabak; Kautabak, Schnupftabak; Tabakersatz-

stoffe (nicht für medizinische Zwecke); Feuerzeuge (auch aus Edelmetallen und deren Legierungen).

Hinweise auf Waren, die in andere Klassen fallen:
Zigarren- und Zigarettenanzünder für Kraftfahrzeuge (Kl. 9); aus Edelmetallen und deren Legierungen hergestellte oder damit plattierte Aschenbecher, Tabakdosen, Zigarren-, Zigarettenetuis, -spitzen (Kl. 14); Rauchtische, Pfeifenschränke und -regale (Kl. 20).

Liste der Dienstleistungsbezeichnungen

Klasse 35
Werbung und Geschäftswesen

Arbeitnehmerüberlassung auf Zeit

Aufstellung von Statistiken

Buchführung

Durchführung von Auktionen und Versteigerungen

Ermittlung in Geschäftsangelegenheiten

Marketing, Marktforschung und Marktanalyse

Schaufensterdekoration

Unternehmensberatung oder Organisationsberatung, betriebswirtschaftliche Beratung, Personalberatung

Vermietung von Büromaschinen und -einrichtungen

Vermittlung und Abschluss von Handelsgeschäften für andere

Vermittlung von Verträgen über Anschaffung und Veräußerung von Waren

Verteilung von Waren zu Werbezwecken

Vervielfältigung von Dokumenten

Werbemittlung

Werbung oder Rundfunk- und Fernsehwerbung, Kinowerbung

Zeitarbeitsunternehmen, Statistische Gesellschaft, Statistisches Amt, Steuerberater, Buchhaltungsbüro, Auktionator, Auktionshaus, Auskunftei, Detektivbüro (siehe auch Kl. 42), Marketinggesellschaft, Marktforschungsinstitut, Dekorateur, Unternehmensberater

Unternehmensberatungs-
gesellschaft

Vermieter von Büromaschinen
und -einrichtungen, Handels-
vertreter, Handelsvertretung,
Handelsagentur, Handelsmak-
ler

Werbeveranstalter, Kopier-
anstalt, reprographischer
Betrieb, Werbeagenturen,
Werbemittler, Werbeunter-
nehmen

Werbeunternehmen

Klasse 36
Versicherungs- und Finanz-
wesen

Absatzfinanzierung und
Kreditrisikoabsicherung
(Factoring)

Ausgabe von Kreditkarten

Beleihen von Gebrauchsgütern

Einziehen von Außenständen
(Inkasso)

Finanzwesen oder Ausgabe
von Reiseschecks

Effektenvermittlung

Geldwechselgeschäfte,
Investmentgeschäfte

Kreditberatung, Kreditvermitt-

lung, Nachforschung in
Geldangelegenheiten, Ver-
wahrung von Wertstücken
in Safes

Factoring-Gesellschaft, Bank,
Kreditkartengesellschaft,
Bank, Pfandleihgeschäft,
Pfandleihanstalt, Inkassobüro,
Kreditinstitut (oder Spezial-
bezeichnung)

Grundstücks- und Hausverwaltung, Grundstücks- und Haus-
verwaltungsfirma

Grundstücks- und Hausver-
walter

Immobilien- und Hypothe-
kenvermittlung, Immobilien-
makler

Leasing, Leasinggesellschaft

Schätzen von Immobilien,
Schätzer von Immobilien

Veranstaltung von Lotterien,
Lotteriegesellschaft

Vermittlung von Versicherungen, Versicherungsvermitt-
lungsgesellschaft

Versicherungsagentur

Versicherungsvermittler

Vermögensverwaltung, Ver-
mögensverwalter

Bank

Treuhänder

Treuhandgesellschaft

Versicherungswesen, Versicherungsgesellschaft

Wohnungsvermietung, Hausverwaltung und -vermietung

Immobilienkaufmann

Klasse 37
Bau- und Reparaturwesen

Abbrucharbeiten, Abbruchunternehmen

Abdichtungsarbeiten, Isolierbaufirma

Dachdeckerarbeiten, Dachdeckerbetrieb

Dämmungsarbeiten, Isolierbaufirma

Elektroinstallation, Elektroinstallationsbetrieb

Fassadenreinigung, Fassadenreinigungsunternehmen

Feuerungsbau, Feuerungsbauunternehmen

Fliesenlegearbeiten, Fliesenlegerbetrieb

Fußbodenlegearbeiten, Fußbodenlegerbetrieb

Gebäudeentfeuchtung, Bautentrocknungsunternehmen

Gerüstbau, Gerüstbauunternehmen;

Glaserarbeiten, Glaserei

Hoch-, Tief- und Ingenieurbau Bauunternehmen oder (oder Spezialbezeichnung)

Baggerei

Brückenbau

Eisenbahnoberbau

Pflasterei und Plattenlegearbeiten

Reparaturarbeiten an Bauwerken

Sportplatzbau

Straßen- und Wegebau

Tunnelbau

Wasserbau

Industrieofenbau, Industrieofenbauunternehmen

Installation und Montage von Betrieb für Installation und Montage von Beleuchtungsgeräten, Blitzschutzanlagen, Erdungsanlagen, Funk- und Fernmeldeeinrichtungen, Heizungs-, Lüftungs- und Klimageräten, Kühlgeräten,

Maschinenanlagen (Verwendungszweck, Industriezweig oder Maschinenart angeben),

sanitäre Anlagen;

Isolierbau, Isolierbaufirma

Klempnerarbeiten und
Gas- und Wasserinstallation,
Klempnerbetrieb

Installationsbetrieb für
landschaftsgärtnerische Arbeiten, Landschaftsgärtner,

Landschaftsbaubetrieb

Maler-, Lackierer- und Tapezierarbeiten, Malerbetrieb

Tapezierer

Fußbodenlegerbetrieb,
Pipelinebaugesellschaft,
Reinigungsunternehmen

Parkettverlegung, Pipelineverlegung, Reinigung von
Bauten, Kaminen, Kanälen,
Kraftfahrzeugen, Textilien

Reparatur oder Instandhaltung
von Bekleidung, Erzeugnissen
der Elektrotechnik, Erzeugnissen des Maschinenbaus
(Verwendungszweck, Industriezweig oder Maschinenart
angeben), Fahrrädern, feinmechanischen Erzeugnissen,
gesundheitstechnischen Geräten, Gummiwaren, Heizungs-,
Klima-, Kühl- und Lüftungsgeräten, Kraftfahrzeugen,
Luftfahrzeugen, mechanischen
Geräten und Vorrichtungen für
medizinische und orthopädische Zwecke, Photo-, Projektions- und kinotechnischen
Geräten, Polsterungen, Schif-

fen, Schuhen, Uhren, wärmetechnischen Anlagen Schiffsbau Schornsteinbau

Sprengarbeiten, Stuck-, Gipser-
und Verputzarbeiten

Verlegung von Land- und
Seekabeln, Vermietung von
Maschinen, Werkzeugen und
Geräten für das Bauwesen

Vernichtung von Schädlingen,
Ungeziefer und Unkraut

Waschen von Wäsche,
Schneiderei

Zimmererarbeiten und
Ingenieurholzbau oder Errichtung von Dachstühlen aus
Holz, Errichtung von Holzbauten, Errichtung von Treppen
aus Holz, Polsterer

Schiffswerft

Schiffswerft, Schornstein-
Bauunternehmen, Sprengmeister, Stukkateurbetrieb,
Gipsereibetrieb, Verputzereibetrieb, Kabelverlegungsunternehmen, Bauunternehmen,
Baggervermietungsunternehmen, Gerüstbauunternehmen,
Desinfektionsunternehmen,
Betrieb für Schädlings- und
Ungezieferbekämpfung

Wäscherei, Zimmereibetrieb,
Holzbauunternehmen

Treppenbauunternehmen

Autowaschanlage, Tankstelle,

chemische Reinigung, Reparatur- und Wartungsbetrieb für … (oder Spezialbezeichnung), Schneiderei

Klasse 38
Nachrichtenwesen

Ausstrahlung von Rundfunk- und Fernsehprogrammen

Fernschreibdienst

Fernsprechdienst (Betrieb eines Fernsprechnetzes)

Funkdienst (Nachrichtenübermittlung)

Rundfunk-, Fernsehanstalt (siehe auch Kl. 41), Fernschreibgesellschaft, Post, Fernsprechamt, Fernsprechgesellschaft, Sendeanstalt, Funkzentrale

Korrespondenzbüro, Nachrichtenbüro, Presseagentur, Satelliten-Nachrichtengesellschaft, Post, Funk- und Fernsehanstalt

Sammeln und Liefern von Nachrichten

Ton- und Bildübertragung durch Satelliten

Klasse 39
Transport- und Lagerwesen

Abschleppen von Kraftfahrzeugen, Beförderung von Personen und Gütern mit Kraftfahrzeugen, Schienenbahnen, Schiffen und Flugzeugen

Be- und Entladen von Schiffen, Bergung von Schiffen und Schiffsladungen, Gepäckträgerdienste, Lagerung von Waren, Möbeln

Rettung von Personen, Transport und Verteilung von Elektrizität, Gas, Heizwärme und Wasser, Transport von Gasen, Flüssigkeiten und Feststoffen mittels Rohrleitungen (Pipelines), Transport von Geld und Wertsachen, Transport von Kranken

Veranstaltung und Vermittlung von Reisen, Vermittlung von Verkehrsleistungen, Veranstaltung von Stadtbesichtigungen, Reisebegleitung, Vermietung von Flugzeugen, Vermietung von Garagen und Parkplätzen, Vermietung von Kraftfahrzeugen, Vermietung von Schiffen, Verpackung von Waren, Zustellung von Paketen

Speditionsunternehmen, Schifffahrtsgesellschaft, Luftverkehrsgesellschaft, Hafenbetriebs-, Hafenumschlags-

gesellschaft, Schiffsbergungs-
unternehmen, Gepäckträger,
Lagerhaus, Speditionsunter-
nehmen, Rettungsdienst,
Elektrizitäts-, Gas-, Heiz-,
Wasserwerk

Rohrleitungs-
transportgesellschaft

Werttransportunternehmen
Krankenhaus (siehe auch
Kl. 42), Reisebüro (siehe auch
Kl. 42)

Luftverkehrsgesellschaft,
Parkgarage, Parkhaus, Auto-
vermietung, Schifffahrtsgesellschaft, Verpackungsbetrieb,
Speditionsunternehmen,
Paketbeförderungsunter-
nehmen

Klasse 40
Materialbearbeitung

Ausstopfen und Präparieren
von Tieren, Buchbindearbeiten

Fell- und Pelzbearbeitung
oder Zurichten und Veredeln
von Fellen und Pelzen

Filmentwicklung und Vervielfältigung von Fotografien

Holzbearbeitung

Keltern von Früchten, Leder-
gerben oder -färben, -zurich-

ten und -veredeln, Mahlen
von Getreide

Abschleppdienst, Verkehrs-,
Omnibus-, Taxiunternehmen

Tierpräparator

Buchbinderei

Pelzveredelungsbetrieb,
Kürschnerei

Fotolabor

Holzbearbeitungsbetrieb,
Schreinerei, Sägewerk,
Keltereibetrieb, Gerberei
(oder Spezialbezeichnung),
Müllereibetrieb, Mühle

Metallbearbeitung und -här-
tung, -oberflächen, Metallwerk
(oder Spezialbezeichnung)

oder

Eloxieren
Emaillieren
Galvanisieren
Phosphatieren
Verchromen
Verzinken
Textilveredelung,
Textilveredelungsbetrieb
(oder Spezialbezeichnung)
Appretieren
Ausrüsten
Bleichen
Färben
Mercerisieren

Klasse 41
Erziehung und Unterhaltung

Ausbildung, Erziehung,
Unterricht, Schule

oder

Ballettunterricht, Ballettschule

Fahrunterricht, Fahrschule

Fernkurse, Fernlehranstalt

Gesangsunterricht, Gesangs-
lehrer

Musikunterricht, Musikschule,
-lehrer

Sportunterricht, Sportschule

Sprachunterricht, Sprachen-
schule, Dolmetscherinstitut

Tanzunterricht, Tanzschule

Vorschulunterricht, Kinder-
garten

Unterricht durch Rundfunk
und Fernsehen, Rundfunk-
anstalt (siehe auch Kl. 38)

Weiterbildung, Volkshoch-
schule

Betrieb eines botanischen
Gartens, Botanischer Garten

Betrieb eines Museums,
Museum

Betrieb eines zoologischen
Gartens, Tierpark

Büchervermietung,
Mietbücherei

Filmproduktion, Filmgesell-
schaft

Filmvermietung, Filmvermieter

Filmvermietungsgesellschaft

Filmvorführungen, Filmtheater

Kino

Künstlervermittlung, Künstler-
agentur, Konzertdirektion

Musikdarbietung, Orchester

Sänger

Chor

Kammermusikvereinigung

Solist

Rundfunk- und Fernsehunter-
haltung, Rundfunkanstalt
(siehe auch Kl. 38)

Fernsehanstalt (siehe auch
Kl. 38)

Schaustellung von Tieren,
Zirkus

Falkner

Theateraufführung, Theater

Tierdressur, Tierzuchtverein
(siehe auch Kl. 42)

Dompteur

Veranstaltung sportlicher Wett-
bewerbe, Sportveranstalter

Sportverein

Vermietung von Bühnen-
dekorationen, Vermieter von
Bühnendekorationen

Vermietung von Rundfunk- und Fernsehgeräten, Rundfunkhändler

Elektrohändler

Vermietung von Zeitschriften, Lesering

Veröffentlichung und Herausgabe von Büchern, Verlag, Verleger

Zeitungen und Zeitschriften, Herausgeber

Volksbelustigungen, Vergnügungspark

Schausteller

Zirkusdarbietungen, Zirkus

Klasse 42
Verschiedenes

Bau- und Konstruktionsplanung und -beratung, Architektur-, Ingenieurbüro

Bauunternehmen

Beherbergung und Verpflegung von Gästen, Hotel

Pension

Restaurant

Café

Kantine

Gaststätte

Partyservice

Bestattung, Beerdigungsinstitut oder Erd- und Feuerbestattung, Krematorium

Betrieb eines Campingplatzes, Campingplatz

Betrieb von Bädern, Badeanstalt, Schwimmbädern und Saunen, Schwimmbad

Sauna

Be- und Überwachung von Personen, Gebäuden, Bewachungsinstitut und Wertobjekten, Leibwächter

Dienstleistungen eines Altenheimes und Pflegeheimes, Altenheim, Pflegeheim

Dienstleistungen eines Architekten, Architekt, Architekturbüro

Ingenieurbüro

Dienstleistungen eines Chemikers, Chemiker

Labor

Dienstleistungen eines Erholungsheimes und eines Sanatoriums, Erholungsheim, Sanatorium

Dienstleistungen eines Friseur- und Schönheitssalons

Friseur-, Schönheitssalon

Dienstleistungen eines Ingenieurs, Ingenieur, Ingenieurbüro

Dienstleistungen eines Krankenhauses, Krankenhaus (siehe auch Kl. 39)

Dienstleistungen eines medizinischen, bakteriologischen oder chemischen Labors, Labor

Dienstleistungen eines Optikers, Optikerfachgeschäft

Dienstleistungen eines Physikers, Physiker, Labor

Dolmetschen, Dolmetscher

Ehevermittlung und Vermittlung von Eheanbahnungsinstitut

Bekanntschaften

Erstellen von Programmen für die Datenverarbeitung, Programmierer

Datenverarbeitungsgesellschaft

Erstellen von technischen Gutachten, Ingenieurbüro

Sachverständiger für ..., Technische Überwachungsstelle

Garten- und Landschaftsgestaltung, Gartenbauarchitekt

Grabpflege, Gärtnerei

Kostüm- und Kleidervermietung, Kostüm- und Kleidervermieter

Landvermessung,

Landvermesser

Vermessungsamt

Meinungsforschung, Meinungsforschungsinstitut

Nachforschungen nach Personen, Detektivbüro (siehe auch Kl. 35)

Suchdienst

Nachforschungen in Rechtsangelegenheiten, Detektivbüro (siehe auch Kl. 35)

Photographieren, Photograph

Recherchen (technische und rechtliche) in Patent- und Markenrecherchendienst

Angelegenheiten des gewerblichen Rechtsschutzes, Patentberichterstatter

Technische Beratung und gutachterliche Tätigkeit, Ingenieurbüro

Tierzucht, Tierzüchter

Tierzuchtverein (siehe auch Kl. 41)

Übersetzungen, Übersetzungsbüro

Veranstaltung von Messen und Ausstellungen, Messeveranstalter

Vermietung von Datenverarbeitungsanlagen, Hersteller und Vermieter von Datenverarbeitungsanlagen

Vermietung von Verkaufs-
automaten, Automaten-
vermieter

Verwaltung und Verwertung
von Urheberrechten, Gesellschaft zur Verwaltung und Verwertung von Urheberrechten

Verwertung gewerblicher
Schutzrechte,
Patentverwertungsgesellschaft

Schutzrechtsverwertungs-
gesellschaft

Werkstoffprüfung,
Materialprüfungsinstitut

Wettervorhersage, Wetterwarte

Wetteramt

Zimmerreservierung, Reisebüro (siehe auch Kl. 39)

Verkehrsamt

Literaturverzeichnis

Adlwarth, Wolfgang: Formen und Bestimmungsgründe prestige-
geleiteten Konsumverhaltens. München 1983

Auer, M. / Diederichs, F. A.: Werbung below the line. Landsberg am
Lech 1993

Bandler, Richard: Veränderung des subjektiven Erlebens. Fortgeschrit-
tene Methoden des NLP. Paderborn 1987

Baudrillard, Jean: Das andere Selbst. Wien 1987

Beratergruppe Strategie (Hrsg.): Mit Nischenstrategie zur Marktführerschaft. Strategie-Handbuch für mittelständische Unternehmen. Zürich 2000

Brand, Horst W.: Subliminale Wahrnehmung und Werbung – Zur
methodologischen Problematik »unterschwelliger« Beeinflussun-
gen. Dissertation. Köln 1976

Breidenbach, Theo: Targeting: Marken erfolgreich positionieren: Marken ohne Streuverluste. Düsseldorf 1998

Buchholz, Andreas / Wördemann, Wolfram: Was Siegermarken anders
machen. München 1998

Buchholz, Andreas / Wördemann, Wolfram: Der Wachstums-Code für
Siegermarken. München 2000

Cialdini, Robert B.: Die Psychologie des Überzeugens. Bern 1997

Cialdini, Robert B.: Überzeugen im Handumdrehen. Landsberg am
Lech 1993

Covey, Stephen R.: Die sieben Wege zur Effektivität. Frankfurt am
Main 1992

Dieterle, G. S.: Verhaltenswirksame Bildmotive in der Werbung.
Heidelberg 1992

Drieseberg, T.J.: Lebensstil-Forschung. Heidelberg 1995

Ederer, Günter / Seiwert, Lothar J.: Der Kunde ist König. Service in Deutschland – Wüste oder Oase? Das Strategie-Buch für kundenorientierte Unternehmen. Offenbach: Gabal, 2000

Farrelly, Frank / Brandsma, Jeffrey M.: Provokative Therapie. Heidelberg 1986

FAZ-Informationsdienste (Hrsg.): EKS-Unternehmensstrategie. Frankfurt 1993

Friedrich, Kerstin / Seiwert, Lothar J.: Das 1x1 der Erfolgsstrategie. Offenbach: Gabal, 1992

Gerhards, J.: Soziologie der Emotionen. Weinheim 1988

Gerken, Gerd: Abschied vom Marketing. Düsseldorf 1990

Grinder, John / Bandler, Richard: Therapie in Trance. Stuttgart 1998

GWA (Hg.): So wirkt Werbung im Marketing Mix. Die neue Effektivität der Werbung. Empirische Studie von GWA / GfK. Frankfurt am Main 1997

GWA (Hg.): So wirkt Werbung in Deutschland, Frankfurt am Main 1994

Hegarty, E. J.: Die sieben Säulen des Verkaufserfolges. Landsberg am Lech 1973

Heller, Agnes: Theorie der Gefühle. Hamburg 1980

Heller, Eva: »Wie manipulierbar sind wir eigentlich?« In: Psychologie heute, 1982

Heller, Eva: »Zur Motivationsstruktur in Verbrauchergruppen.« In: Der Marketingartikel, 1976

Herzig, O. A.: Markenbilder / Markenwelten – Neue Wege in der Imageforschung. Wien 1991

Heumann, Ogilvy & Mather (Hrsg.): Wie man Werbung macht, die mehr einbringt als sie kostet. Frankfurt am Main 1979

Heumann, Ogilvy & Mather (Hrsg.): Wie man Werbung macht, die verkauft. Frankfurt am Main 1974

Jary, Michael / Schneider, Dirk / Wileman, Andrew: Marken-Power. Warum Aldi, Ikea, H & M und Co. so erfolgreich sind. Wiesbaden 1999

Jay, Abraham: 1000 Supertipps für Power-Marketing mit kleinem Budget. Landsberg am Lech 2000

Kath, J.: Die 100 Gesetze erfolgreicher Werbung. München 1996

Kebeck, G.: Wahrnehmung: Theorien, Methoden und Forschungsergebnisse der Wahrnehmungspsychologie. Weinheim 1994

Konert, F.-J.: Vermittlung emotionaler Erlebniswerte. Eine Markenstrategie für gesättigte Märkte. Heidelberg, Wien 1986

Kotler, Philip: Marketing. München 1999

Kroeber-Riel, Werner: »Wirkung von Bildern auf das Konsumentenverhalten.« In: Marketing ZFP, 1983

Kroeber-Riel, Werner: Bildkommunikation. Imagerystrategien für die Werbung. München 1993

Kroeber-Riel, Werner: Konsumentenverhalten. Saarbrücken 1996

Kroeber-Riel, Werner: Strategie und Technik der Werbung. Stuttgart 1993

Lay, Rupert: Dialektik für Manager. Reinbek 1976

Linxweiler, Richard: Marken-Design. Marken entwickeln, Marktstrategien erfolgreich umsetzen. Wiesbaden 1999

Mann, Rudolf: Das ganzheitliche Unternehmen. Bern 1988

Mayer, R. U.: Produktpositionierung. Köln 1984

Miller, Robert B. / Heimann, Stephen E.: Strategisches Verkaufen. Landsberg am Lech 1993

Moser, Klaus: Sex-Appeal in der Werbung. Göttingen 1997

Muriel, James: Der OK-Boss. Landsberg am Lech 1990

Muthers, Hans / Haas, Heidi: Geist schlägt Kapital. Wiesbaden 1994

o. Verf.: Econ Handbuch Corporate Policies: Wie Ihr Unternehmen erfolgreich auftritt. Düsseldorf 1992

Obeng, Eddie: New World Manager. Wien 1998

Ogilvy, D.: Geständnisse eines Werbemannes. Düsseldorf 1975

Packard, Vance: Die geheimen Verführer – Der Griff nach dem Unbewussten in Jedermann. Düsseldorf 1968

Peters, Thomas J. / Waterman, Robert H.: Auf der Suche nach Spitzenleistungen. Landsberg am Lech 1991

Ries, Al / Trout, Jack: Die 22 unumstößlichen Gebote im Branding. München 1999

Ries, Al / Trout, Jack: Positioning. The Battle for your Mind. London 1986

Robbins, Anthony: Das Robbins Power Prinzip. Wie Sie Ihre wahren inneren Kräfte sofort einsetzen. München 1997

Roth, G.: Das Gehirn und seine Wirklichkeit. Frankfurt am Main 1994

Ruhleder, Rolf H.: Verkaufen von A-Z. Die Ruhleder-Fibel. Offenbach: Gabal 1998

Schirner, Michael: Werbung ist Kunst. München 1988

Schmitt, Berndt / Simonson, Alex: Marketing-Ästhetik. Strategisches Management von Marken, Identity und Image. Düsseldorf 1998

Schürmann, P.: Werte und Konsumverhalten. München 1988

Seidl, Conrad / Beutelmeyer, Werner: Die Marke ICH. Wien 1999

Seiwert, Lothar J.: Das neue 1x1 des Zeitmanagement, Offenbach: Gabal 2000

Seiwert, Lothar J.: Wenn Du es eilig hast, gehe langsam. Frankfurt am Main 2000

Simon, Walter: Lust aufs Neue. Werkzeuge für das Innovationsmanagement. Offenbach: Gabal 1999

Sprenger, Reinhard K.: Mythos Motivation. Frankfurt 1993

Stahl, Thies: Neurolinguistisches Programmieren. Mannheim 1994

Stahl, Thies: Triffst du 'nen Frosch unterwegs ... NLP für die Praxis. Paderborn 1988

Staminski, W.: Mythos Kundenorientierung. Was Kunden wirklich wollen. Frankfurt am Main 1998

Trout, Jack / Rivkin, Steve: New Positioning: Das Neueste zur Business-Strategie Nr. 1. Düsseldorf 1996

Ulich, D.: Das Gefühl. Eine Einführung in die Emotionspsychologie. München 1989

Vasata, Vilim: Radical Brand, Überleben in der Sintflut. München 2000

Walther, George: Sag, was du meinst, und du bekommst, was du willst. Düsseldorf 1995

Watzlawick, P. / Beavin, J. H. / Jackson, D. D.: Menschliche Kommunikation. Störungen, Paradoxien. Bern 1969

Watzlawick, Paul: Anleitung zum Unglücklichsein. München 1995

Watzlawick, Paul: Die Möglichkeit des Andersseins. Stuttgart 1977

Weber, Michael R.: Telefon Marketing, Landsberg am Lech 1994

Weinberg, P.: Erlebnismarketing. München 1992

Wilson, Jerry R.: Mund-zu-Mund-Marketing. Landsberg am Lech 1991

ZAW: Werbung in Deutschland 1997. Bonn 1997

Stichwortregister

Peter Sawtschenko ist unumstritten der führende Praxisexperte für Positionierung im deutschsprachigen Raum. In seinen Vorträgen nimmt der erfrischende Redner seine Zuhörer mit auf eine stets spannende und überraschende Exkursion in die Welt der Positionierungsstrategien. Er zeigt, wie man Spezialisierungsnischen findet und selbst in einer Krise ungewöhnliche Erfolge erzielen kann.

Der charismatische Consultant begeistert durch seine höchst unterhaltsame, manchmal auch provozierende Art und vermittelt dabei völlig neue Sichtweisen und Denkanstösse.

Mit Positionierung aus der Austauschbarkeitsfalle – mit intelligenten Trojaner-Strategien Neukunden zum Nulltarif

Referenzen:
Tetra Pak
Jafra Cosmetics
Rewe
FAZ
Dow Corning
Coop Bank
Röhm
AT&T
Südhessische Gas und Wasser AG
Hessenwasser
RückenVital-Zentrum
Kösterbau GmbH
SI-Projects GmbH
3D Systems
Gecam AG
Bene AG
Seiwert Institut
DISG
Arcadis
Volksbank Michelstadt
Telekom
IHK Frankfurt
Internationaler Bus-Touristikverband
LivingLogic AG
Proplast GmbH
Garant GmbH u.v.m.

Seine Vortragsthemen:

■ **Rasierte Stachelbeeren:**
So werden Sie die Nr. 1 im Kopf Ihrer Zielgruppe

■ **Raus der aus Preisfalle:**
Mit Nischenstrategien die besten Preise erzielen

■ **Die Trojaner-Strategien:**
Setzen Sie sich unverschämte Ziele!
Neukundengewinnung zum Nulltarif

(Seminare und interne Workshops auf Anfrage)

Der anerkannte Sachbuchautor Dipl.-Ing. (FH) Peter Sawtschenko beschäftigt sich in zahlreichen Veröffentlichungen, Vorträgen und firmeninternen Workshops mit den Themen Positionierung, Entwicklung und Umsetzung von Alleinstellungsmerkmalen und neue Wege in der Neukundengewinnung. Sein Motto: „Wer nicht automatisch neue Kunden gewinnt ist falsch positioniert".

Neben seinen Tätigkeiten als Consultant, Aufsichtratsvorsitzender und Redner ist der erfolgreiche Institutsgründer und -leiter auch Gastdozent an der Johann-Wolfgang-Goethe-Universität in Frankfurt am Main, war beratend tätig bei der Entwicklung des neuen "EKS-Unternehmens-Strategie-Handbuchs" (FAZ) und ist Gewinner des Strategiepreises 2007.

SAWTSCHENKO INSTITUT
FÜR POSITIONIERUNGS- & MARKTNISCHEN-STRATEGIEN

INDUSTRIESTRASSE 15, D-64380 ROSSDORF
TEL.: 0049 (0) 61 54 - 90 33, FAX: 0049 (0) 61 54 - 8 34 31
E-MAIL: INSTITUT@SAWTSCHENKO.DE, INTERNET: WWW.SAWTSCHENKO.DE